XIAOXUE YINGYU
SHISHENG HEXIN SUYANG PEIYU TANJIU

小学英语
师生核心素养培育探究

陈岚 著

·广州·

版权所有　翻印必究

图书在版编目（CIP）数据

小学英语师生核心素养培育探究/陈岚著．—广州：中山大学出版社，2022.12
ISBN 978-7-306-07691-5

Ⅰ.①小⋯　Ⅱ.①陈⋯　Ⅲ.①英语课—教学研究—小学　Ⅳ.①G623.312

中国版本图书馆CIP数据核字（2022）第253768号

出 版 人：	王天琪
策划编辑：	张　蕊
责任编辑：	张　蕊
封面设计：	曾　婷
责任校对：	舒　思
责任技编：	靳晓虹
出版发行：	中山大学出版社
电　　话：	编辑部 020-84111997，84113349，84110283，84110779
	发行部 020-84111998，84111981，84111160
地　　址：	广州市新港西路135号
邮　　编：	510275　　传　　真：020-84036565
网　　址：	http://www.zsup.com.cn　E-mail: zdcbs@mail.sysu.edu.cn
印 刷 者：	广东虎彩云印刷有限公司
规　　格：	880mm×1230mm　1/32　8.375印张　250千字
版次印次：	2022年12月第1版　2022年12月第1次印刷
定　　价：	36.00元

如发现本书因印装质量影响阅读，请与出版社发行部联系调换

目 录

第一章　引言：小学英语教学模式研究的意义 …………………… 1

第二章　小学英语语言技能培养的有效路径 …………………… 9
　第一节　小学英语语言技能概况 ………………………… 9
　第二节　新《课标》视角下小学英语语言技能的基本
　　　　　内容 ……………………………………………… 16
　第三节　新《课标》视角下小学英语语言技能的培养
　　　　　路径 ……………………………………………… 26
　结　语 ……………………………………………………… 33

第三章　小学英语教学的有效方法 ……………………………… 34
　第一节　外语教学方法发展简史 ………………………… 34
　第二节　小学英语教学方法的选择策略 ………………… 41
　第三节　小学英语的有效教学方法 ……………………… 46
　结　语 ……………………………………………………… 63

第四章　小学英语课堂中小组合作学习策略 …………………… 64
　第一节　海北小学班级小组管理的构建案例 …………… 65
　第二节　英语课堂教学的小组管理 ……………………… 79
　第三节　英语课堂小组合作学习的反思 ………………… 81
　第四节　小学英语小组合作学习案例 …………………… 85
　第五节　主题·合作·互动 ……………………………… 104
　结　语 ……………………………………………………… 106

第五章　小学英语课堂中的师生关系 … 108
 第一节　师生关系的内涵与不同风格 … 108
 第二节　良好师生关系的重要性与面临的障碍 … 113
 第三节　如何建立良好的师生关系 … 121
 结　语 … 129

第六章　小学英语课堂的评价策略 … 131
 第一节　小学英语课堂的评价 … 131
 第二节　小学英语课堂评价的特征及功能 … 141
 第三节　小学英语课堂评价策略的实施 … 148
 结　语 … 155

第七章　小学英语主题活动的人种志研究 … 156
 第一节　小学英语主题活动 … 156
 第二节　人种志研究 … 160
 第三节　基于"人种志"的小学英语主题活动案例分析与思考 … 166
 结　语 … 191

第八章　高校与小学协同创新的国际合作综合英语教学模式的实践探究 … 192
 第一节　全球化背景培育人才的需要 … 192
 第二节　构建海北小学英语教学模式 … 194
 第三节　主要成果 … 200
 第四节　综合英语教学实践的成效与反思 … 208
 结　语 … 211

参考文献 … 212

附录　佛山市南海区大沥镇海北小学英语教师论文节选 … 218

第一章 引言：小学英语教学模式研究的意义

一、美国的双语教育

美国国会在 1968 年开始发起双语教学，以帮助母语为非英语的学生更好地融入美国文化。美国施行的基本是减除型的双语教育，使美国各民族都能通过英语水平的提高而融入美国社会，本民族语退化，并起到维系文化认同的次级作用。

如今，大部分美国学校使用过渡性双语教学模式。在初级阶段，用第二语言教授音乐、体育、美术，进行"英语作为第二语言"的专门教学，所有主课都用第一语言教授。在中级阶段，用第二语言教授音乐、体育、美术；除了进行"英语作为第二语言"的教学外，还导入"学科式双语教学"，使用第二语言教授数学和科学两门主课，使用第一语言教授语言艺术和社会科学。在高级阶段，用第二语言教授音乐、体育、美术，以及数学和科学；除了继续进行"英语作为第二语言"的教学之外，还导入了"学科式双语教学"，使用第二语言教授社会科学，使用第一语言教授语言艺术。在完全使用第二语言进行教学阶段，使用第二语言教授所有主课，不再开设"英语作为第二语言"教学的课程，而是用第一语言进行深造课的教学。

美国的公立教育体系建立并实施了一系列的特殊项目，以帮助移民学生尽快地适应美国的学校和教学。这些计划大致可以归纳为四种：英语作为第二语言计划、双语速成、双语保持和双向双语。

（一）英语作为第二语言计划

英语作为第二语言计划（ESL）的组织、实施通常由一个受过英语作为第二语言培训却不懂学生母语的老师负责一个学校内所有班级中新移民学生的英语教学。教学常常是以小组为单位，比如学生在每堂课离开他们的原属班，来跟 ESL 老师学习英语，时长一般为 40～90 分钟，之后再回到原属班继续学习。

（二）双语速成

与英语作为第二语言相比，双语速成计划最大的不同是将移民学生的母语纳入了教学。首先，实施此计划的教师必须持有双语教师资格证。班里所有学生具有相同的母语背景，他们不一定是来自同一个年级的。课堂教学的主要目的是用学生的母语作为辅助英语教学的工具以提高学习效果。

（三）双语保持

此计划允许具有相同母语的移民学生，在有双语教师资质的老师的执教下，同时学习英语、母语及其他学科。在计划的实施初期，母语的使用率占比较大，随着时间的推移，英语的使用率会越来越大。此计划需 4～5 年的时间。

（四）双向双语

双向双语与双语速成和双语保持之间最大的不同是学生来源。一个班里约一半的学生来自某个移民种族（其母语相同而非英语），剩下的另一半学生来自英语主流社会中的任何一个种族。在这样的学习环境中，学生可以用 5～8 年同步学习两种语言和其他科目。

二、中国的英语教学

在英语教学的指导思想中，中国传统教育思想有很深的影响：一是强调打基础，要求对英语的单词、语法以及句型进行反复不断的讲解和练习，把教学变成语法课或词汇课，学生必须通过这些语法练习和词汇记忆来争取分数。因此，英语课成了一个冗长、沉闷且烦琐的课，枯燥的语言讲解使学生不胜其烦。二是以传统英语教学为主。传统的翻译教学法一直占据英语教学的主导位置。这种英语教学方法是用汉语把英语肢解得"体无完肤"之后，再喂给学生。原来那种生动活泼的语言丧失殆尽。不仅教师在教学中丧失了主体，变成被动的教学机器，学生也失去学习的兴趣。三是不遵循儿童发展和英语教学的规律。童年是语言发展的关键期，但是传统英语是在初中开设课程，同时把语言从生动的语境中剥离出来，丧失了学习语言的基本条件，学英语是为了考试，这违反了学习的根本目的。

因此，中国英语教学如何改革，也同样是一个迫切需要研究的问题。

三、综合英语的选题价值

长期以来，中国英语教育基本上沿袭了传统的语法教学法，通过背记词汇，按语法套路进行反复操练，强调重点关注词汇及语法知识点，以考试为目的，这违反了儿童学习语言的整体性和认知特性。新课改重视儿童早期学习英语的优势。从2001年开始，小学开设英语课，但是如何上好英语课尚无良策。我国中小学英语教育应当如何设计，如何改革，是目前摆在我们每个教育工作者面前需要解决的问题。

小学综合英语教学模式主张把英语作为教学语言，在学习某一学科过程中获得语言。

这种教学模式，不仅有效地贯彻了双语教学的精髓，突出了从儿童兴趣出发，让儿童在轻松、愉快的情景性主题活动中探究知识，而且由于活动性语言贴近实际，可达到一堂课完成多种教学任务的目的，既重视增长知识又强调开发智能。

小学综合英语教学模式倡导遵循人的发展、语言的发展和英语教学三大规律，从强调"Study English"转变为"Learning English"，使单纯的学英语、上英语课转变为在学习知识和开发智能中获得英语。例如，该教学模式主张以游戏为主题活动，采用丰富多彩、儿童喜闻乐见的方法，尽可能地隐去硬性背记和教师强势操练词汇的"教"，在生动活泼的游戏中探索知识并自然地获得英语，从而使小学毕业学生获得一口流利的类母语性的英语。

小学综合英语教学模式强调英语学习过程的自主性、探究性和内发性，倡导全程主题活动教学，致力于在主体性的活动中学语言，在学语言中探究未知世界，以此实现培智增能，复演人类在语言发展和智能进化互动中得以生成高智能的人的历程。这从根本上转变了传统英语教学背记词汇、硬套语法的教学模式。

四、综合英语的基本观点、主要内容和创新之处

（一）基本观点

小学综合英语教学模式探究，是一种旨在综合吸收多种英语教学改革的成功经验，在儿童语言发展最佳期学习英语，在全英语教学中综合多种教学情景、多种教学方法和多种学科内容，并使之获得最佳教育效果，培养综合素质人才的英语教学模式。

从理论支撑上来看，小学综合英语教学实验是把教育学、心理学、语言学等跨学科领域学习与语言学习相融合，用英语学习学科知识，凸显综合性和人文性；在语言发展关键期发展语言，创设全英教学环境和优化教学法，实施全息式英语教学，力争以最佳方式实施教学以达到增智减负的全人教育，并促进儿童潜能、英语和思维的"三个加速发展"，以实现学生成长、教师发展以及学校发展的"三大办学目标"。

（二）主要内容

一是探究小学英语教学新理念。从教育与语言本性及相互关系来看，英语教育应按人发展规律、语言发展规律和英语教学规律设计课程，把学习英语作为开发人潜能的过程。二是重新认识双语教育，明确小学英语教育的基本方向以及对建构适合小学英语双语教育模式的基本定位。基于这一原理，小学综合英语教学模式强调英语教育低龄化。三是按照儿童对语言的认知发生原理，设计学习理论，使信号学习、情景学习以及有意义学习有机综合，引导学生在用英语探究事物、解决问题中提升能力，开发潜能。四是设计综合课程，创新教学模式，把部分美术、体育、音乐及科学等学科内容整合成适合小学生

学习特点和小学英语老师教学的小学综合英语教材，使英语作为讲授这些内容的教学语言。

（三）创新之处

人的语言获得过程就是智力发展的过程。在遵循人发展、语言发展及英语教学三大规律的基础上设计课程，按年龄认知特点和语言形成规律，利用儿童早期语言发展关键期，编制合适的教材，实现潜能开发与语言发展的结合，使英语教育实现培养高素质人才的目的。

根据小学难以具备很多的英语老师等实际情况，编制整合多学科内容的小学综合英语教材，创建适合儿童实际的综合英语教学模式，构建新型的小学英语教学法。

五、综合英语的研究方法与思路

（一）文献研究法

（1）教育学、心理学、生理学、语言学、社会学等著作中关于双语教学的理论研究。

（2）有关双语教学的学术专著。

（3）国内外学术刊物发表的相关学术论文。

（4）国内外双语教学的实验报告及有关双语教学的省级以上课题的结题报告等。

（二）比较研究法

比较法是社会科学研究普遍运用的一种方法，也是比较教育学最重要、最常用的一种方法；主要用于目标语为英语的四个不同国家（中、德、日、澳）双语教学的对比研究，以及小学英语双语教学实验班与非实验班的比较研究。

（三）实验法

实验法是根据双语教学原理进行的小学英语双语教学实验研究。

（四）综合研究法

综合研究法是在实验中用综合的方法整合各种经验、教学形式、各学科以及各种教学情境，推行综合英语教学，培养综合素质人才。

六、综合英语的课题结构

课题结构如图 1-1 所示。

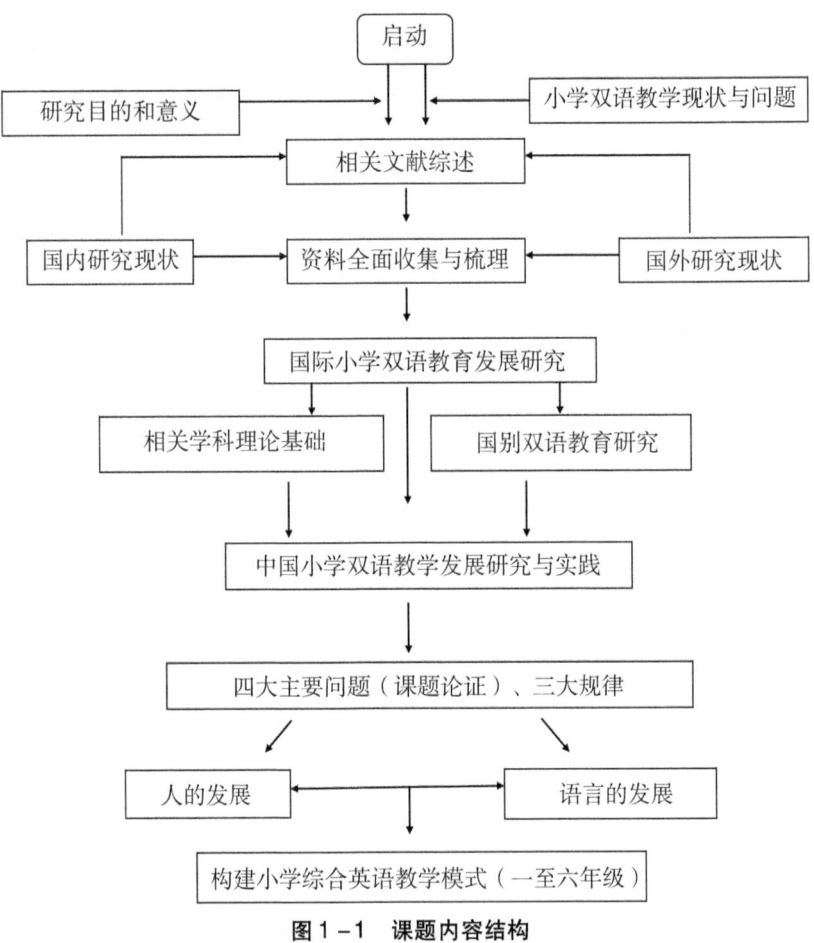

图 1-1　课题内容结构

七、综合英语研究的前期成果与参考文献

（一）主持人课题研究前期成果

（1）参与编写了一至六年级的综合英语教材。

（2）2007年"初中英语合作学习探究"获区级一等奖。

（3）2013年"小学综合英语教学模式探究"前期研究获广东省教育创新成果奖。

（4）2013年"双语教育：以大沥镇海北小学综合英语为例"获佛山市教育局第六届佛山市教师校本行动研究一等奖。

（5）2013年"综合英语校本课程开发与实施"获镇级一等奖。

（6）2014年出版专著《开智培英 创建英语特色名校》。

（二）课题主要参与者前期研究成果

（1）2006年论文《中学英语差异性评价研究》获广东省新课程改革一等奖并全文刊登于《广东教育》。

（2）2006年"情感教学对中学英语'学困生'的影响探究"为佛山市禅城区教育科学"十一五"规划课题，已结题。

（3）2007年"基于母语环境的英语自主性阅读和表达能力培养途径探究"，为全国教育科学"十五"规划教育部课题"体验学习与语感形成母语教学试验"（批准号：FMB05070）的重点子课题，已结题。

（4）2009年研究报告《以增值评价促进初中英语阅读能力提高的实验研究》获广东省课程改革论文评选一等奖。全文刊登于《中小学英语教学与研究》。

（5）2011年完成省级课题"义务教育阶段双语教育"。

（6）2011年完成省级课题"小学综合英语"。

（7）2011年出版专著《当代国际双语教学模式概论》。

（8）2011年《中小学英语有效教学初探》获市教育论文三等奖。

（9）2011年"中小学英语衔接背景下课程资源的开发与利用：

以衔接教材为例"为广东省教育科学"十二五"规划课题,已结题。

（10）2012年《小学英语学习中的隐性研究》获广东省教育学会教育论文二等奖。

（11）2012年发表论文《当代国际英语学习动机理论发展新趋势》。

（12）2013年《初中英语模块主题语言综合实践行动研究》发表于《广东教育》。

（13）2013年"中学生英语形成性评价探究"为佛山市教育科学规划课题,已结题。

（14）2014年研究报告《中小学英语衔接背景下课程资源的开发与利用：以衔接教材为例》发表于《课程教育研究》。

（三）参考文献

[1] 冯增俊. 课程综合化及实践形式 [J]. 教育发展研究, 2005（7）.

[2] 冯增俊. 国际基础教育发展基本经验探讨 [J]. 教育科学研究, 2006（12）.

[3] 冯增俊. 中国台湾中小学课程世纪变革探析 [J]. 教育科学, 2005（2）.

[4] 罗丹. 从取代走向整合：美国20世纪90年代小学英语阅读教材变革探析 [J]. 外国教育研究, 2008（10）.

[5] 罗丹. 香港基础教育阶段英语教学的四个转变 [J]. 教学与管理, 2009（3）.

[6] 王进军. 国际英语教材发展的演进特征及其走向探索 [J]. 比较教育研究, 2009（6）.

[7] 王淑杰. 韩国小学英语师资培训措施及其启示 [J]. 中小学教师培训, 2008（12）.

[8] 杨小微. 现代教学论 [M]. 太原：山西教育出版社, 2004.

[9] 张传隧. 课程与教学论 [M]. 北京：人民教育出版社, 2008.

第二章 小学英语语言技能培养的有效路径

语言能力一直是一线英语教师比较关注的范畴，尤其是自改革开放以来，教育部制定了一系列基础教育英语教学大纲和课程标准，对其内涵的诠释也越来越受到人们的重视。以提高学习者语言整体应用水平为宗旨的英语课程建设，经历了以技能与知识、过程与方法、情感与态度为导向的探究和实践历程。本章将重点阐述《义务教育英语课程标准（2022版）》（简称新《课标》）中英语语言技能的定义与基本内容，进而探索"家校联动"的小学英语语言技能培养路径。

第一节 小学英语语言技能概况

一、小学英语语言技能的定义

随着新课改的深入及国家新《课标》的颁布，一线小学英语教师对英语课堂教学的发展有了全新的认识。新《课标》从语言教学的角度对语言能力进行了明确的定义：语言能力的主要内涵是英语的使用水平。英语语言技能包括理解性和表达性技能，包括以听、说、读、写、看为主的能力以及这五项技能的综合运用。学习者不但要在课堂时间内完成语言技能的训练，还应当重视课外学习，开展丰富的听、说、读、写、看等语言知识的练习，进一步提高语言的实际应用能力，为实际交流奠定基础。新《课标》实施后，我国中小学英语课堂将进行相应的教学改革。根据新课程标准，英语在义务教育中的总体功能是"通过英语学习，使学生初步发展语言技能，促进智力发展，提高整体人文素质"。一方面，语言的基本知识和语言技能是语言应用的基础；另一方面，学生必须通过合理运用语言技能来理解文化背景。如果学习者不在合理的语言使用场景使用语言，就难以进行意识、思想和情感的交流。教师在英语课仅仅教语言基础知识，强调语句结构是远远不够的，还需强调英语语言学习与日常生活实践的紧密联系，透过"以行为事"实现知识共享的目的。

语言技能包括输入和输出技能，阅读和听力被称为感知技能，也就是输入型技能（productive skills），口语交流和书面表达被称为输出技能（receptive skills）。① （如图2-1所示）"听"是认识和理解语言意义的一种手段；"说"是使用口语传达思想意志或传递信息的能力；"读"是辨别文本符号，把文本符号转换为有含义的资讯输入大脑的能力；"写"是指使用书面表达记录并传递信息的能力。听、说、读、写这四个方面都是学习者需要掌握的技能，是学习者使用英文进行交流的主要手段。新《课标》中提出的英语语言技能"看"通常指的是在多模态语篇中，基于图像、表格、动画、符号，甚至视频等媒介，遵循图形符号中的信号，理解文字与动作的内在关系进而解释文本内容的能力。② 这不仅提高了技能理解要求，有助于学生理解语言知识，也符合现代小学生在获取信息过程中的认知水平。总之，理解性和表达性技能在语言学习过程中得到了相互补充和支持。

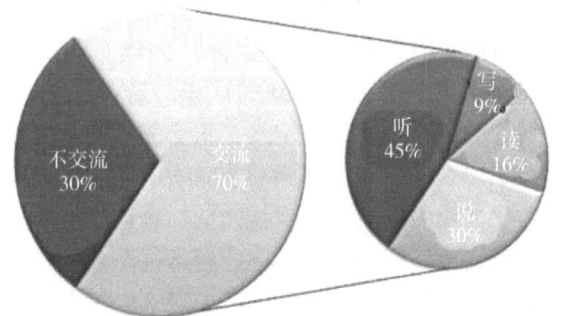

图2-1 语言技能

---

① CHOMSKY N. Naturalism and dualism in the study of language and mind. *International Journal of Philosophical Studies*, 1994（2）：181.

② 闫景荣：《依托主题整合多模态语篇提高小学生英语语言能力的策略研究》，载《新课程评论》2021年第4期，第85-91页。

二、小学英语语言技能的发展现状

近年来,从宏观层面来看,全世界范围内的非英语国家发生着一场"教育低龄化"的热潮,在欧盟、东亚等地区,政府均在小学阶段开展学校英语课程或设立了专门机构来研究学校的英语课堂。"9·11"事件后,美国政府采取了以本国安全利益为导向的重视支持国家关键语言发展的外语政策,并且在各州都赋予了学校很大的自主性开展外语学习教育规划。而由于欧盟一直坚持多元的文化观,2009年欧盟官方也批准了签署的《里斯本条约》,承诺欧洲国家应遵守多语主义。日韩二国则在其外语教育培训战略中着重强调语言的主导地位,通过英语学习有效促进与海外的艺术交流和推广本国文化,从而让其学生更加热爱祖国。①

这些英语教育的教学策略与具体做法,给了中国英语教育界许多启迪。在中国的"一带一路"倡议下,多语才能、跨文化交流才能与全球化眼光逐渐受到重视,这也将成为中国高等教育与外语教育规划的重点目标。从某种意义上讲,学会了英语就意味着掌握了参与发展的机会,国际竞争实际上也是人才培养的竞争,而人才培养的竞争结果将决定着一个国家的教育。当前,我国正处在这样的一个全球化和信息化发展的新阶段,全球信息化发展趋势正快速而深远地影响着中国教育信息化技术在外语教学中的深入运用和融合创新,这将是"十四五"时期国家以教育信息化变革教学方法、提高教育效益和深度推动中国高等教育现代化发展的重要策略。② 这个时代,放在我们眼前亟待破解的问题就是:中国教育在信息化和全球化背景下如何参与发展竞争?我国外语教育政策应怎样做好顶层设计,从而培育出具备全球竞争力的人才?这就要求我们把我国基础外语教育政策的发展

---

① 季丽云:《韩国:教育部将推进小学实用性英语教育》,载《人民教育》2019年第3期,第37页。

② 刘文华:《互联网时代大学英语信息化教学改革探索:评〈"互联网+"时代大学英语信息化教学研究〉》,载《中国科技论文》2022年第17卷第5期,第605页。

问题放置在新时代发展进程中,把我国所经历的国家探索、发展、改革与创造置于国际社会的发展过程中加以考虑。要洞见世界未来,就需要回顾历史并立足实际。

从语言知识掌握的层面上来看,当前我国的小学生,尤其是高年级的小学生,往往花费了大量的时间去背单词、默写词汇、背诵文章、做练习题,可是在实际的英文交际场合,仍然有语无伦次、结结巴巴等问题。这表明,他们尽管背诵了不少单词,做了不少练习题,也掌握了比较多的口语知识,可是听、说、听、写、看的语言能力却没有相应的提升。在当前我国小学英语课堂中,尤其是在高年级的小学英语课堂上,成绩仍然是家长和教师对孩子语言素质的重要衡量指标。更有甚者,大多数的父母们常常以考卷上的成绩来确定他们孩子的语言能力是好还是坏,而很少有家长关注自己的孩子究竟是语言知识的问题,还是能力的问题。同时,在小学英语教学中,往往是以语言和文化知识为核心的传统教学方法占据主导地位。尤其是在学校的高年级阶段,受毕业考试、统考和升学压力的影响,一味追求提高成绩的课后作业对孩子们造成了沉重的压力,这与学校英语课程宗旨严重背离,也与"双减"政策的教育宗旨完全相悖。

随着新课程改革的不断深入与"双减"政策的全面落地,一线小学英语教师对英语教育教学理念有了新的认识。学习者既要在课堂时段内完成基本语言技能的练习,又应在课外环节开展大量的听、说、读、写等语言技能的练习和综合性语言实验活动,并形成综合语言运用能力,为口语交流打下基础。

三、小学英语语言技能的影响

(一) 英语语言技能与儿童综合素质的培养

长期以来,我国的外语教学过于注重对语言知识的掌握和运用,从而陷入了为了学习英文而学英文的误区。有科学研究结果证实,提高儿童英语语言运用技能有助于提高儿童在人际交往过程中灵活运用语言的能力。我们可以从黄滔等对儿童"隐含作者"即"第二自我"

的分析中了解到,语言技能教育过程中产生的"强化积极价值观和人生前景"对"儿童的发展和未来"有很大影响。[①] 例如,在语言的生产过程中,儿童不仅要有出色的观察能力、敏锐的思维能力和丰富的知识积累,还需要适应不同的语言输出情景。由此可见,这不仅是知识的比拼,更是心智的较量,也是人才的展示。从个人全面发展的角度来看,儿童英语语言技能的培养,真正实现了从注重单一知识记忆转向综合素质培养的完美过渡。个人综合素养的提高能够影响语言沟通的效果与效率,巧用非言性词(nonverbal language),如态势语,也同样非常重要。眼神、脸部表情、肢体语言以及仪表等在儿童语言输出的锻炼与实践中,也能获得训练与提升。

总的来说,在孩子学习与日常生活紧密有关的不同层面、不同范畴的英语主题的过程中,英语教师能有意识地培养他们较好的思维能力、心理状况以及感知能力,这无疑给了孩子们发展多元智能的机遇。通过阅读语篇中的不同话题能够习得大量词汇,而单词的累积最终也会从量变到质变。随着学习者的思维深度和宽度进一步发展,语言知识也就能从不同程度上和各个领域中进行更新,孩子对语言的全面理解和感知也能增强,语言能力和综合水平才能随之提升。根据各位专家学者的论述和成果,一个成功的第二语言学习者拥有的文化素养,除了基本的语言知识外,还可以总结为以下几点:广博的知识、较强的思维和逻辑水平、非语言表达、积极的情绪和信念以及幽默感,而这些都可以在语言技能培训中获得。

(二)英语语言技能与儿童认知功能的发展

创造力是智力的重要方面,也是智力层面上更高级的表现。那么,儿童在学习第二语言的语言技能过程中,对创造力和问题解决能力有什么影响呢?

早在1970年,Torrance等就通过发散性思维测验对比了双语孩

---

① 黄湉、陈刚、吴晓凡等:《自然语言生成多表SQL查询语句技术研究》,载《计算机科学与探索》2020年第14卷第7期,第1133-1141页。

子与单一语言孩子的创造性成果，并发现了双语孩子可以在思维顺畅性、独创性与精致性等方面超越单一语言孩子。① Landry 的调查也表明，双语儿童在灵巧性、原创性、流畅性等方面的分数更高，但这种优势只在小学一至五年级的儿童身上表现出来，到第二语言学习的第六年级就消失了。② Kessler 和 Quinn 共同探究了对第二语言技巧的掌握程度对创造性思维的影响。他们向儿童呈现了一个关于"电影的物理科学问题"，要求儿童在有限的时间内写出尽可能多的解决问题的假设，结果发现，习得了第二语言技能的儿童提出的假设结构更复杂、质量更高级。③

上述两个研究都笼统地对比了双语幼儿与单语孩子之间在创造性上的差别，而近期的研究成果则在努力找出儿童语言能力水平和创造性发展之间的关系。Konaka 以六年级和七年级的日本中小学生作为被试者，探究了英语语言能力水平和发散性思考能力之间的关联，根据回归式分析的结果，孩子的英语语言技能水平对发散性思维能力呈正相关。Ricciardelli 也将双语儿童分为平衡双语组和第二语言能力（意大利语）有限的不熟练双语组。她比较了两者在非言语测量上的成绩，包括创造力和几何设计。她发现，平衡双语儿童在所有的认知测量上都表现出了显著的优势，但是不熟练双语儿童和单语儿童的成绩没有显著差异。这表明，双语对创造力的影响受双语语言能力的制约。④

由此可见，大多数研究能够证明双语学习与儿童创造力之间的交

---

① TORRANCE E, GOWAN J, WU J. Creative function of monolingual and bilingual children in Singapore. *Journal of Educational Psychology*, 1970, 61: 72 - 75.

② LANDRY R G. A comparison of second language learners and monolinguals on divergent thinking tasks at the elementary school level. *Modern Language Journal*, 1974, 58: 10 - 15.

③ KESSLER C, QUINN M E. Positive effects of bilingualism on science problem-solving abilities. In: ALATIS J E (ed). *Current Issues in Bilingual Education: Proceedings of the Georgetown Round Table on Languages and Linguistics*. Washington DC: Georgetown University Press, 1980: 295 - 230.

④ RICCIARDELLI L. Creativity and bilingualism. *Journal of Creative Behavior*, 1992, 264: 242 - 254.

互作用，即双语学习和创造力两者之间的关系是双向的，双语能力水平影响创造力，同时又受创造力的影响。除此之外，儿童第二语言能力水平越高，发散性思维和创造力及其发展空间也就越大。

（三）英语语言技能与问题解决能力的提高

研究表明，双语能力的培养对儿童的认知功能有积极的影响。然而，这些研究大多集中在智力潜力的静态方面，如创造力，通常作为一个指标。如果双语教学对智力发展有积极的影响，那么，这种影响的来源是什么？双语儿童在创作中的优势是否体现了动态认知功能或过程？近年来，研究人员越来越关注双语对儿童解决问题能力的影响。

Bialystok 采用的结构性评判目标，重点探讨了双语教学对儿童认知的影响。虽然解决一个句子是否偏离语法需要对句法结构进行更为实质性的研究，但解决一个句子是否偏离意思的问题需要主体忽略句子的不恰当性，并有选择地重视句型的文法。[1] 结果表明：在要求注意力管理的目标中，所有第二种语言特别娴熟或者不熟悉的双语孩子的分数明显超过单一语言的孩子；而在条件表征分析的工作中，只有第二语言特别娴熟的双语儿童的成就明显高于单一语言的孩子。Galambos 等人发现英语—西班牙语双语儿童在评价和修改语句等需求注意控制的语言任务上明显优于单语儿童。而以上的研究成果也证实，与语言技能不娴熟的孩子比较，语言技术娴熟的双语儿童在语言任务中更显示出了优势。[2] Bialystok 和其他研究者还探讨了双语儿童和双语能力相对较低的儿童解决其他语言问题的能力，他们为儿童们设置了划分工作、积木制作工作、水平面工作和果汁工作几个项目。前三项任务，分别需要孩子们按照不同的位置和角度对物体加以划分，并

---

[1] BIALYSTOK E. Metalinguistic dimensions of bilingual language proficiency. In: BIALYSTOK E (ed). *Language Processing in Bilingual Children*. Cambridge: Cambridge University Press, 1991: 113-140.

[2] GALAMBOS S J, GOLDIN M S. The effects of learning two languages on levels of metalinguistic awareness. *Cognition*, 1990, 34: 1-56.

把积木拼成特定的图形,根据装水的透明瓶子的倾斜程度画出水平面。儿童若要顺利地完成这些任务,需要把目光选择性地指向与各项任务有关的信息,忽视与各项任务不相干的信息。果汁任务要求孩子必须通过水分与果汁的配比确定液体口味的浓淡,这也要求孩子对信息做出分类。结果表明,平衡双语儿童在需要高度注意控制的非言语任务中的表现明显优于非平衡双语儿童。这也就意味着,双语儿童在语言任务中所显示出的注意控制优势是跨越领域的,并深受语言熟练水平的影响。只有儿童对两种语言相当熟悉时,注意控制优势才可以在不同的领域中显示出来。这些结果使我们认识到第二语言的获得与熟练程度对儿童解决问题能力的培养起促进作用。

第二节 新《课标》视角下小学英语语言技能的基本内容

一、新《课标》理念解读

2022年4月,《义务教育英语课程标准(2022年版)》正式颁布,确定了未来10年的小学英语教育将聚焦学科核心素养。新《课标》明确指出:义务教育英语课程要实现工具性与人文性的统一。学习和运用英语可以让学生了解不同文化,坚定文化自信,提升跨文化交流能力,树立国际化视野和正确的三观,做一个终身学习、适应社会发展的人。从新《课标》改革发展新方向来看,目前的"双减"政策,减的是学生负担,不等于降低英语学习要求,反而更加注重英语语言能力。新《课标》进一步加强了对教学育人的指导,调整了教学内容体系,重新制定了学习质量标准,加强了学段衔接。新《课标》强调英语课程的工具性和人文性的统一,重点阐述了学科核心素养四个方面的概念,反思了课程的性质,明确了课程的目标。具体表现为:

(1)强化了课程育人导向,着力培养核心素养。

(2) 优化了教学内容架构，重新遴选了主要理念。
(3) 研制了学业质量标准，为课程实践提供依据。
(4) 加强了学段衔接，建立了可持续发展的义务教育英语分级体系。

英语学科核心素养包括语言能力、文化意识、思维品质和学习策略，其中，语言能力是基本要素，即英语语言技能是学习者建立和发挥社会文化认识、思想品质和学习水平的基石。文化意识反映了价值取向，培养学习者认识与欣赏世界先进文明。思维品质则体现了核心素养的心智特征，体现了学习者在认知、分析、比较、推理、批判、评价、创新等方面的层次与水平。学习策略是儿童核心素质发展的关键要素，着重拓展孩子学习英语的渠道和提高学习效率的意志与技能。这四个方面交错渗入，相融互补，和谐发展。（如图2-2所示）

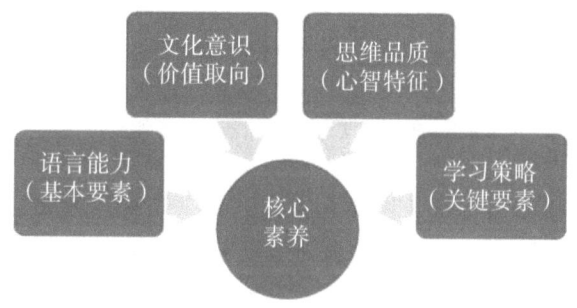

图2-2 核心素养的四个方面

整合课程内容六要素，形成以指向意义的单元整体教学为主要载体，以促进主题语境、语篇类型、语言能力、文化知识、语言知识和学习策略六要素的融合，反映时代感、基础性、实践性、成长性、综合性的特点为基本要求的英语课程结构。围绕这些要素，通过学习理解、应用实践、迁移创新等活动，推动学生核心素养在义务教育全程中的持续发展。程晓堂教授指出："小学英语教学会从学习英语知识转向培养实际运用能力。"① 他指出"真实的课堂"特别重要，要走出课本，更多地使用生活中的真实语料，要求学生运用英语来理解信息并表达自己。不管是校内校外，还是国内国外，英语教学的理念和方法都在朝着"真实课堂"的思路在转变，体现素质教育观念。（如图2-3所示）

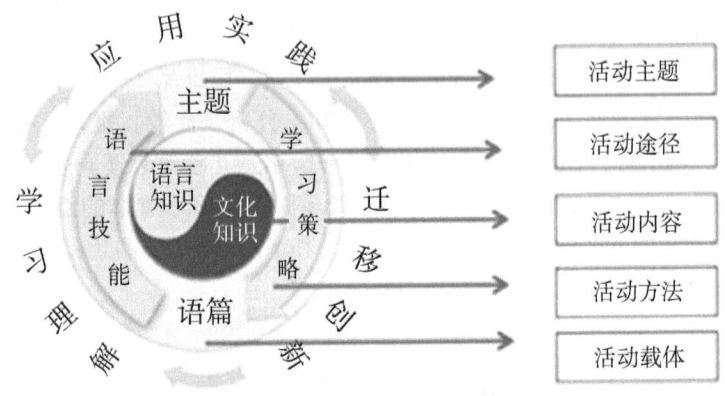

图2-3 新《课标》课程内容六要素

制定学业质量标准。课标是方向，新《课标》发布后，就是新教材的开发和应用，然后是课程评价，也就是小升初考试的改革。新《课标》提出学业质量标准，强化"教—学—评"一体化，强调形成性评价与结果性评价并存的评价理念，实施不同评价主题、不同方法、注重质量的评价体系。首先，知识点将出现在特定情景下进行考查，这限制了知识点"裸考"的现象。在这里，家长应该特别注意这样一个事实，即试题将越来越多地与新闻、时事或特定生活情景相结合。父母应该鼓励孩子多关注时事。其次，加强对过程的评价。这意味着检测和评估思考和研究的过程，限制学生的死记硬背，考察的是学生对问题的思考和解决能力。这也是教育的重要目标之一，即批

---

① 程晓堂、谢诗语：《小学英语课堂教学中的常见问题分析与建议》，载《中小学外语教学（小学篇）》2019年第42卷第3期，第1-9页。

判性思维素养和创新素养。

综上所述,从"双减"政策再到新《课标》,国内的基础教育正在经历着巨大的变化。一线小学英语教师则需追根溯源,从核心素养的基础要素——语言能力抓起,顺应新《课标》的要求,注重英语语言的实用性,培养儿童的英语语言技能。

二、新《课标》小学英语语言技能

新《课标》指出:掌握语言技能是语言学习的重要目的。新《课标》在听、说、读、写、看五大领域分别描述了语言技能三个等级的内容,是根据级别描述语言知识,而不是阐述某一项英语语言技能的各个层次,听、读、看是理解性技能,说与写是表达性技能。只有在大量吸取信息的基础上才能培养表达信息的能力,在大量吸取信息和表现自身的过程中才能养成有效沟通的能力。因此,听、说、读、写、看既是教学的目的,也是练习的手段。只有在听、说、读、写、看的实践中,才能切实培养出口语技巧和语言综合使用能力。

新《课标》计划把义务教育阶段的英语课程分成三级学段,第一级为三至四年级学段应实现的目标,第二级则为五至六年级学段应达到目标,第三级为七至九年级学段应实现的目标。因此,一级目标反映了对小学低年级的要求,二级目标则反映了对小学高年级的要求。各级学段目标之间具有连续性、顺序性和进阶性。课程内容还设置预备级和三个"级别+"。(如图2-4所示)预备级主要满足一年级和二年级的教学需要,以视听说为主。"级别+"为学有余力的学生提供选择。这也表明,我国鼓励学有余力的中小学生在扎扎实实地学习书本内容的基础上,做一定的提升,去满足"级别+"部分的能力需求。本章以下内容将从小学的一、二级语言技能目标入手,主要从听、说、读、写、看五个角度说明同一语言技能的不同等级的要求,并力求清晰展示语言技能的进阶。

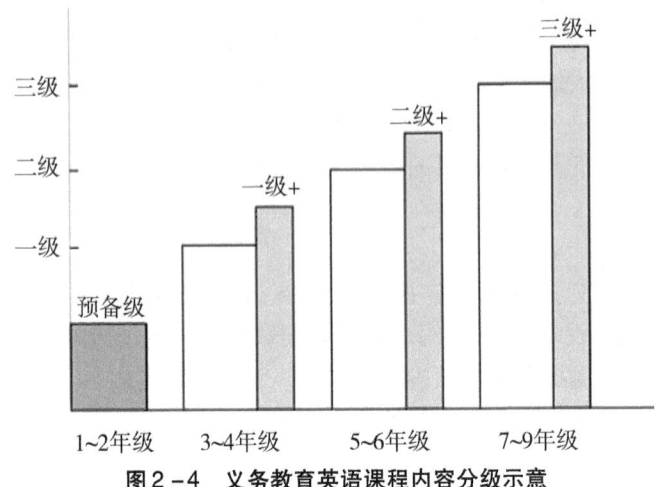

图2-4 义务教育英语课程内容分级示意

（一）理解性技能

1. 以读为基石

针对新《课标》提出的具体内容，笔者将从阅读目标、教学内容特色、支持要求、诵读要求、课外阅读量这五大角度分级讲述"读"这一语言技能。阅读包含了读写与认知两个含义，因此，低年级的小学生应先注重读写，尤其重视看图识词、认读所学词汇（实物支撑）和阅读童话故事（图画支撑）；高年级的小学生有了更高的读写目标，则应注重阅读理解能力，一般要求通过认听学习词汇（无实物支撑），在听与阅读的过程中，通过上下文线索与非文本信息推测语篇中单词的正确含义，或猜测未知信息；通过归纳故事中主要情节的出现、进展和结果，对语篇中的信息进行分类；比较语篇中的人物、事物或观点间的相似性和差异性，尝试从不同视角观察、认识世界；概括语篇的主要内容，体会主要信息之间的关联。

从阅读体裁看，学校要求低年级的学习者阅读简短的童话故事和小短文；高年级的学生则需要认识文字和理解简单图表，阅读简易书信、说明文等简单应用材料，以及阅读一定水平的一般体裁书籍。而

"二级+"学生需要阅读有配图的简单章节图书，了解阅读方式，对所阅读的内容做出简要的口头阐述和说明。

从支持条件看，一级阅读目标提出根据图片和标题，推测语篇的主题、语境及主要信息；二级阅读目标提出在听和读的过程中，根据上下文线索和非文字信息猜测语篇中词汇的意思，推测未知信息，归纳故事类语篇中主要情节的发生、发展与结局。

从朗读要求看，一级目标要求学生大声跟读音视频材料，正确朗读学过的对话、故事和文段；二级目标要求完整、连贯地朗读所学语篇，在教师的指导下或借助语言支架，简单复述语篇大意。

从阅读量来看，新《课标》要求三至四年级课外阅读量达1500～2000个单词，五至六年级课外阅读量达4000～5000个单词，初中阶段的课外阅读量甚至达15万个单词。新《课标》对阅读要求的字数变多，难度变大，突出强调了孩子应对英文文章有更深层的理解。

这个阅读量对于没有课外阅读习惯的孩子来说确实压力特别大，甚至难以企及，但对于从小学预备级阶段就每天坚持阅读20～30分钟的孩子来说，执行起来并不困难。因此，新《课标》的改革，对于小学低年级阶段就打好基础、进行大量广泛阅读并且有稳定阅读习惯的孩子一定是有益的。除了阅读要求更高，新《课标》的英语写作要求也较高，要求学生要有批判性思维，一定要发表自己的观点，做到"言之有物，言之有理，言之有序"。因此，加强课外阅读要从小学低年级就开始抓起，长期坚持。

2. 以听为依托

新《课标》改革强调语言的运用能力，要求学生能够在特定情境下使用语言，能做到活学活用。那什么才是真正的听力语言技能呢？整合分析新《课标》具体内容，笔者根据指令要求、支持手段、句子要求和课后听力活动四类介绍了听力技巧的基本特点。

从指令要求的角度看，一级要求为听到了简短的指示而有所反应，并按照指示完成工作；二级特点为听到在教学与活动中的基本命令，并做出正确反应。

从支持手段而言，一级包括语气、声调、手势和表情等；二级并未提出其他的支持手段。

从句子要求来看，一级要求借助语气、语调、手势和表情等推断说话者的情绪、情感、态度和意图；二级要求在听和读的过程中，根据上下文线索和非文字信息猜测语篇中词汇的意思，推测未知信息。

从课后听力活动来看，听力一级和二级都要求课外视听活动每周不少于30分钟。

纵向对比，能发现各个方面的听力技能的级别变化，教师们需要按照各种特点设计课堂教学，同时也需要进行各种高难度的教学，还需要基于布鲁姆认知理论提高小学英文学习者的知识水平。在听力练习中考单词、考句子，实际上不足以考察学生的语言能力。这类考题中没有情景，更没有学生熟悉的生活情景，孩子选对了，也不能完全确定学生是否真的理解了这个单词的意思；孩子选错了，老师也不知道学生是没听懂，还是不认识单词，脱离应用情景考单词、考句子，是无法培养语言能力的。因此，新《课标》改革对于英语能力的考察侧重于有效、得体表达意义的层面。未来英语能力的考察也一定会向一些国际化考试学习看齐，注重实际运用能力的考察。

3. 以看为纽带

儿童通过多种感觉器官接触世界，英语语言技能中的"看"将成为小学英语教学中一个不可缺少的教学环节。这"看"来之不易，承担了特殊的历史使命。因为许多学校中低年级的儿童在初学英语时，就对这门语言感觉非常好奇，所以，老师们必须掌握好低年级学生的这一特点，运用现代化教育的技术手段，利用图片、视频等多模态非文本信息技术，为中小学生提供一种良好的英语环境，并指导学生用英文沟通，从而体会英语的魅力。英语语言技能中的"看"字通常指使用多模态语文内容中的图像、表格、动画、符号和视频等认识意义的技术。在掌握了多模态语文内容后，除必须使用传统的文字读写以外，还必须看到图形中的信息，理解符号和动画中的含义。新《课标》中对这一语言技能也提出了不同级别的要求。

对于小学中低年级的儿童而言，一级侧重于推断多模态语文内容

(如动画、图书及其他印刷品的封面和封底、**邀请卡及贺卡**）中的画面、图形、声音、颜色等所表达的含义；对于小学高年级的学生而言，二级要求通过图片、图像等，认识常见主题的语篇，提炼、总结、概括主题信息；认识更多模态语文内容（如动画、海报、图书及其他印刷品的封面和封底等）传达的意义，提取关键信息。同时，阅读内容的"二级+"规定中亦有要求先阅读有配图的简单章节图书，并了解大意，再对阅读内容做出简要的口头总结和说明。可见，"看"作为阅读和听力的纽带，能更好地对不同语言技能进行衔接。因此，图文可缓解孩子对阅读语篇的畏难与恐惧心理，实现由非文字图像认知向文字信息加工、认知的成功转变。在学习者处理文字的细节信息前，老师应先帮助学习者从心灵上和意识上形成文字信息的先行结构框架，这样更有利于让他们从总体上掌握文字的结构框架和重点信息。

（二）表达性技能

1. 以说为中坚

著名语言学家里弗斯指出，在儿童的日常生活中，听占45%，说占30%，读占16%，写仅占9%。口语表达不仅在儿童语言习得中起着至关重要的作用，而且在促进学习动机方面也起着至关重要的作用。它代表着儿童表达意见的能力，甚至影响学生其他项外语能力的顺利发展。针对新《课标》内容，笔者从口语教学内容、发音要求、支持材料、英语口语能力多样化形式量化标准四人角度，分级阐释新《课标》下的小学口语技能的要求。

从口语内容上看，第一级要求包括在特定环境中向他人简短问候或道别；大声朗读音频和视频材料，正确朗读所学的对话、故事和句子；交换简短的个人和家庭信息，如姓名、家庭状况等，表达个人情感与喜好；简要说明你的日常生活和环境，如工作和休息、一日三餐、体育活动、爱好等；简要说明你的学校情况和学校环境，如学校设备、课程、学生活动，当然还有毕业生、老师等；简要说明你最喜欢的动物，如其外形、特点和生活环境。第二级要求包括使用所学的日常语言与他人进行简单的交流,如交流基本的个人信息;在老师的指导下或使用语言支架,全面、连贯地阅读所学课文,并能简单地概括课文的主要思想;围绕阅读的相关主题和内容来创作短篇故事或简单交流,表达个人感受、态度和观点。

从发音条件上来看,一级没有提出发音条件上的要求,二级要求读音清楚,基本达意,语调适中。

从支持要求上来看,一级是音视频材料,二级为教师帮助与图片提示。

根据英语口语多样性评价原则,第一级要求英语歌曲的表演;第二级要求学生在老师的指导下解读短篇小说或阐述简单的情节或介绍故事中的简短情节;"二级+1"指出,根据主要题材开展短小的主旨讲话,做到概念基本清楚、逻辑比较清楚、语言准确、语气适当;"二级+2"指出,根据主题图片或漫画,口头创编人物,形成相应的剧情,语言基本正确。

口语能力对小学英语学生感知能力的培养起着积极的作用。接受性技能是听、读、看的能力;它们是入门语言技能,也是良好语言表达的基石。为了提高听力技能,小学英语初学者必须先多听一些语言材料,经过反复的语言接触训练,就可以显著提高听力水平。在此过程中,学习者要努力把输入转变成摄入。

2. 以写为顶层

小学英文作文分为基础知识积累型的写作和思维表达型的写作,低年龄段的作文以撰写词汇练习居多,高年龄段作文变为撰写小短文练习,作文难度的提高加大了作文课程的难度。学习者若在低年龄段未打好基本功,高年龄段作文课程将不能有效进行。所以,小学英文作文课程要以词汇、句型为关键,教材应适当突出作文的实用性。本章从写作内容和写作形式两个方面分级说明新课标关于作文能力的要求。从写作内容来看,一级要求学习者针对照片的语境,仿写出简短的语句;二级要求学习者根据照片材料,完成一些意思连贯的表述;仿照范文的形式和要求写出一些含义连贯的话,或尝试用描述性词语补充细节,使文章更加充实、活泼。从写作格式看,一级要求准确写作文字、词语和句型；二级要求合理运用大小写字母和常用标点，词语的拼字法必须基本无误，并根据要求，采用表格、海报、自制图片等形式创造性地表达意思。

单词是人类语言的基本组织单位，低年级的小学生所学单词词汇数量有限，作文的教学形式比较简单，随着高年级的英文作文单词词汇数量逐步提高，作文的教学形式也越来越丰富多彩。而按照皮亚杰的认知发展理论，小学高年级孩子正处在从具体化思考向抽象式思考转变的阶段，英文作文可以使其从中获得相应的心灵满足感。因此，我们现阶段的作文教学可以来源于课本或校外阅读材料等真实的媒介。高年级的学生在英语教学中已经积累了一些词汇，可通过联想归纳分析法对所学词汇加以拓展。

对听、说、读、写、看这五种语言能力不同程度的分类评价，能逐级识别语言能力的差异，反映学生语言差异的状态，从而方便教师在课堂上进行有针对性的教学。按照新《课标》的规定，义务教育小学阶段学生应当达到二级水平，而英语老师们应该针对新《课标》的等级水平设置不同课程，以培养学习者的语言能力水平。同时，从语言能力的不同层次划分中，还能发现新《课标》对学习者综合应用语言技能和语境表达技能的关注程度，体现了对从语言基础知识讲授阶段向培养学习者的综合应用技能良好过渡的目标，强调按照"以言行事"的目标完成状况评估学习者的语言水平。教材中也以"做事"为主线，通过科学合理地设置学习任务，营建多姿多彩的课堂环境，以调动学习者的参与积极性，并通过接近学生的过程促进学习内化，同时指导他们在口语交际中有效地应用听、说、读、写、看。

第三节　新《课标》视角下小学英语语言技能的培养路径

一、管理优化，保障学科教育质量

（一）提高英语学科重视程度

在调查和采访的过程中，笔者也看到了学校管理者对学校英语课堂的地位、教学方法、课堂模式、评价等各个方面还有着不少错误的认知。这必然会造成在教育实施中，教师的很多行为都会背离学校设立英语单元的目的和宗旨，达不到学校对英语课堂目标和实际效果的要求。然而，提高对英语教学的重视程度并非易事，这需要领导和教师的共同努力。首先，要深入学习小学英语教学的相关政策理论，然后制定可操作的实施方案，提出相关的政策和措施，有计划、有步骤地推进小学英语教学工作。

在条件允许的情况下，应当成立小学英语教学机构，在教学实施、教学评价、教学科研、教学设备配置、开设年级课时，给当地各小学必要的支持和帮助，并加以科学的组织和管理。此外，教学机构还应配置专职工作人员和科研人员，科研工作人员要深入了解小学英语教学实践的意见和汇报，了解教学实践的进程和状况，有的放矢地进行指导。这样才能团结和组织广大的英语教学工作者，对小学英语教学的理论和实际问题进行研究和探讨，积极开展教研活动、教改实验和学术讨论，总结交流经验，探索教学规律，敢于创新，为当地小学英语教学质量和教学改革提供必要的、有效的指导和帮助。

（二）加强教师职业管理培训

学校方面的领导或教学的管理人员应该以积极的态度鼓励英语教学，开展多种类型的教育和研究活动。教研活动可以包括听课、评课、说课，或者播放一些比较好的英语教学视频，组织教师一起学习。鼓励英语教师大胆尝试，关注当代教师教学中存在的问题并提出改进建议。

（1）寒暑假的业务培训。根据实际情况，找出不足之处，查漏补缺，解决"等米下锅"的突出问题。培训结束后，将进行结业考试，考试成绩合格者将获得证书。

（2）外语函授培训。这应针对具备一定外语基础知识、原则上有教学能力的外语教师，目的是帮助他们加深和扩展初始知识，鼓励他们参与语言函授教学或自学函授教材的内容，以实现系统性改进。

（3）专家讲座。这是骨干外语教师的一种进修方法，我们可以让这些外语高级教师"走出去"以开阔他们的视野，学习教育理论，进行专门研究，发展深厚的专业知识，并依靠他们"请进来"的先进理论推陈出新。

（4）教研活动。这是提高外语教师学术水平和教学能力的有效途径。以区为单位，可以在学校之间进行互相学习，取长补短，共同提高教学科研水平。

（5）职务培训。这是对学历不够、学力不足、难以胜任教学工作的在职外语教师所采取的重要措施，不仅可以补足高等院校外语系科研层次所开学科的知识，而且可以获得从事外语教学所必须具备的教学能力。

此外，还可以通过举办专题讲座、开展各种教学活动，如集体备课、教学与评价研究活动、举办研讨会、小学英语教师交流教学经验、相互观摩课堂教学等形式，提高全体小学英语教师的整体素质。

（三）增强小学英语教材适切性

选用合适的教材对学校英语教学的影响也不容轻视。单调的英语课程教材不利于培养教师的课堂个性和特点。除了教材的选择外，通过观察和访谈，我们还发现许多教师无法灵活、创造性地处理学习材料。根据调查，大多数学校还没有配套的课外学习材料，老师们还反映教材难度比较大，学生也无法熟练掌握。教材从开课到学期结束，就只有学生用书和老师教学用书。其实课本是学校英语课堂资源的核心组成部分，它既是老师教学和布置学生练习的主要工具，也是学生上课学习的主要内容。

学校管理部门应当在地方教育主管部门的引导下，在与老师代表、学生代表和家长代表共同商讨的基础上，通过结合当地的本土文化，根据家长的经济能力，选择合适的学校英语教材。在选择教科书前，一定要判断教科书内容能否满足学生教学实际的需求，而这里的教学需求可以分为三个层面：学生的认知需求、老师的授课需求和教学大纲或者课堂规范上的需求。选用内容要符合学生的知识特点，所以选用内容前一定要根据学习者的特点进行详尽的研究与调查，除研究各个阶段学习者的生理、心理和情感特点之外，还要兼顾学习者当前的认知能力、理解水平和接受能力等。在情况符合的前提下，老师才能充分发挥集体才智，根据校本课程模式，研究出适合本地学习者使用的教材。

二、教法赋能，激发儿童学习潜能

新《课标》充分考虑"循序渐进、持续学习"的特点，对小学英语提出了较为具体的科学要求，并强调其主要目的是反映中小学课程之间的有机联系，并逐步发展学生在学习各阶段的英语语言能力，以确保英语课程的完整性、连贯性和持续性。

（一）培养持续的英语学习兴趣

新《课标》指出，要让中小学生"对所学的英文有持续浓厚的兴趣"，这在很大层面上给老师提出了某种价值诉求。培养兴趣是小学阶段英语教研的目标之一，培养英语阅读兴趣可依托游玩、演唱等社会活动，但还需避免因语言课堂表面上的兴趣爱好而造成课堂教学低效，甚至失败的状况。精美的教材、好玩的游戏等外界条件可以提高学生学习英语的外在力量，但要真正引起学生对读书的内心需求，增强学生的内在动力，使他们不断对英语学习产生兴趣，则要依靠"学习产生的成就感"。教学标准的修订使我们能更清晰地理解教学理念，作为一种语言教学大纲，它具有工具性和人文性。语言是一种交流手段，我们的英语教学应该为信息交流服务。小学英语教学既要培养兴趣，又要学到语言，为学生具备可持续学习能力而教学。

（二）养成良好的英语思维习惯

新《课标》还提出，我国小学生应能"早期培养对英文的感知和良好的教学行为"，这为学校教育目标提供了更加具体的标准，让老师们能够按照这个目标细化自己的课程教育任务。课标附录中的词汇表去掉了中文意思及词性，其原因在于单词有一词多义等现象，同时，这一改动也具有一定的导向性，即要在语境中理解和运用词汇。这就需要老师在教学中充分考虑环境，使学习者从环境中了解词汇含义，并在环境中恰当使用词汇，让语境真正有效地服务于教学；也可尽量避免在平时课堂中出现押韵诗教学和过于强调词汇正确读法，防止形成孤立记住词汇的习惯，并以此养成学习者初步运用英文进行思考的习惯。

逐步培养规范书写的习惯。新《课标》对学生写方面的规定明确细分并有所提高。一级要求正确书写字母、单词和句子；二级要求正确使用大小写字母和常见标点符号，单词拼写基本正确，根据需要，运用图表、海报、自制绘本等方式创造性地表达意义。新《课标》中的这些细节性指导与教材改进，有利于教师循序渐进地培养学生规范书写的良好习惯。这种良好习惯的养成"还利于逻辑练习并同步推进美育，进而促使学习者形成要求发展的愿望"，不再出现初中教师抱怨的"文盲英语"现象，为与初中英语教学衔接做好准备。[①]

（三）达成阶段性的语言技能目标

新《课标》的语言技能等级规范和技能教学参考意见，对发展学生听说与读写技能给出了循序渐进的要求，并给出了详细的语言技

---

① 张正东：《论中国英语教育的发展思路》，载《教育研究》2007年第7期，第78－83页。

能教学指南。这有助于老师在教学中具体贯彻并加以创新,以便真正逐步地、有计划地把课标理念渗透到平时教学中,渗透到评价中。

整体学习保证技能达成。新《课标》的基本知识需要循序渐进地学习,因为它要求学生全面掌握、仔细钻研,掌握整个小学阶段甚至于二级以上的基本知识,以使各学段目标逐步达成,着重强调句子的运用。如写的技能,一级要求能准确写作文字和词汇,仿照实例写词句,注重对文字、单词和词句的模拟;二级则需要能准确地运用大小写和常见的标点符号,强调的是句子的正确运用。① 这些标准为平时的教学及评价提供了方向。

评价跟进促成技能达成。针对新《课标》技能目标要求的细化与提高,平时的评价也需细化跟进,以保障技能目标的达成。各级书写训练阶段的侧重点也不同,如三年级上学期要求字母达标,学生需要掌握字母简洁标准的写法。二级目标要求五至六年级的学生能准确使用标点和大小写,并句子达标。这样的分级一方面给小学教师明确了技能目标教学的方向,另一方面也使初中教师知道了小学阶段已达成的技能目标,更有利于中小学的衔接教学。

(四) 采用高效的英语学习策略

新《课标》对学习策略提出了新的要求,如"课堂交流中的积极倾听和思考""学习内容的积极回顾和总结",这要求教师认真思考如何通过有效的活动培养学生良好的学习习惯和策略,使学生能使用有效的学习策略,提高学习效率,实现真正的减负目标。本章涉及的学习策略仅指小学生学习英语所必备的基本策略——认读策略。

1. 培养认读单词策略

新《课标》在词汇教学方面要求小学生"根据单词的音、义、形来学习词汇",因此,教师需充分认识到小学生在英语学习的起始阶段借助语音知识来认读单词的重要性。此外,国际音标可以在小学

---

① 陈琳:《小学英语写作教学中如何对学生的语言能力进行培养》,载《小学生(下旬刊)》2022年第2期,第101-102页。

英语高年级教学中使用,同时提高学生的单词认读和阅读能力,进行音标教学有利于学生巩固拼读规律。更为重要的是,初中教学一般不涉及音标,小学高年龄段的音标拼读能力培养将更有利于学生进入初中的学习。[①] 鉴于小学生"学得快、忘得快"的特点,六年级毕业时需要对音标进行系统的复习与归纳,一方面培养学生在"复习和归纳"中记忆单词的策略,另一方面有利于学生在复习巩固中提升学习能力。

2. 切实巩固学习成果策略

教师必须有战略认识。如果在小学英语教学的早期,教师没有意识到阅读技能在小学的重要性,学生的读写能力就会减弱。同时,在制定教学策略阶段,教师应特别注意不同水平的学生。研究表明,优等生通常会自己制定有效的学习策略。因此,在识字阶段,我们应该更多地关注那些学习落后的"后进生",并将拼读能力视为每个小学毕业生的最终目标。在管理学生的学习策略时,教师应该耐心、宽容并给予学生鼓励。学生在形成策略的过程中,需要自己付诸行动,体验策略带来的快乐或痛苦,适应教师倡导的策略,矫正不好的方式,并巩固内化策略。[②] 例如,一名学生习惯于一个个字母拼读记忆单词,当教师要求他根据拼读规则记忆单词时,他会感觉不习惯甚至痛苦,但在教师的帮助及鼓励下,他坚持下来,最终形成了良好的记忆单词策略。同时,学习策略的养成需分阶段调整侧重,需要教师精心安排及设计,并且以激励性评价作为保障,使学生感受到采取正确学习策略后带来的成就感,坚持走可持续发展的道路。

三、家校联动,共建人才培养模式

家长是孩子的第一教师,他们不但肩负对孩子的教育责任,更肩负对孩子的监护责任。面对儿童要学习的知识愈来愈多,尤其是英

[①] 王玉:《小学英语绘本阅读教学方法》,载《教师博览》2021年第15期,第61-62页。

[②] 丁姝懿:《小学英语写作教学中的语言能力培养初探》,载《教育视界》2020年第12期,第63-65页。

语，许多家长都不清楚甚至已淡忘，他们不懂得如何帮助儿童学好英语。笔者以为，家长协助儿童学习英语的过程中，应该创造有趣的环境，养成持之以恒的良好习惯，以及协助老师一起教育好孩子。

（一）适当予以鼓励

在协助孩子学习英语知识时，如果父母采取了适当的方式，使孩子对英语产生浓厚的兴趣，学习其实一点儿都不难。在与家长交流时会发现，很多英语学得好的小朋友，他们的父母会经常给予鼓励；而经常受到批评与指责的孩子，无法对英语学习产生浓厚的兴趣。

（二）紧抓预习环节

许多家长认为孩子需要在寒暑假期间集中精力复习，但事实并非如此。复习工作将是学校教师的责任，预习却是学校教师在寒暑假期间不能重视到的内容。家长应该鼓励孩子们在寒暑假预习好新学期的知识点。当孩子们学习到已预习的知识点时，他们会对英语学习更有信心。

（三）帮助孩子听写

在笔者的教学中，每节课的课前听写对孩子们来说都是考验。家长不应该每天盲目地敦促孩子复习功课，而应该和孩子一起听写第二天要学习的单词。不要一味地激励孩子，我们可以经常给孩子们出一些"难题"。当然，难度不一定太高。例如，我们可以让孩子在5分钟内完成阅读，在10分钟内复习所有内容或者记住20个生词。孩子们需要做出一点努力来实现他们的小目标。

（四）精选课外读物

父母一下子购买很多图书给孩子们，特别是内容、形式都非常相似的图书，会使他们反感。我们提倡父母根据孩子的爱好去购买图书。精美的图书、好玩的游戏等可以提高学生学习英语的外在力量，但要真正引起学生对读书的内心需求，提高学生的内在动力，则需要靠学有所成而带来的成就感。培养兴趣是件细水长流的事，要培养孩子的阅读兴趣，当然需要父母和教师们不懈的奋斗，从小事改变，孩子的英语语言技能才会有所提升。

结　语

新《课标》强调学生在英语课堂中的参与性、英语教学过程的情境性以及长期性，将指向核心素养的有意义学习理念应用于小学英语语言技能教学中，在英语课堂进行持续性的细致的观察与研究，这对提高小学英语教学的成效，以及培养学生的基本技能都十分重要。本章在诠释新《课标》的基础上，对英语语言技能的理解性和表现性两方面的要求进行了细致的描述与分析，进而得出了小学英语语言技能培养的实践路径，即在家校联动的基础上，教师应根据不同的教学内容融合各主题活动，使教学环节层层递进、教学内容步步深入。家长在教师的指引下辅助孩子的课外学习，学生置于真实的生活情境中真切感知英语语言技能，更能增强其学习体验，达到事半功倍的效果。

第三章 小学英语教学的有效方法

本章主要以外语教学方法史发展作为牵引,纵观古今,从外语诞生之际到现在,众多教学流派出现并不断发展。有一些方法至今流行而另一些则盛极而衰,但这并不代表其重要程度的高低,笔者认为从宏观的角度看待所有外语教学方法发展,有助于我们掌握外语教学的总趋势。结合中国外语教学的实际情况能够更好地落实外语教学方法本土化,丰富一线教师的理论知识,拓宽视野,借助新兴的互联网技术,将优质的方法发挥到极致,有助于提升教学总体水平。

第一节 外语教学方法发展简史

500年前,拉丁语常用于日常口语交际而且是各行各业的通用语言,在当时拉丁语作为一门外语为开启外语教学方法史奠定了基础。16世纪到19世纪初,法语、意大利语、英语作为商务、学术的主要官方语言被广泛使用,地位显著。19世纪中期,"直接法"进入了人们的视野,"直接法"指的是类似儿童学习母语的模式。随着资本主义社会的发展,19世纪五六十年代的西欧国家针对语法翻译法开始了一场针对语言的革新运动。1886年,国际语音学会的成立和国际音符的制定更是直接推动了直接法的形成和发展。20世纪,人类社会科学技术突飞猛进,特别是电子计算机出现以后,以微电子技术为核心的知识、技术密集型产业蓬勃发展,且"二战"期间美国军队进驻多个国家,军人急需掌握外语交流,特别是通过军队外语培训等教学活动,在此背景下,"听说法"在20世纪40年代的美国崭露头角。20世纪60年代末至70年代初,随着另一门新兴学科"社会语言学"的诞生,社会语言学家提出了"交际能力"的概念,在外语教学界引起强烈反响,"交际教学法"学派随即迅速崛起。在交际法的带动下，20世纪70年代兴起了"人文主义教学法"，主要包括沉默法（the silent way）、提示法（suggestopedia）、社区式语言学习（community language learning）和全身反应法（the total physical response method）等新型外语教学法（如图3-1所示）。这些教学法的共同特点即强调学生是教学的主体。因此，除了分析学生的需要和学习过程外，还注意学生学习外语的心理特点，努力创造条件，排除学生学习外语时的心理障碍。

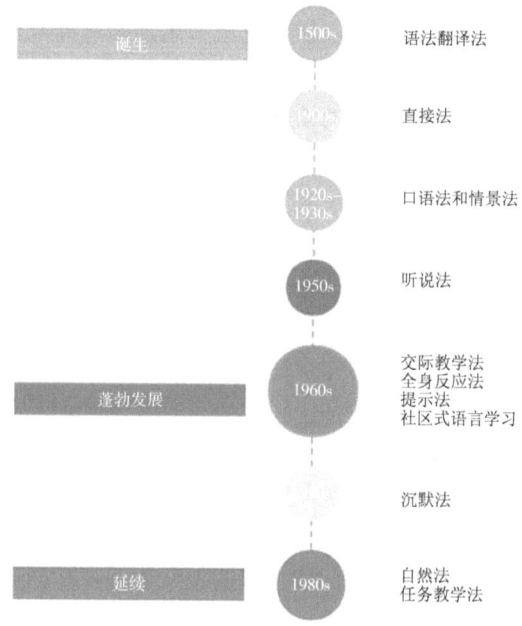

图3-1 外语教学法发展简史

一、语法翻译法

语法翻译法是使用母语翻译教授外语书面语的一种传统外语教学法，即用语法讲解加翻译练习的方式来教授外语的方法，其代表人物为奥朗多弗（Ollendorff）和雅科托（Jacotot）等。外语教学法源于拉丁语教学法，盛行于15—17世纪的欧洲，当时被称为"语法模仿法"，是翻译法的雏形。到了18—19世纪，翻译法被广泛使用，且得到了重视，因其继承了传统的拉丁语又称"传统法"。

语法翻译法的教学目的是培养学生阅读外语范文和模仿范文进行写作的能力，以应试为主要目的。语法讲解采用演绎法，先讲解语法规则、例句，然后在练习中运用、巩固规则。主要的教学方法为讲解与分析句子成分和语音、词汇变化与语法规则。词汇教学多采用同义词与反义词对比和例句示范法；讲解与分析语法基本上采用演绎法，即教师给出规则或结论，要求学生记忆和用规则解释课文。语法材料的安排是先语法后课文。课文由文学作品片段组成，并附有用母语详细注释的词汇表和详细解释的语法规则。课本中语法规则和课文分两部分安排。先呈现孤立的语法规则、单词、例句，然后学习摘自名著的课文。教学采用先学完语法再阅读课文的方式，其中，翻译被认作教学的基本手段。将外语翻译成母语，母语译成外语的逐词翻译是教学的基本手段。在语法翻译法中，外语知识的讲解、练习、巩固和阅读技能的培养都采用翻译方法。

二、直接法

直接法，又称改革法或自然法，在19世纪中期到20世纪早期法国和德国应运而生，这是一种与语法翻译法相对立的教学法，要求在学习外语或者第二语言时坚持仅用目标语言作为课堂的交流语言，要求语言和外界事物或经验之间建立起直接的联系。所以，在教学过程中不使用学生的母语而是代之以实物、图片等演示。直接法的教学以口语学习为目标，以句子为本位，作为基本的教学单位。在课堂教学中，直接法以模仿为主，是其主要练习方式，因为儿童学习语言时，就是从模仿周围人的话语开始进而逐渐掌握母语，这种方法与语法翻译法大相径庭。

直接法在第二语言学习中的地位不言而喻，尤其在口语方面取得显著成效，其特征：①学生使用目标语言思考，重视口语教学；②打破了语法翻译法一统天下的局面，开创了一个第二语言教学的全新局面;③不使用学生的母语作为课堂语言,有利于培养学生目的语思维能力;④在非翻译手段和方式的利用方面,直接法制定出一整套行之有效的语言训练的方式方法。

然而,直接法也具有明显的缺点,主要有:①关注到儿童习得母语与已掌握母语的人学习第二语言之间的共性,强调以学习第一语言的方式学习第二语言,忽视了两者之间的差异;②排斥母语,只看到消极的一面,不见其积极的作用,导致学生对一些抽象和复杂的概念难以理解。

三、听说法

听说法又称口语法、句型法、结构法、军队教学法。这是一种强调通过反复句型操练培养口语听说能力的教学方法。语言学理论基础是美国结构主义语言学,该法强调第二语言教学要从口语开始,从说话开始,通过掌握语言结构学会目的语。听说法的心理学基础是行为注意心理学的刺激—反应理论,认为言语行为是通过刺激与反应的联结并加以强化而形成的习惯,强调第二语言教学要通过大量的模仿和反复操练养成新的语言习惯。

听说法具有非常强的实践性,在针对口语的学习方面具有十分显著的作用。其主要特征有以下几点:①重视听说能力的培养;②强调语言的实践性;③以句型教学为中心;④初学阶段强调语音和结构,其次才是词汇;⑤要学习人们日常交流的口语;⑥通过大量的听说操练培养新的语言习惯;⑦及时纠正错误,使学生养成正确运用外语的习惯。

听说法的教学模式大致可分为四个步骤,即简单重复、替换练习、转换练习、套用句型练习,具体步骤如图3-2所示。

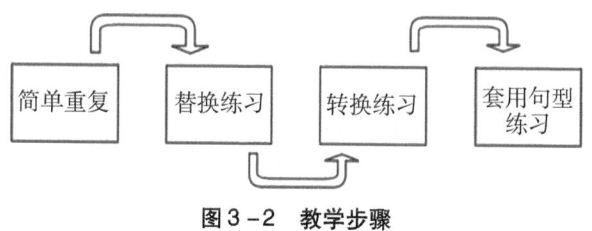

图3-2 教学步骤

第一步为简单重复,听完一段材料后重复,要求学生注意力集中,关注到意群中的核心,从而有逻辑性地复述。

第二步为替换练习,替换分为单项替换和多项替换。

单项替换适合刚学习某一种语法时使用,固定一个句子,替换句中的单词,使学生逐渐熟知和熟练运用这种语法。

Teacher:We'll go over the new words. Repeat.

Students:We'll go over the new words.

Teacher:Have a test.

Students:We'll have a test.

Teacher:Talk about some pictures.

Students:We'll talk about some pictures.

多项替换应在单项替换之后,学生对句型熟练掌握并能替换多项内容。

Teacher:I will go with you to the cinema this afternoon. Repeat.

Students:I will go with you to the cinema this afternoon.

Teacher:Him, tomorrow.

Students:I will go with him to the cinema tomorrow.

第三步为转换,包括含义转换、结构转换和增减句子要素。比如,主动句转换为被动句,陈述句转换为疑问句。

第四步为套用句型练习。教师简单讲解动词现在进行时的构成后说,"Mike is playing with Mary.",并给出动词词组"give Mary a donut, go out with his brother ……",学生通过替换单词或者短语来练习现在进行时态。教师给出主语"Tim, she, he, we"等,学生单个做练习然后小组练习,并用同样方法做动词现在进行时的问题和否定形式操练。

四、交际教学法

交际教学法,又称为功能法(functional approach)或意念法(notional approach),是一个多元理论的结合体,目的在于培养学习者的交际能力。交际教学法认为语言包含了"交际能力"和语言所处的"文化社会意涵",其功用则包括了功能性（functional，指用言语和他人互动）、规范性（regulatory，指用言语限制他人行动）、互动性（interactional，指用言语和他人互动）、想象性（imaginative，指用言语创造出想象世界）以及再现性（representative，指用言语沟通、呈现信息）等多种用途。交际能力这一概念最初是由美国社会语言学家海姆斯（Hymes）提出的。海姆斯的"交际能力"可以概括为一个人对语言知识和能力的运用，主要包括四个方面：语法能力（grammatical competence）、社会语言能力（sociolinguistic competence）、语篇能力（discourse competence）、策略能力（strategic competence）。

交际教学法认为语言是交际的工具，学会一种语言不仅要掌握其语言形式和使用规则，还要学会具体运用，也就是说要知道在什么场合运用。交际法大纲以意念、功能、交际活动为内容，强调在教材中使用真实的语言材料，使用新闻报道、广告、通知、表格、新闻广播、电话谈话等生活中常见的材料。交际教学法认为教学过程本身就是交际的过程，因此要采取多种教学手段，教学材料应该和恰当的教学手段相匹配。针对教师和学生的关系，交际教学法主张教师的作用既不是讲授语言知识，也不是指挥句型训练，而是通过各种途径组织学生进行交际活动，学生是课堂活动的主体。

交际教学法有三条运用原则，在实际操作中要重视对学生语言基础知识的培养，对学生在交际活动中的语言应用，以及对语言文化知识的导入。

五、任务教学法

任务教学法是20世纪80年代兴起的一种强调"在做中学"的语言教学法，是交际教学法的延伸与发展。它是一种提倡以人为本、以任务为动力、以任务为目的、以任务为核心的教学途径，要求学习者用目的语去完成各种真实的生活、学习、工作等任务，完成有目的的交际活动。在具体教学过程中，学生不是逐一学习各个项目语言，而是完成各种各样的交际任务。Feez（1998）将任务教学法基本内容概括为：①教学焦点是过程而不是结果；②任务教学法的基本要素是强化交际和意义表达，进行有目的的活动；③在进行活动和完成任务过程中，学习者有目的地多开口讲话，彼此产生影响；④语言活动和任务既是学习者的现实生活需要，也是课堂教学的特定教学目标；⑤教学活动和任务应该按照难度大小循序渐进；⑥一项任务的难度取决于一系列因素，包括学习者先前的学习经历、任务的复杂性、完成任务需要什么样的语言，以及能否得到鼓励等①。

在实施过程中，要注意关注教师与学生之间的关系，任务型教学法是一种以学生为中心的教学方式，教师起主导作用，引导学生完成各项任务。（如图3-3所示）

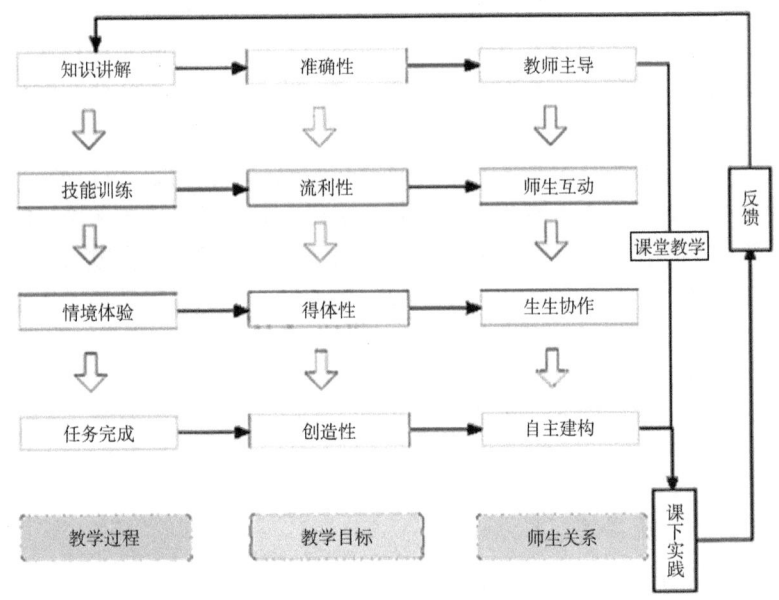

图3-3 任务教学法的教学流程

---

① FREEZ S. *Text-based Syllabus Design*. Sydney：National Center for English Teaching and Research，1998.

任务型教学法在课堂中被频频使用，原因是其具有可实践性、可操作性等优点，具体有：①在完成多种多样的任务活动时，有助于激发学生的学习兴趣；②在完成任务的过程中，将语言知识和语言技能结合起来，有助于培养学生的综合语言运用能力；③促进学生积极参与语言交流活动，启发想象力和创造性思维，有利于发挥学生的主体性作用；④活动内容涉及面广、信息量大，有助于拓宽学生的知识面；⑤在任务型教学活动中，在教师的启发下，每个学生都有独立思考、积极参与的机会，易于保持学习的积极性，养成良好的学习习惯。

然而，任务型教学法仍然具有一定的局限性，例如，这种课堂的组织和任务的设计与实施过分依赖教师的教学能力和教学水平，在目前很难保证大面积的教学质量的提升。在课堂活动中，难以有效监督和控制学生的个体活动，反馈效率低，导致课堂的效率难以提升。

第二节　小学英语教学方法的选择策略

《义务教育英语课程标准（2022年版）》指出课程内容六要素[①]，通过这六要素助推学生核心素养的发展，因此，教师在选择教学方法时，要结合不同课型和主题，以培养学生核心素养为纲，以文化知识为载体，实现课程内容的六要素齐头并进。当前针对不同的课型衍生出了很多教学模式，如阅读教学的三种模式：演绎法、归纳法和引导法[②]。这些方法诞生于不同的时代背景，有着不同的理念、步骤和优点，使用范围以及影响力也不尽相同。但整体看来，目前在我国比较受认可或影响力比较大的教学方法有交际教学、情景教学、3P教学模式、任务型教学等，全身反应法在小学阶段使用也较多。教师应结

---

① 中华人民共和国教育部：《义务教育英语课程标准（2022年版）》，北京师范大学出版社2022年版，第4页。

② 赵连杰、王蔷：《基于课例改进促进中学生英语学科能力发展的实验研究》，载《基础外语教育》，2016年第5期，第3-12页，第108页。

合课型、学情及教学目标,选择相应的教学方法。

一、小学英语教学方法的理论基础

(一)语言理论

就英语教学而言,对语言本质的认识非常重要,它直接影响教学目标的确立、教学原则的制定、教学方法的设计等。目前,关于语言的本质有如下几方面的共识:①语言是人类最重要的交际工具;②语言是一个符号系统,包括形式和意义两个方面;③语言是人类的思维工具和文化载体①。在此基础上,语言学家们关于语言的特征、功能等问题又有着不同见解,分化出不同学派或流派,如伦敦学派、布拉格学派、哥本哈根学派等。从根本上来看,这些不同的学派或流派可以归纳为两个类别:"形式派"和"功能派"。形式派把语言看作一个结构严密的符号系统,是由很多子系统构成,如音系学、形态学、句法学。他们以语言共时系统内部各要素的结构及其相互关系为研究对象,其目的在于用抽象、概括的方法对语言系统的各种结构进行客观、精确的描写,认为语言学的中心任务是研究语法成分之间的形式关系,而不涉及这些成分的语义和语用性质。功能派认为语言是一种社会现象,形式受意义的影响,两者无法分开。与形式派只强调语言规则不同,功能派认为语言能力或知识不限于语法知识,还包括恰当使用语言的知识和能力。他们强调从语法系统外部寻求解释,联系语言的使用者和语言的交际功能,确定对语言结构的形成和制约起重要作用的各种因素,透过语境与功能解释形式。② 功能派的代表人物之一 Haliday 认为,语言之间的共性之处不应成为语言学家研究的重点,

---

① 束定芳、庄智象:《现代外语教学:理论、实践与方法》,上海外语教育出版社 2008 年版,第 33 页。
② 廖秋忠:《也谈形式主义与功能主义》,载《国外语言学》1991 年第 2 期,第 31-49 页。

语言之间的差异以及这些差异所反映的文化差异才更为重要①。这些关于语言本质的不同认识影响了英语教学研究,并演绎出不同的教学法流派。例如,听说法、视听法和直接法主要体现了形式派的语言观,而功能派的思想主要体现在交际法和自然法之中。

(二)二语习得理论

二语习得理论研究二语习得的过程、环境、策略和影响因素,探讨二语习得的规律,也是语言教学的重要理论基础。虽然英语在我国属于外语,而非二语,但是因为我国外语教学研究在很大程度上依赖于对国外理论的介绍和引进,而这些理论多与第二语言教学有关,二语习得的理论也就自然影响了我国的英语教学,成为英语教学重要的理论基础(东定芳、庄智象,2008)。从20世纪五六十年代的对比分析、错误分析、中介语研究开始,经过几十年的发展,二语习得理论已成为众多研究者关注的热点。目前已有近60种理论、假设、模式、框架、观点等,比较有影响力的有克拉申(Krashen, 1985)的输入假说(the input hypothesis)、格雷格(Gregg, 1990)的交互能力模式(the variable competence model)、朗(Long, 1981)的互动假说(the interaction hypothesis)等。这些理论观点各异,从不同侧面展示了二语习得的特点和规律。这些理论大致可分为以下几种类型:①行为主义——强调条件对二语习得的影响,重视后天的作用。②认知主义——强调人脑的内在特殊能力以及选辑和大脑思维过程,认为二语习得主要靠学习者的天赋。③建构主义——认为学习是意义建构的过程,每个学生都在以自己原有的知识或经验为基础建构自己的理解。教师不能漠视学生已经存在的经验世界,就像往瓶子里灌水一样给学生装入新知识,而是需要在他们已有的经验世界中找到新知识的生长点。强调重视学习者过去的知识经验对学习的影响,把学习者看作学习活动的主人,能对学习活动进行积极的自我管理和反思。④社

---

① 柴辉:《形式主义和功能主义语言学浅析》,载《兰州交通大学学报》2010年第5期,第145-147页。

会建构主义——关注学习和知识建构背后的社会文化机制,认为学习是一个文化参与过程,学习共同体的协商、互动和协作对于知识建构有重要意义。

(三) 教学理论

教学方法是解决教学问题的科学过程,解决好教学问题必须遵循和应用教学客观规律。因此,教学方法也离不开教学理论。古今中外关于教学的理论或思想源远流长。我国古代以孔孟为代表的教学思想中有很多关于教的方法、学的方法以及对教与学关系的思考,如"学而知之""举一反三""因材施教""不愤不启,不悱不发"等。在近代,我国涌现出很多进步的思想家和教育家,无论是蔡元培的"尚自然、展个性"教育思想,还是陶行知的"生活即教育、教学做合一",在如今都有重要启示意义。国外教育理论的发展首推西方,无论是萌芽期的思想家苏格拉底(Socrates)、柏拉图(Plato)等思想,还是近代捷克教育家夸美纽斯(Comenius)的"大教学论"、德国林尔巴特(Herbart)和瑞士斐斯泰洛齐(Pestalozzi)在教学活动程序上的探索、美国教育家杜威(Dewey)的"儿童中心论"和"做中学"思想等对于今天的教学设计都有重要的借鉴意义。在教学设计发展历程中,教学理论也在不断地发展,如斯金纳(Skinner)的程序教学理论、布卢姆(Bloom)的教育分类理论、布鲁纳(Bruner)的以知识结构为中心的课程论思想与发现学习观点、奥苏贝尔(Ausubel)的有意义学习观点与"先行组织者"教学策略、加涅(Gagne)基于信息加工论提出的九大教学活动程序、苏联费科夫的发展性教学论、德国瓦根舍因(Wagenschein)的范例教学理论等,无一不丰富着教学设计理论体系,也为小学英语教学提供了丰富的营养和科学依据(何克抗等,2006)。整体而言,当前国内外教育界对教学的规律及教学应遵循的原则有一些共性的认识,如教学与发展相统一、教与学相统一、认知活动与情意活动相统一、间接经验与直接经验获得相统一等教学规律,科学性与思想性相结合、直观性与抽象性相统一、理论联系实际、循序渐进、因材施教、启发诱导等教学原则，这些均对小学英语教学有着重要的启示作用（张传燧，2008）。需要注意的是，这些教学理论从不同的角度探讨教与学的问题，它们有的互相统一，有的互相矛盾。在不同的历史时期，教育界对这些理论的看法也不尽相同，应该取长补短、互相借鉴、辩证看待，选择与情境相宜的方法。

二、小学英语教学方法的选择策略

中小学有很多常见的教学方法，如讲授法、谈话法、讨论法等以语言传递为主的教学方法，发现法等以探索研究为主的方法，但在众多的教学方法中要有合理的选择策略，有的放矢地进行教学。

（一）教学情境搭配恰当的教学方法

教学有法，但无定法，贵在得法。教学方法的选择与使用往往受学科特点、教学环境与条件、教师教学理念与风格、教师基本素质等因素的影响和制约。同时，教学方法的选择还要考虑可行性和学生实际。不同的课型应采用不同的教学方法，有时同一种课型可能还需要集中教学方法的综合使用，通过发挥各种方法的长处和优点，最终实现教学过程的优化。教师应充分了解这些不同方法的特征，根据教材和学情特点，以及具体的教育情境选用恰当的教学方法。

（二）教学方法辅以教学理念、方法等的正确使用

有些教师把宏观的教学理念术语作为微观教学方法术语在课堂教学活动设计层面上使用。例如，声称某一教学活动或步骤使用了交际教学法就过于宏观，正确的说法应该是教学活动或步骤体现了交际教学思想。

（三）教学方法与教学步骤相对应

有些教师在教学方法部分罗列了很多方法，但是具体活动设计却没有体现出对这种方法的使用。例如，有的教师在"教学方法"部分列举了"任务型教学"，但在教学过程中却没有使用任务。因此，

教师必须关注教学设计的整体性,关注教学方法与教学步骤的对应。

第三节 小学英语的有效教学方法

一、小学英语语音教学方法

语音是语言存在的物质基础和前提条件。语音、语调在话语意义中起着至关重要的作用,同一句话的"音",因使用的语调不同,其表达的意义也会完全不同。在英语学习中,语音学习又显得尤为重要。汉语是表意文字系统,而英语是拼音文字系统。一些心理学家认为,在拼音文字系统中,心理词汇以音素的形式组合,词汇通达按照语音—词汇—语义的模式顺序实现。因此,语音是语义不可或缺的载体,对语义表征和建构具有重要作用[①]。学生只有打好语音基础才能为下一步学习创造良好条件。因此,小学英语教师应强化语音教学,用科学合理的方法进行语音训练,帮助学生形成良好的语音面貌和语音学习习惯。

语音教学在小学英语教学的方方面面,从单词的发音到语流语调,几乎每一节课都会涉及发音知识与技巧的教学。本部分关于小学语音教学方法和步骤的探讨专指语音板块的教学。当然,所涉及的语音教学原则、方法和策略同样适用于其他课型中的语音学习。一般而言,语音板块的教学应遵循如下教学步骤:热身与导入,呈现,操练与巩固,以及运用。

(一)语音教学的热身与导入

与其他课型一样,语音教学中热身与导入阶段的主要目的是激活气氛,激发学生学习兴趣,应遵循间接性、趣味性、相关性等原则。热身与导入可以采用的活动形式有很多,如唱歌、游戏、看视频等。

---

① 林新事:《模仿在英语教学中的地位》,载《基础教育研究》,2001年第1期,第36-37页。

在此过程中，教师要尽量结合已学过的词和发音规律，创设有意义又有趣的语境，使学生在语境中感知发音规律，变机械的语音学习为有意义的学习，并为下一个环节呈现语音规律做铺垫。例如，在教学设计中首先播放包含五个元音字母的歌曲 The Vowel Song，学生根据歌曲内容边唱边拼读单词（bad，get 等），然后学生在语音小游戏"Angry Bird"中复习包含元音字母"a""e""i""o"的闭音节单词（hot，hit 等），最后由游戏中的元音字母入手，引导学生归纳元音家庭（the vowel family），引出另一位"家庭成员"letter"u"，并呈现 duck——本课堂线索角色小鸭子。教师在活跃气氛中激发学生兴趣的同时，激活旧知，自然引入所学内容。

（二）语音教学的呈现

热身与导入之后是呈现新知。在语音课里，就是发音规律的呈现。在呈现发音规律时，有如下几个原则。

1. 语境原则

在呈现发音规律时，要尽量结合学过的词和发音规律，把发音规律结合在词语里，把词语结合在句子里，把句子合成有意义的语篇，将其串联成连贯的、有趣的语境，使学生在语境中学习和操练发音规律。与其他课型一样，语境的创设要尽量自然、真实、连贯。

2. 引导发现原则

为激发学生主动学习、积极思考，教师应尽量避免直接讲授发音规律，而是通过引导发现法，引导学生主动发现语言规律。发现学习的价值在学术界广受认可，英语课程标准就体现出对发现学习的重视。显性学习与隐性学习的存在与作用一直是二语习得研究中的重要辩题。有学者认为显性学习只起着监控作用，习得的隐性知识才是中介语系统中启动流利输出的基础[1]；也有学者认为显性教学更能促进

---

[1] KRASHEN S D. *The Input Hypothesis: Issues and Implications*. London: Longman, 1985.

学生提高认识语言规律的能力①。在语音板块，一定程度的显性学习很有必要，这可以帮助学生更清晰地明辨语音规律，更有意识地运用语音规律。教师应创设有趣、有意义的语境，通过在语境中呈现一定数量含该发音规律的词汇形成输入强化，来提高学习者对发音规律的注意（Roach，2008），在此基础上引导学生归纳总结发音规律，并在学生初步探讨的基础上通过示范及简单讲解帮助学生明晰该语音知识和规律。例如，教师通过"It's Monday. It's Jay's birthday! Let's say Happy Birthday! Let's find out the way to the party. Jay's home is faraway."形成输出强化，引导学生发现"ay"发/ei/这一发音规律，并通过教师示范，跟着律动的节奏说出"ay-/ei/"等方式帮助学生明晰这一发音规律，通过请学生说出其他的带有"ay"的词激活和拓展学生的图式。

3. 准确原则

语音板块的教学目标是感知并归纳发音规律、能够准确读出并识别出带有该发音规律的单词。因此，准确性也是语音教学中应坚持的原则。著名英语教学专家哈默曾在论著中专门探讨过语音教学的目标问题，即"完美（perfection）还是可理解（intelligibility）"。语音学习的最高境界固然是达到英语为母语者的发音水平，但是受学习者学习动机、语言学习环境、语言体系差异等多种因素影响，简单要求学习者达到母语者的发音水平显然不符合实际情况。同时，考虑到小学阶段在情感目标上要求学生"敢于开口，表达中不怕出错误；乐于感知并积极尝试使用英语"②，也有人建议教师不应在语音上对学生过分苛求。但是，鉴于语音在交际和语义建构中的重要作用，教师还是应尽力引导学生热爱语音学习，提升发音知识和技巧，尽量做到准确发音，从而为英语学习打下更坚实的基础。要实现语音的准确性，

---

① ROACH P. *English Phonetics and Phonology*: *A Practical Course*. London: Cambridge University Press，2008.

② 刘道义：《小学英语教学特点与小学英语课面临的挑战》，载《教育实践与研究》2001年第7期，第36-38页。

最主要的方式是通过教师示范，学生模仿，并对模仿时出现的错误进行及时、恰当的指导和纠正。中文和英文分属于汉藏语系和印欧语系，音系差别很大。在英语学习的初级阶段，学生往往会不自觉地利用汉语语音学习的经验来学习英语语音，造成语音学习的负迁移。教师应提升专业水平，增加语音方面的知识，提升语音指导水平，帮助学生突破语音学习中的难点，形成准确发音的意识与能力。

4. 分散原则

有些教材的语音板块一次只呈现一种发音规律，而另一些教材的语音板块一次可能呈现两种或多种发音规律。例如，在人教版四年级下册、五年级上册和五年级下册教材中，一般一次呈现两种发音规律。例如，字母组合"or"发/o/或/ə/这两种发音规律，元音字母组合"ay"发/ei/或/e/这两种发音规律，以及元音字母组合"ai"发/ai/或/ei/这两种发音规律。在教学中，应分散呈现不同的发音规律，以避免干扰学生对发音规律的发现和总结。

（三）语音教学的操练与巩固

在学习了语音规律之后，教师应组织和指导学生进行语言练习活动，训练正确的语音，巩固语音知识。语音操练与巩固的活动极为丰富，常见的有听音选择、听音排序、听音写词、看图说单词、绕口令、演唱英文歌曲等。在呈现和操练时，一要注意尽量在完整、延续的语境中操练和巩固相关语音规律；二要注意语音操练应形式多样，活泼有趣；三要注意操练和巩固活动的目的性。从目的来看，语音的练习活动包含两种类型：知觉练习（perception practice）和发声练习（production practice）。知觉练习主要是训练学生辨音的能力，如听音选择、听音排序、听音填空等，发声练习则训练学生的输出能力，使其能根据发音规律读出相应的单词，如朗读单词、吟唱歌谣等。教学过程中应结合这两种类型的语音操练活动。在操练过程中，核心目的是操练相关的语音规律，应结合已学过的旧词汇和未学过的新词汇进行操练，确保学生能在操练活动中积极运用发音规律进行识别，而非机械朗读或选出已学单词。例如，教师带领学生通过律动的节奏齐唱，拼读一块块具有字母的农田等方式操练发音规律。教师设计了"Sharp eyes""Chant with hand"等一系列活动操练"ai"和"ay"的发音。

（四）语音教学的运用

语音板块的学习同样涉及运用环节，教师在教学活动中应尽量结合趣味性的活动，引导学生在语境中、在有意义的活动中运用相关语音规律。语音教学运用活动与其他板块的运用活动有颇多相似之处，提倡尽量在完整的语境中使学生有机会运用所学语言进行真实、自由、自然的表达。另外，为了提升学生关于语音的语感，也应尽量提升输入和输出的长度和广度。常见的语音运用活动有为动画片、电影等配音，绘本欣赏和表演，自由对话，编创故事等。例如，引导学生以小组形式合作表演读绘本 *Gus the Duck*，改编绘本 *Diary of a Worm*，通过学生自主阅读、尝试拼读、听音模仿、听音拼读等方式，使学生在较为开放的语境中进行综合输出。例如，请学生找出带有"ay""ai"的词，编创故事并表演。

二、小学英语词汇教学方法

著名英语教学专家哈默（Hammer）曾说："如果说结构是语言的骨骼，词汇则是最重要的器官和血肉。"著名语言学家威尔金斯（Wilkins）也曾说："没有语法，能表达的内容很少；没有词汇，什么也表达不了。"词汇在英语学习和教学中的地位毋庸置疑。但是，词汇学习也是一件异常艰苦的事情。相比较于语法，词汇的数量更为庞大，再加上语言的任意性特点，导致词汇的记忆也总是缺少章法。对很多学生，尤其是初学者来说，词汇的积累和扩充便成为英语学习的拦路虎。所以，词汇是小学英语教学的重点、关键点和难点。词汇学习存在于英语学习的方方面面，阅读教学、对话教学、故事教学等都离不开词汇的学习。本章所谈论的词汇教学特指词汇课型的学习，如人教版的"Let's learn"，但所涉及的理念、原则等也适用于其他课型的词汇学习。

近 200 年英语教学方法史中涌现出了众多教学方法和流派，如语法翻译法、直接法、听说法、情境教学、交际教学等。3P（presentation, practice and production）教学模式衍生于情境教学，与同时期的听说法最大的不同是对语境的关注。首先在语境中呈现语言，之后采用跟读、朗读、看图回答等形式操练语言，最后通过角色表演、活动、任务等方式运用语言。3P 教学模式在 20 世纪 50 年代曾经是最为流行、影响力颇大的教学方法。但是，自 90 年代开始，随着人们对语言以及学习规律认识的变化，一些学者开始对 3P 教学模式提出质疑，认为这种方法过于简单、线性，过于以教纲为中心（Hamer, 2007）。例如，威利斯（Willis, 1996）就从语境特点、学习程序、活动方式、学生体验和使用语言的方式等多个角度对 3P 教学模式与任务型教学进行比较，提出任务型教学更有利于提升语言成效。90 年代中后期开始，学术界开始探讨英语教学的"后方法"时代（Richard & Rodeers, 2001；Kumaravadivelu, 2006）。"后方法"时代的早期提倡者，也是任务型教学的早期开发者普拉布（Prabhu, 1990）提出，英语教学领域面对的挑战并非设计一个"最好的"新方法，而是需要"通过改变、整合已有方法来帮助激活和开发教师的教学智慧"。霍利迪（Holliday, 1994）也提出，教师应根据具体的教育情境选择恰当的教学方法。教师对教学方法进行选择和运用的基础是教材和学情特征，但也受其所处教学情境、教学文化等影响。在相关术语的使用中既要考虑学术界的使用方式，也要考虑学术话语本土化后的平衡。国内虽有一些对 3P 教学模式的批判，但整体而言，在实际教学中 3P 教学模式仍是词汇教学中使用最广的方法。词汇教学过程中，可以遵循 3P 教学模式的程序，但还需注意结合情境教学、任务型教学、全身反应法等相关元素。具体的教学步骤可以分解为热身和导入、呈现和操练、巩固和运用。

（一）词汇教学的热身和导入

热身和导入的目的是引起学生注意、激活气氛、激发兴趣，并在此过程中调动学生已有的知识和经验。把他们的注意力引导到将要学习的内容上，通过视频讲解使其在新旧知识之间建立联系，在最短时间内进入课堂学习的状态。热身和导入的形式多种多样，常见的有唱歌、做游戏、猜谜、看录像、自由谈话、头脑风暴、创设情境等。

热身和导入有几个原则：一是趣味性。兴趣是新知识的"生长点"，学生只有对所学内容好奇、感兴趣，才会积极主动学习。要使学生产生兴趣，教师必须精心设计导入环节，为学生营造激发学习、思考、表达的情境和氛围，使学生全身心地进入学习状态。二是目的性。显然趣味性是重要的考虑，但千万不能为了导入而导入。跟其他教学步骤一样，热身和导入的最终目的绝不仅仅是激发兴趣，而是为学习语言、发展综合语言运用能力服务。无论使用哪种导入方式，都应当有明确的目的，并应与课堂教学内容密切相关。三是简洁性。教学设计很重要的标准就是有效果、有效率，因此，课堂导入不宜费时过多，通常以3～5分钟为宜，一旦学生的学习自觉性被调动起来，就要抓住这个教学过程的"黄金时刻"，进入下一个阶段的学习。导入时间过长会影响整节课的节奏及重难点的突破。

（二）词汇教学的呈现

热身和导入之后就进入学习内容的呈现阶段。在词汇课里，主要是新单词和新句型的呈现。在具体的实践中，新语言的呈现不是独立存在的，而是与其他教学环节相互交织，有时融入导入环节，有时又隐含于操练之中。成功的呈现，能让学生保持注意力和兴趣，在记忆中留下更深的痕迹，取得更好的效果。

在新单词呈现的时候，教师要把握词汇教学的语境原则、词块原则、直接原则和以旧带新原则。除此之外，还要注意以下事项：

1. 合理把握呈现的顺序

呈现的顺序不固定，但一定要遵循知识的逻辑顺序及学生的心理顺序，并与所创设的情境自然融合。例如，在人教版四年级下册"My school"的A部分，共有四个新词，"first floor""second floor""teachers' office""library"，可以先呈现关于楼层的新词，再呈现关于房间的新词，也可以按房间及与此相对应楼层的方式呈现。又如，在人教版四年级上册"My home"的A部分，共有五个生词，"bedroom""study""living room""kitchen""bathroom"，可以按照发音及拼写规律（study – kitchen – bedroom – bathroom – living room）进行呈现，也可以按照Amy的活动轨迹（bedroom – bathroom – kitchen – living room – study）进行呈现，还可以把两者相结合，在呈现活动轨迹时结合单词发音及拼写规则。同时，根据教材与学情特点，应灵活选择个别新词、组词呈现和整体呈现的方式。例如，等级反义关系形容词（thin/fat，tall/short，cheap/expensive）就适合组词呈现，通过对比的形式使学生明白语义。例如，依次呈现"sweet""hot""fresh""healthy""delicious"等词，在"big"和"small"的对比、"long"和"short"的对比中使学生更好明白语义。在"have a deep breath""count to ten""wear warm clothes""do more exercise"四个词组中，学生之前学过"wear warm clothes""do more exercise"等词组，不难在语境中理解词组的意思，通过创设problems – suggestions的语境，整体呈现新词，重点关注"have a deep breath"的意思及"count to ten"的发音，有利于突出重点，突破难点。同时，高效的呈现方式也为语言的操作与运用留足空间。

2. 采用多样的呈现方式

小学生注意的时间一般不超过20分钟，他们的注意力容易分散，为了调动和维持学生的积极性和好奇心，还应注意呈现方式的多样性，如采用图片、猜谜、对比等呈现方法，并运用不同的技术手段，要注意的是，方式的多样性应以不影响情境的完整和自然为前提。

3. 注重启发诱导

英语课程标准"提倡采用既强调语言学习过程又有利于提高学生学习成效的语言教学途径和方法，鼓励学生在教师的指导下，通过体验、实践、参与、探究和合作等方式，发现语言规律，逐步掌握语言知识和技能，不断调整情感态度，形成有效的学习策略，发展自主学习能力"①。教学过程中注重启发诱导，充分发挥学生的自主性，调动学生的认知和情感维度，为学生留出思维的空间，引导学生发现语言的规律。例如，教授 11～20 的数字时，在教完"eleven""twelve""thirteen"之后，可以引导学生自主读出"fourteen""fifteen"，说出"sixteen""seventeen"，拼出"eighteen"和"nineteen"。

4. 根据重难点合理把握上课节奏

在教学过程中，教师应合理掌握课堂的内容安排和时间安排，在节奏上做到张弛有度。要根据教学内容合理分配课堂教学时间，突出重点，突破难点。教师要根据单词的特点，合理确定难点。例如，在教授词组"have a deep breath""count to ten""wear warm clothes""do more exercise"时，难点是"have a deep breath"的理解及"count to ten"的发音。教师可以通过动作展示的方式帮助学生理解"have a breath"的意义以及"have a deep breath"与"have a breath"的区别。而对于"count to ten"，难点是"count to"中的不完全爆破现象，教师可以通过示范、在课件上标注的方式帮助学生准确读出"count to ten"。

5. 操练和巩固

在学生对新语言材料有了感性认识并基本理解后，教师应组织和指导学生进行语言练习活动，将基本的语言知识转化为语言技能，从而为知识的迁移和灵活运用奠定基础。操练和巩固（practice and consolidation）都是语言练习活动，不同之处在于，操练往往与呈现交互进行，而巩固则是操练的增强版，在学完全部的新知识以后，对所学知识进行总结性的练习。

三、小学英语对话教学方法

"对话教学"历史悠久，可以将苏格拉底时期的产婆术作为起始

---

① 中华人民共和国教育部：《义务教育英语课程标准（2022 年版）》，北京师范大学出版社 2022 年版，第 4 页。

阶段。对话教学可以作为一种理念、一种教学方法、一种教学内容存在。例如，著名批判教育家弗莱雷教育理论的重要组成部分就是对话教学。他通过抨击传统的储蓄式教育，提出对话教学是人们形成批判意识，走向解放的唯一有效工具[1]，即使在美国教学中，对话也可以被理解为教学目的、教学手段与方法、教学内容等不同形式。本章所讨论的对话教学特指把对话当作一种教学内容，如人教版中"Let's talk"板块。

对话教学应遵循感知、理解、内化、活用四个阶段，具体而言，可以分为热身与导入、呈现与操练、运用几个步骤。

（一）对话教学的热身与导入

与词汇课、语音课等相似，对话教学中热身与导入环节的教学目的是激活学生学习热情。热身与导入可以采用的活动形式有很多，如唱歌、游戏、看视频等。热身与导入除了需要简洁、高效、有趣，还需要遵循相关性原则。如上所述，在对话教学中，教师要利用教材中所有的材料，深入细致地研读文本，分析对话的话题和语言，挖掘、巧用和拓展课文的对话语境，为学生营造真实语境，从而让学生能够切身地去理解、运用，最后达到习得语言的目的。因此，在创设热身与导入活动时，不仅要关注课文的语言，也要关注课文的文本，精心设置教学环节，激活学生已有的知识与经验，自然而然引入文本内容。

（二）对话教学的呈现与操练

在对话教学的呈现和操练环节，涉及新词、新句型、操练活动及巩固活动等内容。

1. 新词

人教版的"Let's talk"板块一般围绕核心话题呈现一到数个新

---

[1] 黄志成：《教育公平：全纳教育的基本理念探析》，载《比较教育研究》，2010年第9期，第53-57页。

词。在螺旋式教材编排的理念引领下，这些新词在"Let's learn""Read and write"等板块重复出现，不断加深。作为接触新词的初始阶段，对话课的要求是能在语境中感知并体验新词的使用。学生只需理解该词在语境中的意思，读出新词，并在语境中初步使用即可，无须做过高要求。为使学生准确理解新词的语境，在语境中理解并巩固新词，提升学生在语境中学习新词的意识与能力，教师应结合语境，通过对话文本呈现新词，不宜脱离对话语境和文本，机械教授词语。

2. 新句型

人教版的"Let's talk"板块一般围绕核心话题呈现一到数组新句型，这些句型与单词结合，用以谈论相应的话题，实现相应的功能。例如，新词是有关水果话题的"grape"，新句型则是表达喜好的"I like …/I don't like …"。呈现新句型的时机有所不同，可以在进入课文前，通过"free talk"等形式引出句型，也可以通过"Let's try"或"Let's talk"的文本引出新句型。例如，在进入文本前，由学生学过的句型"I like …""Do you like…"过渡，通过引导学生讨论自己对该水果的感受引出，并操练新句型"I like …/I don't like …"。

这几种呈现时机各有千秋，教师应结合材料内容及教学设计的整体思路，选择恰当的呈现时机。在呈现的过程中，应注意在不打破情境完整性的前提下，充分结合学生已有的知识经验，帮助学生准确理解新句型在该语境中的意义。

3. 操练活动

在呈现新句型后，可设置操练活动，让学生进行语言表达的初步体验，使抽象的语言知识形象化、具体化，并为引入或推进文本做好铺垫。句型操练时应关注设计的延续性与递进性，避免脱离语境的单纯语言操练。结合课文的语境和学生过去的知识和经验，让学生在完整、连贯的语境中进行"演出式"的演练，在层层递进和拓展的话轮中体验和运用语言。

4. 巩固活动

在学生初步理解对话意义的基础上，可提供不同层次、形式多样的巩固活动，使学生逐步内化语言知识，为自由表达做好准备。可以根据实际情况结合如下几个递进层次。

（1）观看录像。有效输入是高质量输出的前提。通过观看录像，整体感知课文的语境，在完整的语境中感受和体验核心单词和句型的使用，为输出做好铺垫。

（2）听录音并合口读。学生随录音内容合口读，该步骤以输入为主，输出为辅。一方面，学生可以体会完整语境以及核心单词和句型的使用；另一方面，掌握情况较好的学生可以跟随录音合口读，尝试进行输出。

（3）听录音并跟读。学生可以结合集体、分组等不同形式，听录音并逐句跟读，除了关注语音、语调，也应关注意群、感情等。

（4）角色表演。学生采用两人或多人小组的形式进行角色表演，演绎文本内容。根据对话中角色的人数、人物特点以及学情信息，可以结合边画简笔画边说、师生共演、分大组表演、小组内表演、上台展示等不同形式，也可以通过自制头饰或手偶等道具使表演更为真实生动。

（5）配音。学生分角色为对话配音，在配音过程中再次感知语境，体验核心单词和句型的使用。在此过程中，学生进一步关注语音、语调、意群等要素，为自由输出做铺垫。

在实际教学中，不必照搬上述五个步骤，应结合教材及学情特点，灵活选用相应活动。在此过程中，应关注活动设计的连续性及语言学习的逻辑性。

（三）对话教学的运用

在语言运用活动中，教师应依据语篇中核心句型的语言功能，设计交际性语用活动，让学生在完成语言交流的活动中把语言知识转化为语言能力。与之前在词汇、阅读等章节的讨论一致，语言运用活动与课文的话题应密切相关。教师是语言情境的创设者是语言运用的组织者、引导者，应充分发挥学生的主体地位，给学生提供充足的运用时间和机会，调动他们的主动性和创造性。同时，交际目的应自然、真实，交际应拓展学生的话题图式、体验语言的语用功能。语言活动可以分为两个递进的层次,教学过程中可以选用或结合这两个层次。

1. 拓展对话,进行创造性表演

可延续课文的语境并进行一定拓展,针对文本中对话的特点,以及主人公谈论的话题,引导学生展开想象,拓展文本内容,续编对话并表演。一方面激活学生的思维,激发想象力,另一方面可以在延续的情境中拓展关于话题的图式,在相似却又延伸的语境中再次体会目标结构的使用,同时又有一定的自由表达空间,语言使用更为灵活。例如,延续课文"吃水果"的情境,想象放学后邀请好朋友到家里做客,学生六人一组,扮演不同角色,谈论对水果的喜好并表演。

2. 迁移语境,进行真实性表达

为了促进语言的迁移,教师也可在课文核心话题的基础上适当进行情境迁移,为学生提供更为开放的舞台,使学生进行更为自由的表达,促进语言的综合运用。需要注意的是,新语境的创设要把握好相似与不同的平衡,要有一定的迁移,也要注意连贯性。

四、小学英语阅读教学方法

阅读技能是语言运用能力的重要组成部分。新《课标》指出:"听、说、读、写既是学习的内容,又是学习的手段。"[①] 同其他语言技能一样,阅读不仅是学习英语的重要任务,也是学习英语的主要手段。作为一种重要的输入技能,阅读是学生扩大语言输入量的有效途径。通过阅读,学生可以扩大词汇量、学习语法、提升语感、了解写作范式。通过阅读,学生还可以获取信息、发展思维、获得审美体验。因此,阅读教学也是小学英语教学的重要组成部分。

语言心理学家们对阅读的概念和过程有着不同的认识和见解,从而分化出不同的阅读教学模式。大体来看,阅读教学模式可以归结为三类:自下而上模式、自上而下模式、交互补偿模式。

---

① 中华人民共和国教育部:《义务教育英语课程标准(2022年版)》,北京师范大学出版社2022年版,第4页。

(一) 自下而上的阅读教学模式

语言心理学家高夫（Gough）认为，阅读是一个词语解码的过程。读者在阅读过程中对词、词组、句子进行解码，达到理解篇章的目的[①]。阅读的过程是线性的，阅读理解始于文字理解，只有理解了单词、词组、句子，才有可能理解语境。因此，教师需要先讲授文中的生词和句型，在学生理解了新词和句型的意义后，再逐词逐句讲授，从而理解语篇。跟其他两种模式比，该模式忽视了语言篇章层次上的语言意义和阅读理解必须有的分析、推断等思维能力及相关的社会文化背景知识[②]。

(二) 自上而下的阅读教学模式

与自下而上的模式不同，自上而下的阅读教学模式认为，背景知识、情境线索等在阅读理解过程中的作用比词义认知更重要。阅读教学方面的专家古德曼（Goodman，1983）指出，阅读是建立在个体的预期和知识经验上不断选择语言线索的过程，是个体利用语言线索进行语义猜测的过程。读者在对语言进行解码的过程中，同时运用背景知识、情境线索对文章进行预测，通过阅读检验或修正自己的预测，并进行新的预测。因此，预测就是"心理语义学的猜测游戏"。该模式反对逐词逐句，强调对文本进行整体理解，强调激活学生的已有图式，对文章内容进行积极思考。

(三) 交互补偿的阅读教学模式

也有很多人认为，阅读理解是一个交互补偿的过程。鲁姆哈特（Rumelhar）提出，阅读中信息加工呈多维度和多水平的状况：第一

[①] 王蔷：《核心素养背景下英语阅读教学：问题、原则、目标与路径》，载《英语学习》2017 年第 2 期，第 19－23 页。

[②] 林新事：《英文阅读困难与语音技能缺陷的相关性研究》，载《齐齐哈尔大学学报（哲学社会科学版）》2008 年第 6 期，第 94－96 页。

个维度是篇章语义；第二个维度是不同语言加工水平的语义假设，如字母水平、单词水平、词组水平、句子水平等；第三个维度为不同语义加工水平的语义假设验证和选择，验证的结果决定语义的选择。因此，阅读中语义的获取和建构是个体同时运用各种信息资源的结果。单词的解码、背景知识、阅读认知图式等同样重要，这些资源交互作用，互相补偿，实现对文本的理解。例如，如果缺少相关的文化背景知识，则可以通过语言知识补偿；缺少相关的语言知识，可以运用文化背景知识补偿。[1]

这三种模式各有优缺点，也隐含着关于语言和学习的不同认识。整体而言，当前英语阅读教学中最受认可的是交互补偿的阅读教学模式。[2]

五、小学英语阅读教学阶段

小学英语阅读教学通常会分为三个阶段，分别是读前、读中、读后。

（一）读前

读前（pre-reading）的主要目的是激活气氛，激发动机，激活学生已有图式，导入话题。哈默（Harmer, 1991）认为，读前就是一种导入。与热身和导入相似，读前的常见活动形式包括唱歌、游戏、看视频、自由谈论、头脑风暴、背景介绍、设问质疑等。总之，读前活动旨在解决学生"想读""爱读""能读"的问题。跟热身和导入一样，读前活动不仅需要遵循趣味性、相关性、简洁性等原则，还需要平衡好词汇学习与课文理解的关系。

---

[1] 林新事：《英文阅读困难与语音技能缺陷的相关性研究》，载《齐齐哈尔大学学报（哲学社会科学版）》2008年第6期，第94-96页。

[2] 王蔷：《核心素养背景下英语阅读教学：问题、原则、目标与路径》，载《英语学习》2017年第2期，第19-23页。

（二）读中

读中（while-reading）这一阶段的教学重心是阅读活动。在这个阶段，不仅要结合阅读内容为学生教授必要的、重点的语言知识，更重要的是通过阅读活动帮助学生拓展相关知识，训练和加强阅读技能，尤其是理解、获取和处理关键信息的能力。教师通过设置合理的教学目标与任务，让学生带着任务阅读，而不仅仅检测他们是否理解语篇的内容。阅读的要点可以归纳为八个字：整体理解，层层递进。阅读教学中要将培养学生的语感和语篇学习能力作为重点培养目标；减少将课文片段式的教学，而要将课文作为一个完整的整体进行教学；要引导学生从课文整体的角度去理解主旨大意、脉络结构、人物事件，以及表情达意的手法；在整体理解的基础上再对文章进行讲解，最后再回归篇章。

1. 略读

略读（skimming），就是读大意，包括课文大意与段落大意。常见的形式有：阅读课文并选出标题；阅读课文并总结或转述课文大意；对课文进行分段，并概括每段大意；将段落与其大意进行匹配等。略读时，阅读速度较快（多在一两分钟之内完成），不要求逐字逐句理解，只要求对课文或段落形成整体理解。

2. 寻读

寻读（scanning），就是找读，从文中找出相关信息，如时间、地点、人物等。常见的形式有：阅读并找出相关的人物，阅读并找出故事的时间和地点，阅读并将人物或时间与相对应的事件连线等。寻读时，阅读速度也比较快（多在一两分钟之内完成）。不同的是，略读是读大意，寻读是读细节信息。这些细节信息分散在课文或段落中，需要读者通过"找读"发现。在寻读的过程中，只需要找出所寻找的信息即可，其他不相关的内容可以略过。因此，略读的形式往往是"跳着读"。

3. 研读

研读（detail reading），就是读细节，对课文进行深入、细致的阅读。从阅读时间看，研读的速度比略读和寻读慢。从阅读目的和内容上看，略读是谈大意，研读和寻读都是读细节。但不同之处在于，寻读是"找读"，答案分散在课文中，学生只需要"跳着读"并找出相关内容即可，文本的大多数内容与阅读任务无关。但是，在研读过程中，通常需要对文章进行细致的阅读和理解。

（三）读后

一般来讲，读后（post-reading）活动目的有三个：一是对所学"language knowledge"和"theme"加深学习印象；二是将阅读技能做出整合调整，围绕相关话题对学生进行综合语言运用能力的训练；三是结合阅读材料进行各种思维训练，引导学生结合自身经历与学习内容，主动内化知识。

常见的读后活动有：听音、跟读、复述、角色表演、仿写/续写/改写、调查并汇报、小组讨论等。需要注意的是，读后活动至少需要包括两个递进的层次，即巩固和运用。第一个层次是语言和话题的巩固。学生可以通过听录音跟读等方式，对阅读文本进行整体感知，并训练语音、语调和听力；也可以在教学辅助工具等帮助之下，对课文进行复述，不仅可以巩固所学知识，还可以提高学生的口头表达能力。针对对话型的学习材料，教师通过对学生的引导，让他们将课文内容做出改编而通过表演的形式巩固。同时，也可以结合材料内容和课文要求，在复述课文的基础上，让学生把句子或篇章补充完整，并仿写句子。在巩固型活动的基础上，还应适度安排语言拓展活动。

应结合语篇的话题和语言，创设交际活动，提升学生的语言运用能力，如调查并汇报、小组讨论等。除此之外，可以结合阅读主题，选用绘本等材料拓展阅读范围。也可以利用班级图书角、学校图书馆、网络资源等平台，为学生提供个别化阅读的学习环境和自我拓展的阅读空间。[1]

---

[1] 邢家伟：《正确理解隐喻引起的词汇变化》，载《辽东学院学报》2005年第1期，第28-32页。

结　语

小学阶段英语的学习是英语学习的启蒙阶段，因此一定要帮助学生在此阶段奠定良好的基础，培养学生对英语学习的兴趣，选择合理、有效的教学方法至关重要。此阶段的英语教学要兼有趣味性、可操作性。教师在备课前应做好充足的准备，围绕培养学生核心素养的目标，根据不同的课型择优选用教学方法，创造良好的学习条件。借助互联网资源，大数据筛选出合适的课外资源，通过歌曲、视频等方式增加课堂的趣味性，让学生乐在其中。

第四章 小学英语课堂中小组合作学习策略

美国著名教育评论家埃利斯（A. Ellis）曾说过："如果让我举出一项符合'改革'这个术语的教育改革的话，那就是合作学习。因为它建立在坚实的基础之上。""合作学习如果不是当代最大的教育改革的话，那么它至少是其中最大的之一。"综观研究文献，国内外教育界学者对"合作学习"的界定不一，本书主要采用我国著名合作学习研究者王坦的观点：合作学习是以现代社会心理学、社会学、认知心理学、现代教育教学技术学等为理论基础，以开发和利用课堂中人的关系为基点，以目标设计为先导，以全员互动合作为基本动力，以班级授课为前导结构，以小组活动为基本教学形式，以团体成绩为评价标准，以标准参照评价为基本手段，以全面提高学生的学业成绩和改善班内的社会心理气氛、形成学生良好的心理品质和社会技能为根本目标，以短时、高效、低耗、愉快为基本品质的一系列教学活动的统一。

许多社会学家认为，合作的交往，较之竞争的交往在当今及未来世界里更为重要。合作学习是适应时代和社会发展要求，为社会培养完备人才的重要途径。合作意识、全球意识、参与沟通能力、分析解决问题的能力是个体走向成功，民族走向世界的必备素质。英语教学尤其注重对这些素质的培养。[1] 英语学科的小组合作学习是基于班级小组管理模式而形成的，两者必须融合统一才能使学科教学达到最佳的效果，没有管理上的成功就不可能出现学科教学上的优质均衡。

---

[1] 彭章凤：《合作学习在小学英语教学中的运用》，载《中国校外教育旬刊》2009年第8期，第413页。

第一节　海北小学班级小组管理的构建案例

经过多年的努力，海北小学成立了以田诗涛老师为主持人的名班主任工作室，将学校实施的英语及其他学科小组讨论式教学模式与班级小组建设进行有效衔接，探究如何科学分组并进行小组文化建设，小组成员如何分工合作并开展岗位培训，又如何系统化地进行班级小组量化考核与评比，同时通过实践研究发现班级小组建设需要注意的一些问题，将这些问题进行总结、提炼和反思，并找出相应的解决策略，让更多的一线班主任少走弯路，可供借鉴。

一、科学分组的基本原则与方法

实施小组管理，面对的第一个问题便是分组，分组质量的高低直接影响整个班级小组建设的效果。为了让全班学生得到有效的锻炼和提升机会，为了让学生的个性得到充分的、健康的、全面的彰显与发展，为了让学生进行愉快和谐、富有成效的交流跟合作，创设快乐有趣的情绪氛围，提高积极高涨的参与热情，从而推动学生自主管理，必须科学地构建合作小组。

（一）分组原则

1. 同组异质

同组异质是将不同层次的学生搭配分组，这样有利于同学之间互相帮助、互相促进、共同提高，同时活动进度相对统一。考虑因素包括成绩优劣、能力强弱、性格差异、性别及班级干部分配等。

2. 异组同质

异组同质是保持组际之间的均衡性，有利于组际间的交流和竞争，有利于对各组进行统一考核与评价。

（二）分组的具体办法

1. 合理安排小组人数

有研究证明 4 人小组最为灵活高效，它便于随时调整配对形式及人员搭配，提高合作学习的效率。根据小组讨论式教学模式配备的小组圆桌及本班学生人数，学校一直使用的是 6～7 人小组。具体到不同班级，可根据实际情况进行不同选择。

2. 精心搭配小组成员

小组管理一般不提倡学生自愿组合，学生个人意愿只能作为参考。合作小组的人员搭配一定要遵循"同组异质、异组同质"的原则，教师应按照学生的知识基础、学习能力、兴趣爱好、性格特征、性别差异等因素综合分组，让不同特质、不同层次的学生优化组合，使每个小组都有高、中、低三个层次的学生，小组间实力相当。由于每个小组成员都是异质的，所以就连带产生了全班各小组间的同质性，这就充分体现了"同组异质、异组同质"原则。组内异质为小组成员间的互相帮助、互相促进提供了可能，而组间同质又为全班各小组创设了公平竞争的宽松环境。

3. 组间实行动态管理

以小组建设为抓手的班级，各小组成员在一段时间内应保持相对稳定，这有利于学生间的互相了解、优势互补。如果频繁地打乱小组成员，将使刚产生的凝聚力消失，才培养起来的团体意识消解，评价也不易操作。但是在小组建设相对成熟后，各小组的发展如不够平衡，甚至出现悬殊时，教师就应认真观察，对确实不能合作的小组进行适当的调整。在对小组做出调整时要及时了解合作不下去的原因，让学生明白此次调整的意图是为了更好地发挥各自的优势，更好地增强合作能力。

二、小组建设的主要内容

(一)选择小组长

班级实施小组管理,最重要的班干部不是班长,而是每个小组的组长,其责任和使命与一班之长相同,更好的是多个组长之间形成了一种制约与平衡、互补和竞争。所以,实施小组管理的班级,选择好小组长至关重要,事关班级管理的成败。

一般情况下,每个小组各设小组长1名,任命的组长一定要符合相应的标准,比如组长必须责任心强,综合素质优,乐于与人分享和交流,能够自律,可以约束和号召小组成员,有较好的群众基础等。

(二)建设小组文化

学校始终坚持小组建设的"和而不同",各小组成员可以集思广益,充分发挥各自的特长及能力打造各自不同的小组文化,让班级小组建设呈现出百花齐放、百家争鸣的态势和局面。

(1)小组名称。各组成员可以进行讨论,根据自己小组实际情况,提出一个最能代表小组特色的名字。

(2)小组口号。各组造势的口号,可以自己编写,也可以选择一些名人名言、诗句等富有正能量、催人奋进的经典语录。

(3)小组标志。各组设计本组标志,绘制出综合组名以及小组特点的标志图案,形成小组独有的义化符号,并挖掘其内涵。

(4)小组岗位。除小组长外,每个小组再设置一名副组长、内务整理员、纪律监督员、小组统计员、小组宣传员,同时各自兼任一科作业收发工作,类似于科代表的性质。

(5)岗位培训。对每个小组相同岗位的同学单独进行入职前的岗位培训,就如何开展工作给予具体指导,然后责任到人,各组竞争合作。

三、小组评价实施办法

目前,学校的彩虹班在系统评价机制上,一直实行小组评比与个人积分双轨并行,两驾马车并驾齐驱。具体内容包括日常操行、学科学习、岗位履职、赛事获奖以及特殊贡献五方面。

(一) 日常操行

(1) 一周整个班级荣获德育处五星级文明班,全班同学各积3分。

(2) 不迟到早退,有事能提前向老师请假并说明原因个人积1分。

(3) 集队排队能做到快、静、齐的小组积1分,体育班长负责。

(4) 室外课离开教室桌椅摆放整齐,桌面干净整洁的小组积2分。

(5) 维护班级良好风貌的各类正义行为被证实小组和个人积1~2分。

(6) 各类行为习惯抽检达标小组积2分,作为示范表扬的积3分。

(二) 学科学习

(1) 课前准备。及时规范,上课铃响立即安静,并按科代表和老师要求读书学习的小组积2分。

(2) 课堂表现。专心听讲、积极思考、小组合作秩序井然积2分,个人发言积极小组积1分;回答有深度,并能化抽象为形象者积2分。

(3) 作业质量。按时完成各科作业的小组每科积1分,被当作示范表扬的小组和个人为小组和个人各积2分。

(4) 学科检测。单科成绩班级前15名按照一、二、三等奖各5名分别个人积3、2、1分,年级统测综合排名级部前60名按照一、二、三等奖各20名分别个人积5、3、2分。

(5) 知识过关。在规定时间内完成老师要求的背诵内容，分整组和个人分别积 2 分和 1 分。

（三）岗位履职

(1) 值日班长认真负责，工作表现突出，履职积极主动，能及时发现、反馈和解决班级存在的问题，对各小组评价客观公正积 3 分。

(2) 各小组岗位在老师（每日 1 次）和值日班长（每日 2 次）的巡检、抽检过程中，所对应工作达标的小组及相应岗位负责人各积 1 分。

(3) 主动发现班级和小组存在的问题，及时帮助同学补救职责失位并取得良好效果者积 1 分。

(4) 科代表带读和收发作业及时规范，监督班级同学学习到位，获得表扬者积 1 分。

（四）赛事获奖

(1) 主动或被推选参与校内赛事，按要求认真训练者积 1 分。

(2) 参赛（校内外）取得良好成绩，根据层级和级别的不同进行相应个人积分，如果整个小组成员都有获奖，小组积 5 分。

①国家级一、二、三等奖和优秀奖获得者分别积 20、18、16 和 15 分。

②省级一、二、三等奖和优秀奖分别获得者分别积 16、14、12 和 11 分。

③市级一、二、三等奖和优秀奖获得者分别积 12、10、8 和 7 分。

④区级一、二、三等奖和优秀奖获得者分别积 8、7、6 和 5 分。

⑤镇级一、二、三等奖和优秀奖获得者分别积 6、5、4 和 3 分。

⑥校级一、二、三等奖和优秀奖获得者分别积 4、3、2 和 1 分。

⑦班级一、二、三等奖获得者分别积 3、2 和 1 分。

(3) 主动为班级参赛选手服务，积极为班级赛事选手加油助威，表现突出的小组和特别突出的个人分别积3分。

（五）特别贡献

（1）为班级建设出谋划策，提出的金点子被采纳并为班级管理带来良好效果者积3分。

（2）积极发动家长参与和协助老师组织班级活动，并取得良好效果者积3分，家长优先考虑获评学期优秀家长荣誉称号。

（3）积极主动承担班级和学校安排的临时工作，自愿为班级和同学服务者为个人积2分。

（4）自愿参与学校设立的管理服务岗位（红袖章等）并认真履责，落实效果良好者一个服务周期个人积2分。

以上小组评比积分和个人积分由专人管理和负责，小组积分由班主任、科任老师根据实际表现当场加分。除老师外，值日班长（各小组岗位履职，室外课程离开教室小组桌椅摆放，各小组内务整理等）、科代表（各小组课前准备、读书情况、作业上交等）和体育班长（集排队、"两操"等）有权根据班主任所授权的检查范围进行每日积分，只不过要单独积分到个人工作记录本上，放学前反馈给班主任后，由记录人总结反馈，班主任现场积分到班级评比栏。

五个方面的评价内容深度融合了学生的日常行为习惯养成教育，学科学习的过程性、阶段性和结果性评价，同时也兼顾到了班级精细化管理，对各小组不同小组干部履职情况量化考核积分，将参与各级各类竞赛纳入评价体系，促进孩子多元发展。不仅如此，还对包括提供班级建设金点子等自主推动班级建设与管理的特殊贡献进行褒奖，最大限度地激发了学生参与班级建设与管理的热情。

小组评比与个人积分两条腿走路，小组积分由班主任、科任老师根据学生每日操行和学习情况实时动态评价，个人积分则由各小组长每周填写量化考核表，组长的由班主任填写，并在一周结束前上交，然后在班主任指导下集合各小组长进行整理、记录和汇总，为后续评价与奖惩提供事实依据和佐证。

四、小组奖惩具体办法

任何一种班级管理行为与办法，离开了最后的奖罚与评价，都无法最大限度地激发学生主动参与和自主管理的热情。以小组建设为抓手的班级管理要以奖励加分为主，惩罚扣分为辅，但必须做到奖罚分明，奖在实处，罚在痛处。

结合学校实际情况，特别是学校小组讨论式教学背景下生发出的德育评价体系，并结合班级实际情况制定了详细的奖惩措施和内容。

（一）减免与加罚周末作业

1. 减免作业

每周积分冠军小组可申请免写一科周末作业，亚军小组可申请免写其中一科的两样作业，季军小组可申请免写其中一科的一样作业。

具体申请哪一科或者哪一样作业，由小组长带领小组成员协商一致后上报给班主任，班主任再上报给科任老师。其中，科目特指语文、数学、英语三科。而且还有一点非常重要，下一次荣获作业减免权限时，申请免减的科目不能和上一次重复（避免同一小组连续获奖后出现连续申请同一科目作业免除的情况），三科各轮回一次（即三周获奖）后可继续重新选择，但同一个轮回中免除作业的科目不能相同。

之所以想到减免作业这一办法，是与孩子们的实际情况紧密结合的。现在的孩子学业负担很重，有的科目作业超出了上级文件的规定，没有综合考虑不同学生的学情。对于小学高年级学生来说，奖状和文具都没有减免作业那样让他们欣喜。如果每周都要评奖的话，也实在没那么多班级基金去购买奖品，更何况现在是不允许募集班费的。既然学生特别喜欢这一办法，操作起来也并不烦琐，两全其美的事情何乐而不为呢？

2. 加罚作业

每周积分倒数第一小组加罚一至两个周末作业，倒数第二小组加罚一个周末行动德育作业，倒数第三小组需准备一个小组节目。

倒数第一小组所加罚的周末作业不指定哪一科，根据小组学生学习情况，结合科任老师意见商量决定，注重题目的质量，同样要控制好数量，不能引起学生的反感，加重他们的心理负担，不然就得不偿失了。

倒数第二小组所加罚的行动德育作业需进行过程性记录（图片、文字、视频等），然后通过"晓黑板"App进行专题打卡，班主任可随时查看和评价反馈。作业的范围也很广泛，比如帮父母做力所能及的家务：打扫卫生、洗衣做饭、整理床铺、收拾房间、打水递鞋……；参与小区物业组织的公益活动：小鬼当家、爱心义卖、文明天使、绿色烘焙等；小组调查报告：动植物观察、文明养宠调查、周边污染暗访等都可以作为具体内容，小组可以协商选择共同行动，也可以独立完成自我提交。

倒数第三小组惩罚的节目表演形式就更加丰富了：诗文朗诵、故事小品、手工制作、现场书法与绘画、课本剧、歌唱舞蹈……所有节目都需要小组合作完成，时间大概5分钟，表演均为下周班会课，每个小组节目都要注重质量，若全班同学评价不高甚至是为了应付，将继续在班主任的指导下加罚表演。

有奖必有罚，奖到实处，罚到痛处，但也要具体问题具体分析。即使我们在编排座位和分组的时候尽力做到了综合与均衡，但事情没有绝对。我们在实践过程中有可能会出现这种情况：某一小组被奖励或惩罚了，但有的小组成员并没有出力，或者一直都在为小组尽心竭力做贡献，只是因为客观原因受到了牵连，这就要启用个人积分了。被奖励的小组成员如果个人积分低于被罚小组成员个人积分的平均分，同样受罚，但具体惩罚内容可自选。相反，被罚小组成员的个人积分达到获奖小组成员个人积分的平均分，同样奖励，根据积分的高低分别归入冠、亚、季军小组的奖励。

（二）获得小组周和月展示

每周积分评比荣获冠军的小组，自动荣获小组照班级外班牌展示的机会，小组照片由班主任老师在周五托管课后带领冠军小组成员到校园内拍小组照，小组可选多个镜头，选择最好的一张小组照打印后展示在班牌供同学们学习，以此树立榜样。其中，班主任所拍的所有小组照，同样会通过"晓黑板"App私发到获奖同学家长的手里，向家长反馈和表扬小组孩子的努力与成绩，更好地实现家校沟通。同时，荣获学校优秀小组的奖状将按月展示在班级小组评比展示墙里，既便于激励优秀、鼓励学习，又便于学期结束时的总结评优。

（三）月度小组评优与颁奖

我学校德育处每月会评选出校级优秀小组、小组长和小组成员，并于下个月第一个星期周一升旗仪式上进行集体颁奖。彩虹班实行班级小组管理后，不再像刚开始那样等学校催交名单的时候随便选个小组应付了事，而是一个月积分最高的小组自动当选校级优秀小组，该小组中个人积分最高的成员自动当选校级优秀小组长，而其余成员则为优秀小组成员，集体接受学校颁奖。我们班的小组积分连续四周都展示在班级小组评比栏里，每周班级总结后我都会拍照留底，作为月度、学期评优评先的重要依据。一个自然月的小组积分完全透明地展示在班级同学面前，保证了整个评选过程的公开，也最大限度地做到了公正与公平（因为这涉及中间的过程，绝对的公平很难，比方说课堂的提问就无法保证绝对的公平）。每当一个月结束后，受到表彰的优秀小组的奖状会立即被张贴到班级小组评比展示墙上进行展示和记录。新的月份开始时，上一个月的评比留底后自动清零，全部小组积分又将重新开始，所有小组又回到一个新的起跑线上。

（四）荣获每月"海北之星"

学校每月在奖励优秀小组、小组长和小组成员的同时，也会在升旗仪式上隆重表彰每月的"海北之星"，而且一个班级仅仅奖励一人，可以是学习之星、纪律之星、艺术之星……而在我们的彩虹班级，自从实施了小组评比和个人积分之后，评选"海北之星"再也不是老师说了算，而是每月荣获小组评比前三名且个人积分最高的那名同学自动当选，然后根据该生的实际情况给予相应的荣誉称号。每个自然月是不累计的,这就相对公平地便于同学们角逐新的月份"海北之星"荣誉。

(五)颁发两级家校联系卡

荣获每月优秀小组的成员相应获得学校颁发的家校联系卡,同时每月个人积分班级前 15 名的同学获得彩虹三班家校联系卡,这是同学们比较喜欢的一种奖励。家校联系卡主要是向家长反映孩子在某一阶段的优异表现,希望家长对孩子的进步与成长进行切实的奖励。家校联系卡由学校或班级下发、班主任填写,并建议家长在某一具体时间节点前对孩子进行一定的奖励。具体奖励内容由孩子和家长协商,可以是满足孩子去吃一次美食或者带孩子去书店买他喜欢的课外书,抑或孩子期望的一双鞋、一个篮球或一副球拍……我们建议以精神奖励为主,物质奖励为辅,但一定要奖到实处。如果在建议的时间内,学生没有得到奖励,老师将替孩子给家长进行电话沟通,哪位家长会因为孩子的进步与成长而不高兴呢?每一次督促和沟通,也是一次很好的家校联系的机会。每次家长奖励完孩子后,都需要在家校联系卡上填写反馈信息,并由孩子带回班交班主任留底保存。

(六)挂钩学期的评优评先

除专属奖励(如优秀大队委、旗手、值日生这些学校德育处单独评奖的项目)和特定奖项(文明学生、优秀特长生等)范畴外的所有班级学期评优评先,我们班都根据学校德育处分配的名额,直接挂钩学期班级小组评比结果。整一学期小组评比荣获班级前四名的小组成员,按照个人积分由高到低排序,自行选择荣誉称号和获奖类别,有多少个名额就选择到那个名额为止。如果排名相同,学校将多发放一份奖状,奖品由班主任自行解决。为什么这里不包含落后小组的优秀学生呢?因为必须把自己放到团队里成长,自己一个人好不是真的好,能带动身边人(即小组成员)一起成长与进步才是真的好。这里还有一个好处,就是保证了小组管理的连续性,从一开始就指向了某一个阶段的结束,每个小组都要从思想上去重视,必须学会善始善终方可笑到最后，掌握主动。

（七）个性化的服务与关怀

1. 特别的优秀特别奖励

针对某个特别的活动，或者某一件特别的先进事迹，能够在班级甚至是学校或者更广泛的领域起到良好的示范作用和积极的教育引导效果，将获得班主任的特别个性化服务与关怀：在校园内拍一组个人写真集，或邀请三到五位同学与老师在学校附近共进午餐或晚餐（当然首先必须与家长取得联系，确保沟通和允许）。如果是一个做出特别贡献的小组，甚至是全班性竞赛活动取得优异成绩的，除了集体写真和班级美食分享会外，还可以自由选择一次班级师生同乐活动：班级球赛、棋类比赛、趣味运动会……所有特别的奖励都可以为自己的小组和个人进行相应的积分，而且在分值上将获得较大的倾斜和照顾，因为这种奖励不是那么轻而易举就可以获得的。

2. 特别的违纪特别惩罚

一个班级不可能只出现积极向好的事件，班主任也要有充分的准备积极应对各类突发情况：经常不完成作业、毫无理由顶撞老师、打架斗殴、个别早恋……对于这些有可能出现的消极事件，不单独扣除小组积分，而是根据事件的严重程度找责任人单独谈话。谈话过程中有可能会加罚适量的体育运动（如俯卧撑、上下蹲等），然后要求进行自我反思并形成450字左右的个人反思文字。如果情节特别严重，将联合家长一起教育引导，同时也将在协商一致的情况下，让学生承担一定量的班级公区清洁卫生任务。

实践研究表明，多措并举的奖惩制度符合不同层次的学生需求，小学中高年级学生特别在意与作业挂钩这项评价，他们非常期待通过一周的努力换来减免作业的奖励。优秀的小组及成员除了得到实实在在的好处外，我们还会在各个方面做足功夫，让他们体验到付出后收获的喜悦。如将优秀小组照片展示到班级宣传栏，接受学校德育处每月升旗仪式上的"海北之星"、优秀小组、优秀小组长及优秀小组成员现场颁奖，并将孩子一个月来的优异表现汇报给家长，让家长实实在在地奖励孩子，满足孩子一个小小心愿。这虽然是公办学校经费欠缺的无奈之举，但却强化了家校共育。每到学期末，我们就根据一学期的小组评价与个人积分成绩进行班级公示，所有学期评优都根据班级名额，按照一学期来小组建设与评价积分由高到低的顺序自动对应，直至名额用完。这样做的好处便是孩子用实力说话，既公正公平又付出有所收获，同样也能引起同学们的思考，不能指望守株待兔、拔苗助长和不劳而获，从源头上激发学生的内驱力和向优性。

（八）小组建设需要注意的问题

在课题组全体成员的共同努力下，学校经过两年时间的具体实践研究，在尝试借助班级小组建设，推动学生自主管理的道路上，遇到了各种困惑和难题，经过反复交流和多次摸索，在实践过程中不断地对比试验，总结出了小组建设需要注意的几个问题供大家参考。

1. 切忌单兵作战，要学科联动

任何一套行之有效的班级管理办法，都绝不是班主任一个人的独台戏。如果班主任不协调科任老师，不与科任老师进行交流和统一，只是私下里一个或者一两个老师采用同一管理办法，它所起到的作用是微乎其微的。假如班级各科老师无法达成一致，各自为战并自带一套管理评价办法，除了让学生茫然无措之外，还有一个消极作用就是学生穿梭和交替在不同的管理评价系统中会很疲惫，结果可想而知。我们实践小组管理与建设也是如此，最好把自己的想法和具体的实施办法与各科任老师，至少是几位主科老师（小学阶段主科老师占据了一大半课时量）一起交流讨论，然后达成一致实施意见，在班级统一组织实施。这样的话，只需要班主任详细告知学生具体操作办法，其他老师都采用同样的方法进行课堂调控和管理，学生容易接受，也比较系统。不仅如此，还方便班主任进行最后的总结评价与反馈整理，做到奖罚分明，最大限度地实现班级管理与量化考核的公开、公正和公平。

2. 有效融合学科教学和学生日常操行量化考核

我们的小组管理不能只局限在课堂，要以课堂教学为中心，从课内延伸到课外，从学生的学习拓展到学生的操行，甚至可以囊括学生德智体美劳各方面，这样就避免了学习与操行分开评价和量化的烦琐，有效整合到班级小组管理这一种办法上来，操作更具时效，也更简单。小组管理评价的内容不仅包括课堂上的课前准备和预习、小组讨论、个人发言、课后作业、单元检测，也包括与学习相关的各类竞赛等，还包括学生行为习惯的各个方面：即校纪班规规定的各项内容，学校德育处对班级量化考核的各项指标。这样就避免了教学和日常管理分开评价，两者全部归结到小组考核上来，形成了同学间的互相监督与提醒，而且一个人的优秀必须量化到一个小组之中，所以我们不提倡个人英雄主义，更注重小组协同发展。如果一个自身各方面都很优秀的同学，能够带动和感染小组成员一起进步与成长，使小组成员都不同程度地得到提高，那才是真正的优秀，也是我们实施小组管理的初衷和目的。

3. 分好小组，平衡各组综合实力

实施小组管理，首先必须面对一个问题即分组。分组之前，老师要充分了解孩子的综合能力，有可能的话最好私底下有一个排名，这样分起组来就会心中有数，提高效率。笔者曾经在不同场合专门分享过如何快速有效地进行小组划分和座位编排，但同样的方法在运用到班级小组管理与评价的过程中，还是会遇到诸如小组实力悬殊等问题，这样就会造成一定的不公平性，不利于激发整体学生的积极性，甚至有时会让学生产生埋怨和抵触情绪。为防止此类现象的发生，教师必须重视均衡小组实力。例如，根据分班考试成绩，按照全班分为七个小组，首先由前七名同学自选位置，但原则上必须矮的在前高的在后，而且七人只能从已经划分好的小组里任选其中一组坐下。等前面七名同学选好座位后，第二轮七名同学就是从最后一名算起，分别坐入顺数第一名到第七名同学所在的小组，原则上选位置是尽量做到异性优先（但这不绝对，很多时候并不就如此合适）。后面用同样的方法以此类推，只要给同学们讲明这种分法的目的，基本上没有孩子会抱怨。整一轮下来等同学们都坐好后，依然会发现很多问题：男女比例失调，爱讲话的走到了一起，甚至高的同学在前面挡住了身后较

矮的同学，这就需要班主任进行适度调整，可在小组内进行左右调换，尽量让高一点的同学坐到边上，让"之"字形排列线上实现同组异质。如果小组内互换无法解决问题，就需要从其他组找实力相当的同学去互换，一般都可以达到较为理想的小组划分。

4. 实施班级小组评比与学生个人积分双轨制

我们班的小组评比与班级学生的每日、每周、寒暑假作业量，每月"海北之星""优秀小组"评比，班级卫生和学校公区清洁，以及学期各类评优评先直接挂钩。如果不实行小组评比与个人积分双轨并行，就很容易因为小组实力的不均衡导致不公平，从而打消部分学生学习评比的积极性。比如说一个特别优秀的孩子，所在的小组成员整体实力不济，上课也不积极思考，更不愿意举手发言，那么不管这位优秀同学多努力，小组评比的结果都好不到哪儿去，因为五指难抵双拳。为避免这一情况的出现，打消这类优秀同学的积极性，我们就要在小组评比的基础上实行个人积分，即使小组受罚也不会因为自己的努力付出而被视而不见，个人同样会因为积分的高低实行奖罚分明的制度和细则。这也有效地促使那些喜欢滥竽充数的学生意识到，如果我不为小组做奉献，我所拖累的不仅仅是小组，更重要的是自己，这就从某种程度上强化了小组进取意识：我努力不仅仅是为小组，更是为了我自己。

5. 实施小组管理和评价以奖励加分为主，惩罚扣分为辅

随着小组管理与奖罚实施的逐步深入，学生们在加分时表现得很开心，一旦扣分立马消沉，甚至小组成员互相责怪与埋怨。后来对奖罚细则进行了修改，以加分为主，如果不是情节特别严重的都不实行扣分，其实当扣分变少的时候，不加分就是扣分了，但在孩子们心里似乎更容易接受一些。就拿学生最关心的作业来讲，小组评比结果直接挂钩学生的作业量，一到周末这种差别就显得更加明显。在班级实行奖励前三名和惩罚后三名的方式，一周小组综合评价第一的小组，可以免去语数英三科作业中的一科，具体哪一科由小组学生自行商量后上报，但下一次获奖就不能再申请免除已经被免过一次的科目，一个轮回后可继续自由选择。荣获第二、第三的小组可以申请免除某一

科目中的其中两样和一样作业,方法同第一组一样。有奖必有罚,对于一周小组综合评价倒数第一的小组,班主任不仅会召集小组开会,找小组成员谈心外,还会根据语数英三科老师的需要,选择一科加罚。倒数第二名回家要完成一份周末行动德育作业并通过"晓黑板"App打卡上交:帮父母做力所能及的家务,参加小区物业体验活动训练营,手工制作……倒数第三名的小组则要在下周班会课上展示一个五分钟左右的节目:合唱、朗诵、小品、课本剧、舞蹈、绘画等,只要能够展示小组的力量,节目经过集体排练有良好教育效果就行。

五、研究突破与创新

随着研究的不断推进,课题组发现,仅仅只是在班级学生中开展小组建设还远远不够,如何用小组建设为抓手,建立有效的家校共育体系也是一个值得去研究的问题。

随着信息技术的日新月异,我们发现班级小组建设还依靠过时的积分卡似乎效率较低,在学校德育处推行的量化考核管理过程中,借助信息技术手段,打破了形式上的小组团体,实现了空间的突破,并通过导师制结对子形成小组,对小组和小组成员进行量化考核与评比,极大地提升了工作效率。

第二节 英语课堂教学的小组管理

第一,划分小组之后,选任组长,进行小组活动。首先,教师要给学生做好示范,然后选取比较优秀的学生进行演示,最后进行小组练习。小组长要发挥主要领导作用,教师做好监督和评价工作,然后让小组进行表演。

第二,以小组为单位布置听读光盘作业,要让孩子们课后落实好,刚开始不要太难,先领着孩子们熟悉课本,避免在听的时候找不到的。另外,综合英语的教学内容与传统教材相比,提升比较多,知识量也比较大,那么在布置听读作业的时候,重在让学生反复地感知语言,量要小一些,让小组内听读最好的同学做小领读,并让他来决定谁读得最好,以此提高孩子们听读的积极性,让孩子们熟悉英语的语音、语调,培养语感,这样他们才会有更好的课堂表现。

第三,教材的内容对孩子们来说确实有些难,教师整合教材后,要反复给孩子们巩固,通过小组竞争活动、游戏加深印象,并且要注意整合的内容不要太难,要稳而快。教师要善于运用课堂竞争机制,以小组为单位管理好课堂纪律,把握好课堂节奏,有张有弛,有繁有简,还要注意对个别孩子的关注,提高他们上课的积极性,让每个孩子都参与到课堂中来。主要表现为以下几方面:

一是主题要突出。通过小组情境展示,在进行活动之前要做好充分的准备,把握好学生的掌握情况,在一定的知识基础上组织活动,小组学习使每个学生都真正地参与到学习活动。

二是整堂课要有故事情景作为大背景。讲课的过程以小组管理的模式分流程,如听、说、认读、做、演,一步一步来,形成一种习惯。各环节紧密相扣,教学环节清晰明了,热身、练习、示范、表演、活动、总结各环节要一步一步来,教学灵活而系统,然后进行小组展示。

三是活动设计要遵循螺旋式上升的原则。活动形式要多样化,进行小组活动、个人活动、组块活动。

四是教师要多呈现词条,图文并茂,听说先行,认读跟上。课堂是学生最好的学习平台,小组合作是全员学生展示自我的舞台,注重学生语言整体的输出,更多地把课堂还给学生,让他们大量地讲,小组内互相帮助,共同学习。

五是教师要以班级小组管理模式的奖惩制度紧抓学生的注意力,把握教学时机。小学生注意力集中时间比较短,在利用小组合作学习时要有奖有罚,从而提高学生学习的积极性。

第三节　英语课堂小组合作学习的反思

一、不要偏离教学主题

在英语教学活动中，为了活跃课堂气氛，创设有效的教学情境，教师安排课堂活动是很有必要的，但一些教师为了体现学生的参与，盲目地、过多地组织学生进行表演或活动，如小品、游戏、演说等。为什么说是盲目呢？因为这些表演、活动与本节课学习的内容并没有直接的联系，纯粹是为了"表演"而已。这些活动，从组织、排练到表演，耗费了老师和学生不少的精力和时间，却达不到教学的目的，至少是没有为达到教学目标服务。或者有些老师安排了太多的环节，上课忙于应付，造成了课堂时间不够用，重点内容学不好、训练不到位的后果。课堂活动脱离了教学内容，这节课的效益就不高。表面上很"华丽"，实际上是老师安排好了"陷阱"，带着学生往里面跳，结果师生双双"失陷"，或者变成了新型的"满堂灌"。

二、把控英语课堂小组学习重点

A老师在执教过程中，试图借鉴Z老师的小组合作学习模式来调整自己的课堂，却没有从本质上把握合作学习的要点，只是简单地生搬硬套，在教学中片面追求跨学科的综合学习，将合作学习误认为是激烈的讨论，追求活跃热烈的课堂氛围，在教学中过多地引入了大量与主题无关的游戏、表演、绘画、唱歌等，这些放任的活动严重偏离教学的目标和主题，致使课堂呈现"虚假的繁荣"，最终费时费力，效果不足。英语合作学习的根本目标是全面提高学生的英语素养，着重培养学生的英语语言运用能力，这要求教师在活动的选择和组织上，坚持以主题鲜明、目标明确、内容精选为原则。

三、养成学生合作意识

学生的合作意识可谓合作学习的灵魂，是学生自主、自觉、自发地进行交流合作的原动力。如果在教学中,忽视了对学生合作意识的培养,划分好的小组成员权责不明,学生彼此缺乏尊重和认可,不懂得如何同别人进行合作,更不用提为小组做贡献了。另外,独生子女问题及传统的学习方式的桎梏,致使学生缺乏合作的主动性,再加上小学生自制力比较差,合作意识淡薄,没有养成良好的合作习惯,合作学习很难持之以恒。对小学生来讲,良好的学习习惯的养成是其自主学习的基础。合作学习的开展是培养学生合作意识的重要途径。这就需要教师在不同的教学活动中,持之以恒地对学生加以引导,逐步培养学生的合作意识,使之养成良好的合作习惯。

四、小组合作不要流于形式

A老师就近按座位划分小组,并没有考虑到学生的个性特点、基础知识和认知能力的差别。由于班主任调整了座位,重新组合让他们必须重新适应新的成员,而由于小组合作方式单一,学生不能很快地适应新的团队,发挥自己的合作精神。原先所做的工作可谓白费了。之所以出现这种结果,是因为没有建立灵活的小组合作学习机制。由于小组合作学习机制不够完善,合作学习中缺乏有效的指导,在传统教育的束缚下,小组合作学习往往浮于表面,流于形式。一方面,教师拘于传统的束缚,怕浪费时间,影响教学进度,不敢充分放手让学生进行自主合作学习。在一些课堂上,合作与探究简单地表现为小组讨论,然后找几个代表在全班交流,特别是找成绩好的学生,这在公开课上表现得最为突出。为了节约时间,这种讨论常常时间有限,学生刚开口,老师就让停下来。讨论的空间也极其狭窄,常限于小组中几个人的讨论。对有些思维不活跃、不喜欢交流的学生,老师也不闻不问,任其沉默。全班交流后,老师公布讨论结果或者模棱两可应付过去,或者只注重结果,不注重思维过程,不注重结果的开放性,又或者交流讨论之后没有机会让学生整理、修改。另一方面,在小组合作过程中,对学生的自主学习缺乏目标性的指导,不能有效地进行监控引导,导致学生进行着无效的合作,无法应对变化的环境,严重影响了学习效果。而大多数教师在"导"的过程中低效的原因主要可归结为以下三点。

（一）准备

一方面，在合作、探究之前，未进行必要的分工，造成"不合作""各抒己见"的现象。合作、探究学习是指学生在小组或团队中为了完成共同任务，有明确的责任分工的互助性学习，其根本目的是将组中的思想通过合作和探究进行整合，把个人思考的成果转化为全组共同的成果。低效准备下的"合作"没有把小组的成果内化为个人的成果，大家各做各的，小组没有真正地合作、探究，这样一来，合作、探究的有效性就不高了。另一方面，在合作、探究之前缺少让学生思考的过程，容易造成合作、探究时"人云亦云"的现象。合作、探究学习是通过组内的交流与探究，让学生不断产生新的想法，不断完善自己的观点，从而提升学生的合作能力，形成集体的智慧。但这一切都是以学生的独立思考为前提。如果只有合作学习而缺乏独立思考，就会造成优生"唱戏"、差生"看戏"的假合作学习，这样的合作也就失去了真正的意义。

（二）提问

提问学生的内容无深度，问题没有思考性，学生直接把课本上的内容读出来就可以了，提问或者小组合作探究的内容没有多大的探究价值，造成"摆样子"的现象。课堂上，学生积极举手回答问题，回答的正确率还相当高；或者四人围坐在一起，你一言我一语，合作学习的场面可谓"热闹"。可真正分析问题的时候，或者深入交流的时候却令人失望：学生照本宣科，答案千篇一律，缺乏自己独特的见解。有的问题很浅显，答案直白得一眼就可以看出来。我们在课堂教学中，设置的问题不能在低水平上重复，必须要有一定的梯度。在这样的问题上进行提问、探究才有意义，才能促进思维的发展。

（三）评比

一堂英语课活动的各环节是紧密联系在一起的。学生在小组活动中合作探究，是对新知的一个巩固、练习、展示的过程。通过学生的表现，教师要做的不是简单地在小组竞争机制下加星奖励，而是要迅速地对学生知识的掌握程度、教授情况进行了解，了解有多少学生掌握了新学的知识，掌握知识的程度如何，针对学生的情况，随时调整教学计划。同时，注意不能让共性代替了个性。学生千篇一律地用一个答案回答一个问题，即使每个人都回答了，课堂也很热闹，但同样是低效的。因为这样的课堂缺乏学生的个性发挥，在教学中应鼓励学生将新知识跟旧知识联系起来，扩充自己的表达，真正地做到学以致用；激发学生在各环节的评比中，形成自己的思维，提升学生学习思考的能力。

（四）人际交往能力影响合作学习

随着教学的反思与实践，笔者的课堂教学也有了很大的改进。但是在开展活动的过程中，有个贯穿始终的问题一直对合作学习的开展产生着影响，即小学生处理人际关系的能力较差，在活动中很容易出现两个极端：要么组内人际冷淡，抱怨不断；要么小组积极奋战，斗志昂扬。在合作学习中，小学生往往表现出不同的个性差异，归结起来可划分为三类：一是回避型。这类学生比较优秀，在合作学习中，经常抱怨学困生拖拉时间，影响他们学习。他们往往只顾自己学习，对其他同学视而不见，合作意识和人际关系淡漠。二是依赖型。这类学生缺乏学习的主动性，对知识缺乏好奇心和求知欲。在合作学习中很少真正参与，影响小组的整体精神状态。三是竞争型。这些学生的自我意识较强，总想扮演领导的角色，在合作学习中千方百计地展示自我，质疑否定同伴的观点，造成组内关系严重失衡。小学生的情感简单直接，爱恶分明，他们不能很好地处理人际关系，这为小学生合作学习的开展带来了很大的阻力。

（五）片面追求多媒体教学，华而不实

现代学校拥有先进的校园网络，电教设备普及每一个教室，这为课堂教学提供了很多的教学资源，对培养学生的兴趣、提高课堂的效

率等确实有积极的意义。但许多老师喜欢不遗余力地选择使用多媒体，在教学中完全跟着"教学机器"走。在 45 分钟的课堂教学中，屏幕影像、文字、音乐接踵而至，教师专注于点击桌面鼠标，师生双向交流减少。教师成了"机器人"，成为多媒体的"附属品"，师生的交流互动变成了"人机交互"。一堂课如果多媒体用得过多，一味追求直观，追求缤纷华丽的效果，把学生的注意力都吸引到大屏幕上了，学生根本没听清老师在说什么。这样的课已经不是在上课了，而是成了课件展示。课堂上计算机不可能代替教师，教师特定的教学语言、教态、板书和课堂机智是宝贵财富，不可忽略。尤其是在英语教学中，师生间的互动、生生间的互动都是语言学习真实、自然的方式。因此，课件"动"起来并不是目的，学生"动"起来才是课改的真正目的。

第四节　小学英语小组合作学习案例

一、案例课实录

班级：B 班　（综合英语实验班）　　授课对象：一年级学生
授课教师：Z 老师　　　　　　　　　时间：40 分钟
授课主题：Welcome to my family（第二课时）
教学背景：课时一，Piggy, Cathy, Lily 和 Jimmy 去 Billy 家做客
涉及的知识：grandma; grandpa; Take your seat, please.
　　　　　　Where is your father/mother? They are at work.
　　　　　　My father is a policeman. My mother is a nurse.

教学过程实录：

Step 1　Warming up

1. Greeting

Z：Good morning, boys and girls.

Ss：Good morning, Miss Z.

Z：What's the weather like today?

Ss：It's sunny.

S1：How are you today, Miss Z?

Z：I'm fine, thank you. And you?

S1：Pretty good. What about you, S2?

S2：Very well.

课前的常规问候,是 Z 老师不变的风格。学生们已经能够简单地用学过的知识与老师、同伴打招呼。在学生问候的过程中,Z 老师给表现优秀的学生小组加了星星。

2. Sing a song

Z：OK, now, show me your fingers. Let's sing the song "Family fingers". Are you ready? One two go.

Ss：Daddy finger Daddy finger, where are you? Here I am here I am. How do you do? Mommy finger, mommy finger, where are you? Here I am here I am. How do you do?

学生边唱边用小手做动作,小脑袋和身体跟着节奏扭动着。

Step 2 Let's show

Z：Let's enjoy a video. (课时一的情景剧) After the video, which team can give us a show?

Ss：Let me try. (学生不约而同地举起了小手)

Z：OK. Let's welcome green team.

学生鼓掌,只见一个戴眼镜的小男孩(组长)站在讲台的中间,他的 3 个小组员站在对面。

组长：Attention!

组员：One two. (立正动作)

组长：Hello, I'm Jack.

组员：Hello, I'm Ben. /I'm Linda. /I'm Ada.

组长：Let's begin.

情景剧:教室成了 Billy 的家,这时只见 Linda 和 Ben 弯着腰扮成爷爷奶奶,Jack 和 Ada 扮成小客人。

砰砰砰!(敲门) Linda 和 Ben 开门。

Jack 和 Ada：Good morning, grandma and grandpa.

Linda 和 Ben：Good morning, kids. Welcome please!

Billy（老师）：Take your seat, please.

学生们做出坐在沙发上的动作：Thank you!

Jack：Where is your father?

Billy：He is at work. My father is a policeman.

Ada：Where is your mother?

Billy：She is a nurse. She works on Sunday.

Jack 和 Ada：They are so busy!

表演结束，组长带领组员向全班鞠躬：Thank you!

Z：Good job! Let's clap our hands for them.

学生拍手三次，竖大拇指齐声赞扬："Good, good, very good."

Step 3 What can you do?

老师在 PPT 上呈现一个下午 6 点半的时钟画面，并问："What's the time?"

Ss：It's 6:30.

Z：It's time to prepare for the dinner. Let's go to the kitchen.

Z 老师将提前准备好的米、盆、青菜、土豆和纸质的削皮刀拿出来，讲台变成了厨房。

Z：What can you do?

Ss：Wow oh!（学生都瞪大了眼睛）

Z：I'm a good cook. I can clean the rice.（在小盆中做洗米的动作）Rice, rice, clean the rice. I can clean the rice. Can you do it?

Ss：Yes, I can. Rice, rice, clean the rice. I can clean the rice.

学生边说边做，Z 老师叫一个表现好的孩子上台给大家表演，然后逐步呈现 "Potato, potato, I can peel the potato." "Vegetable, vegetable, I can pick the vegetables."，学生为了能够上台表演给小组加星，都很认真地跟老师一起边做边说。

Step 4 Game：I say you do, and I do you say.

接下来是一个游戏环节，Z 老师先说 "I can ..."，学生做动作，然后是老师做动作，各小组抢答"You can …"。

Step 5　Group work

Z：Now, it's time for group work. Team leader, one two go.

一声令下，只见各小组在 30 秒内分布在教室的 7 个固定位置上。"Attention!"小组长齐发口令。"One two."所有的小组都做好了准备。"OK, begin."教室里顿时热闹起来，"Hello, I'm … , I can …"

突发事件：

Z 老师在教室里来回走动，对个别小组进行指导。Ada 指着一个调皮的小男孩向老师报告："Miss Z，他不说，老捣乱。"Z 老师走到小男孩跟前，摸摸他的脑袋，"Oh, hello baby, what's wrong?" "Can you peel the potato?"。小男孩不说话，揉揉手做了个削土豆的动作，其他小组员嘻嘻哈哈地嚷道："Miss Z，他就不会。"Z 老师说："Let's do it together. OK?" "OK!" "Potato, potato, I can peel the potato."。那个小男孩慢慢地张开了嘴，跟小组员们一起说，并偷偷冲 Z 老师调皮地眨眨眼睛……"Your team is great!" "Ada, can you help him?" "Yeah!"，接着小组员们在组长的带领下继续进行练习。七八分钟后，Z 老师一声"Attention! One two."，教室里立刻安静下来。"Now, go back to your seat."，学生们迅速回到座位上坐好了。

Step 6　Activity

Z：Which team is the best? Can you tell me? Please show your performance.

Ss：Let me try!

各个小组间展开一场激烈的较量，历时 15 分钟。下课铃响了，学生们意犹未尽，"Let me try!"的呼声此起彼伏。

Step 7　Summarize

Z：OK. That's all for today. Let's count which team is the winner and who is the best baby.

Z 老师用记星的方式给小组及今天表现最棒的学生做了评价，并让专门的小记录员做了统计记录，这堂精彩的英语课到此结束。

从对 Z 老师及 B 班学生的深度访谈中可以看出，Z 老师在培养学生进行合作学习时，特别注重平时的引导和积累，在反复强化中形成了学生合作学习的习惯。而本人对"一堂精彩的英语课"完整的教学过程的深描，也将Z老师的合作学习教学理念演绎得淋漓尽致。因此，通过大量文献资料和田野资料的搜集和梳理，本研究将目光聚焦课堂常规、合作意识、小组合作学习机制、人际交往能力的培养四个方面，以最真实的课堂实录，探寻英语课堂合作学习的精髓。

二、小学英语课堂小组合作学习策略

从以上对合作学习的探索中，本人认为综合英语课堂小组合作学习，是一种以综合英语教学实验理念为指导，以课堂教学作为合作学习开展的主阵地，以合作意识的唤醒与培养为出发点，以小组合作为基本的组织形式，以对学生人际交往能力的培养为主攻点，以求在和谐、轻松、愉悦的课堂氛围中，帮助学生形成良好的心理品质和语言技能。

以上述实践研究为基础，从以下方面对综合英语课堂小组合作学习策略做进一步的阐述。

（一）制订小组合作授课计划表

在综合英语的课堂中，一般是建立正式的合作学习小组，小组中的成员比较固定，有统一的指令、口号，在长期的活动中形成了较为高效的活动方式。一个小组从建立之初走向成熟、稳定是一个不断强化的过程，这包括小组成员合作意识的提高、合作常规的把握、合作关系的融洽及对合作机制的认可。同时，在班级这个大环境中，小组之间的竞争和合作也是每个小组不断提升、完善自己的动力。因此，小组的建立要因班制宜，根据学生的具体情况划分小组，要制订小组合作长期发展计划和具体的合作授课计划。计划主要包括授课对象与目标、小组划分决策、讲解任务与合作关系、督促与干预、评估与小组自治。

合作授课计划表对小组活动的开展具有指导作用。首先，它从授课对象、课题、具体的学习目标和交往目标出发，为小组决策的制订提供了立足点，其中涉及小组规模、小组编组方法、指派角色、教室空间安排、学习材料。其次，"讲解任务与合作关系"使小组合作有一个明确的合作目标和具体的责任分工安排。之后是在具体的小组合作学习中，教师应当进行怎样的监督和引导，才能保障小组合作的顺利进行。最后是小组评估及小组管理规则。总体看来，合作授课计划表从小组的规划到具体的操作再到评估反馈，都为教师开展小组合作学习提供了比较宏观的指导和具体的操作方案。

（二）分组策略

1. 坚持异质分组的原则

异质分组是合作学习的基本分组原则。所谓异质分组，是指在传统的课堂教学中，将学生按能力、性别、个性特点、家庭社会背景等混合编组，在小组成员间形成较大的差异。异质分组可以提高师生之间、生生之间的信息交流，尤其是大大增强生生之间的信息交流量，可以较好地保持学生的创造力和自信心。在班级容量较大的情况下，小组成员的异质组合有利于使教学对象组合为小型化、多层次的学习群体，学生会在小组中互相学习。小组成员的异质组合能满足不同学生能力的发挥和学习风格，促使每个学生都有均等的机会采取不同的途径去达到学习目标。其次，异质分组的活动任务通常需要成员之间的通力协作，每个学生都会分到适合自己的学习任务，这样可以保障学生在有效的时间内为实现共同的任务目标充分发挥自己的能力。对学习困难的学生来讲，他们可以在同伴的帮助下迅速掌握基础性的知识；对学习能力强的学生而言，他们不需要浪费时间去重复自己已经掌握的任务，也不需要等其他同学赶上来。这样，小组成员各有分工，异质分组体现出充分尊重学生的个体差异性的特点。

2. 分组的实际操作

（1）性别对分组的影响。在一个 4 人小组中，不要使某一性别的学生只有一人，如 1 个男生 3 个女生一组。教师应尽可能地把各组中的男女生数搭配均匀。如果班级中某一性别的学生人数较少，那么可将其中的一个学习小组全部安排同性别的学生。例如，某班有 32

名学生，女生 18 人，男生 14 人，我们依照每组 2 个男生、2 个女生的方式组成了 7 个异质学习小组，总共 28 人，那么，另外一个组的 4 个成员则全由女生组成。

（2）性格对分组的影响。我们还需要注意学生性格方面的问题，如有的学生非常活跃，而有的学生则显得比较安静，这些因素都可能使他们和同伴产生隔阂。有的学生不愿和其他人在同一小组中，还有的小组会感到和某人难以合作沟通，对此，教师在分组时都应该有所考虑。有的学生比较善于与他人进行沟通，教师可以让他们对同伴进行指点；有的学生语言水平较差，教师就要考虑把他和善于言谈且乐于帮助他人的孩子分在一个组。

（3）建立异质小组的方法。把全班学生分成异质小组的一个基本方法，是拿着全班学生的名册按照我们认为最重要的因素把学生分布到各个组中。这种方法可以使每个小组都有以教师的某一标准（如学业成绩、学习动机等）而选择不同类型的学生。

（4）小组规模。①3～6：Everybody talks. ②7～10：Nearly everybody talks, and one or two seldom talk. ③11～18：Five to six talk too much, and three to four sometimes join in. ④19～30：Three to four control the talk. ⑤30 or more：Nobody talks.

小组规模的设定，以 3～6 人最适中，每个小组成员都能够参与到活动中，"talk" 在学生的英语学习中发挥着巨大的作用，"Everybody talks." 每个学生都说，才是一个互动交流的过程，在与同伴交流的过程中，学生加强了对知识的巩固，能够真正地运用语言，同时在直接运用和教别人的过程中获得 90% 的知识。这也是符合"知识获得金字塔"规律的。

（三）其他分组方法

分组是合作学习的基本原则，但并不意味着在合作学习的实施过程中就不能采用任何其他的分组形式。教师应经常选择异质小组为常用的课堂合作学习小组形式，其他的一些分组方式也可以考虑并偶尔运用。

1. **以学生随意组合的方式形成小组**

例如，班级里有24名学生，现在，教师想把学生组成4人小组进行学习，那么可先把学生随意地分成6部分，然后，每一部分的1号同学组成第1组，2号同学组成第2组，其余依此类推。

2. **以共性特征为基础分组**

当要组成调查研究小组时，可以把有共同兴趣爱好的学生组合为一组。

3. **以学生自己选定的任务为基础组合小组**

如果我们给学生提供了6个任务，要求每个学生从中选择一个任务，那么，我们可以把选择了相同任务的学生组成一组，或者由学生自己组成6个不同的小组，每个组承担一个任务。

4. **组成同质小组以完成短期任务**

成绩好的学生齐心协力去完成一个难度大的新任务，而成绩稍差的学生则相互帮助，把在第一次学习时还没有掌握的材料再尝试学习一遍。

5. **教室空间安排**

国内大多数学校的班级人数都在40人左右，采用插秧式的座位排列方式。合作学习要求一改传统的座位排列方式，变成以组为单位的排列方式，按照4～6人的标准，要划分7～10组，目前这种班级规模为小组活动带来了困难。一方面，课堂空间感的明显缩小和多个独立的单位无形中为任课教师带来了压力；另一方面，学生的自由度增加，这对学生的自觉性提出了更高的要求，那些还没有高度自觉性的学生此时可能游离于教师的视线之外，而脱离了学习状态。因此，班级规模在某种程度上制约了小组教学，适当地调整班级规模，合理利用教室空间，也是综合英语实验学校力图解决的问题。教师可以根据教室的特点及不同年级学生的特点，因地制宜设计自己的桌椅摆放，还可以根据教学内容的需求适时做出调整，变换方式进行合作，以提高学生的学习积极性及合作的灵活性。

（四）讲解任务与合作关系

1. 讲解学习任务

在综合英语的课堂中，教学一般按主题拓展，围绕主题进行活动，包括进入性活动、主题性活动、探索性活动、拓展性活动。教师在开展小组活动前，必须让学生明确他们需要完成的任务是什么，具体应该怎样完成。教师在长期的教学中会逐渐与学生形成默契，学生会按照教师惯用的教学流程进行学习、合作巩固、展示表演、获得期待的评价，因此，这一环节需要教师不仅在合作之初向学生讲解学习任务，而且要注重在平时的课堂中形成比较系统的教学过程。

2. 解释成功的标准

从小学生的心理特点来讲，他们学习的动机往往倾向于外在动机，如教师的鼓励、小红花的奖励及同学和家长对他们的评价和认可。在课堂中，每一个学生是作为小组中的一个成员存在的，他已经不再是一个独立的个体，个人的表现会影响小组的成绩，因此，教师可通过小群体的压力和群体凝聚力激励个人向积极的方向发展。群体的凝聚力能使成员继续留在群体中，它体现了群体的整体性特点，由成员间的信任和约定程度所决定，包括正向力量和负向力量。正向力量的含义有三个：一是成员间的人际吸引，比如小组成员之间相互喜欢，善于互助学习。二是使成员留在群体中的动机，比如成员想通过群体达到自己的某种目的，如获得老师的表扬，对小组的认可度比较高，想成为优秀小组的一分子等。三是群体的有效性与和谐性，比如群体能够有效地实现自己的目标，成员之间有较多的感情联系等。负向力量包括两个含义：一是成员违反群体规则必须付出更高的代价。如某学生因表现良好获得一张贴纸的奖励，但之后又由于他违反小组规则，必须罚掉两张贴纸。二是成员没有选择加入其他群体的机会，因而不得不坚持留在原群体中。如某一学生因为与组内成员闹矛盾，想要换到其他小组，那么在通常情况下，是不允许的。一方面，教师要及时帮助该小组化解内部矛盾；另一方面，要让学生明白每个小组之间都存在一定的竞争关系，其他小组是否愿意接收外来成员，是个需要考虑的问题。为此，教师要注重小组凝聚力的培养，在小组建立之初，就应该明确小组合作学习的要求。因此，教师提前向学生解释成功的标准，制定相应的小组评估规则和奖励办法，这样既有利于小组评估环节的落实，又能激励学生带着一定的期望去完成学习任务，增强群体凝聚力，达到最佳的学习效果。

3. 指派角色，确保人人尽责

社会心理学家舒茨于1958年提出人际交往的三维理论，他认为，每一个个体在人际互动过程中，都有三种基本的人际需要，即包容需要、支配需要和情感需要。包容需要是指个体想要与人接触、交往，隶属于某个群体，与他人建立并维持一种满意的相互关系的需要。支配需要是指个体控制别人或被别人控制的需要，是个体在权力关系上与他人建立或维持满意人际关系的需要。情感需要指个体爱别人或被别人爱的需要，是个体在人际交往中建立并维持与他人亲密的情感联系的需要。舒茨认为，上述三种基本的人际需要都可以转化为行为动机，使个体产生行为倾向。他根据三种基本的人际需要，以及个体在表现这三种人际需要时的主动性和被动性，将人的社会行为划分为六种人际关系的行为模式。

在人际交往中，个体是处于主动还是被动都包含有个体对自身的期待，有的人倾向于支配别人，善于解决人际关系中与控制有关的问题，能够根据实际情况适当地确立自己的地位和权力，而有的人在人际交往中习惯顺从和依赖别人，期待他人的支配，希望别人能够为自己做好规划，按照要求跟着走。因此，教师在进行小组划分时，也要注意将不同个性的学生划分为一组，让成员的角色分配更合理。对不同学生提出不同要求，保障每个成员都能够有一个属于自己的位置，这样小组成员才会感到自己在小组中不可或缺，产生强烈的归属感，从而在包容需要和情感需要中得到满足，促使小组形成明确的责任分工和良好的人际互动关系。此外，小组的领导角色的确立对小组的发展至关重要。李维特曾在群体沟通的网络方面的研究中发现，当个体处于群体中的不同地位或在完成不同的群体任务时，其从群体中脱颖而出的机会就不同。他提出在一定的沟通背景下，处于特殊地位的人更容易成为领导者。当然，群体中的成员谁成为领导者，也并不仅仅取决于个人的品质或情境，还取决于个人的品质与其所处情境的匹配程度。在不同的情境下，应该有不同特质的领导者。在课堂分组中，因为教师对学生是否具有领导特质有一定的了解，一般教师对小组长人选的确定采取指派的方法。基于李维特的理论观点，在小组长的座位安排上，教师应尽量使其处于比较特殊的位置，比如一个5人小组，桌椅最好成长方会议桌的摆放样式，小组长的位置置于中心。这样既可以增强小组长的领导意识，使成员们认识到组长的权威性地位，又便于小组长统观全局，领导小组成员开展活动。同时，教师也要根据不同的情境，采取小组长轮流制，挖掘不同特质的领导者，激发组内形成人人力争上游的学习氛围。

（五）确立积极互赖关系，促进组间合作

小组的划分促使每个人在一个小的群体中得到更好、更充分的发展，但是作为一个班集体，集体的凝聚力培养也是教师需要特别注意的。同时，小组间的合作也不容忽视。在教学组织中，教师要尽量安排不同的小组进行组合。如8个小组可以两两组合为4个中型组，或是2个大组，这样便于完成全班性的大型任务，还保留了组与组之间的竞争与合作，确保小组的固定性和灵活性相结合，促使整个班级成员之间、小组之间形成积极的关系。

（六）小组合作方法与技巧

小组合作是综合英语课堂最基本的组织形式，教师要根据教学内容及教学需要灵活地组织活动，充分发挥小组的作用。

1. 小组合作方法

（1）小组对话表演。英语的学习以对话为主。教师可创设情境，让学生进行表演，教师做好示范，学生也可以用自己的语言充实、丰富。首先进行组内对话练习，小组长要以最快的速度分配好角色，并引领小组成员不断变换角色，让所有组员参与进来。然后进行班内的分组表演，评出最优小组。

（2）小组游戏竞赛法。小组间的竞争能刺激小学生的积极性，教师常用的方法有问答、跳读字母、猜词、闪卡等游戏。游戏的节奏比较快，教师由第一组开始，随机叫下一组，每组学生的精力都会很集中，如在进行"What can you see in the classroom？"的问答时，学生把教室里能看到的、已知的东西都说上，如 I can see a window/desk/chair/door/fan/board/light … 每个学生都有说的机会，气氛很紧张，其他同学说过的也可以再说，不会的同学通过仔细听别人说也能回答上来，这就降低了学困生的焦虑感。经过多次参与，他们慢慢有了自信。

（3）小组交叉学习法。即教师把一项学习任务分割成几个部分，各个小组成员负责完成其中的一个部分，再进行组间交流。这种方法要求教师做出很好的指导，学生只要能明白其中的操作方法便可以很快地掌握。

（4）小组记忆法。这是一种常见的活动方式，多用于课后书写等学习任务的检查巩固。根据每个单元或课时的教学目标，每天由组内的一位同学给其他三位同学检查，并及时给予批改和进行A、B、C三个等级的评价。这样按顺序轮流进行相互检查、相互考评，既加强了小组成员之间的合作与责任心，使学生在小组的力量中打稳基础，更高效地提高了学生的学习能力，也为教师课后对学生作业的检查等工作寻找到一条捷径。

2. 小组合作技巧

教师不仅要善于组织小组开展活动，更要教会学生如何进行小组合作。英语教学作为一种语言教学，学生在课堂的合作交流中对语言的学习和运用显得极其重要。要使小组合作学习处于有序状态，使学生之间的实质性合作、互动取得预期的效果，就必须教给他们一定的合作技能，让他们学会如何更好地合作。

（1）圆桌会谈。这是一种小组建设的合作学习技巧，通过它可以达到许多其他的目的。在一个4人学习小组中，每人都用一个阿拉伯数字来表示。小组成员围绕一个主题进行探讨，表达自己的观点，并在相应的数字编码下，迅速记录其他成员的观点，针对别人的观点发表自己的看法。圆桌会谈之后，所有成员根据探讨结果进行汇总，完成学习任务。圆桌会谈的主题必须对学生有吸引力，易于激发学生思维。

（2）滚雪球。对小组信息而言，这是一种滚雪球般的好方法。它充分地表明两个（或更多的）脑袋确实要比一个脑袋更灵、更管用。具体操作步骤如下所示。

第一步：每一个小组成员都单独工作，列出一些观点或信息。

第二步：相互配对，向同伴解释、说明列出的内容，并在此基础上把两人的意见综合处理，相同的内容合二为一，并在整合的基础上列出新的观点和信息。

第三步：全组4人聚在一起，列出一份兼有4人全部观点的材料，重复的信息略去。

（3）聚焦法。如果说滚雪球是借助众人的脑袋扩展思维广度的话，那么在聚焦法中，则是通过小组交流使同伴的观点趋向统一。

第一步：每一位小组成员都单独工作，列出自己的观点或信息。

第二步：小组成员两两配对相互交流，解释、说明自己列出的内容，然后重新列出一份清单来，但上面只列出两人都认为是最好的观点和信息。

第三步：全体小组成员（4人）再聚在一起重复第二步的过程。

这一方法的可取之处在于：通过确认共同特征，同学们可以认识到，他们和小组同伴并没有根本分歧，同伴之间有许多相同的特点。教师在引导学生掌握一定的小组合作技巧的同时，还要让学生明白语言学习的两个基本要求，即学会倾听和学会表达。学会倾听是相互交流的基本条件，是合作学习的重要环节，也是英语学习的重要内容之一。小组成员间在进行语言交际时，必须先听懂对方的问题，才能做出正确的回答。另外，在小组竞争中，由于竞争比较激烈，学生的情绪高涨，往往不善于倾听其他小组成员的回答，而不停地嚷着"Let me try."，从而使他们在混乱中错失向他人学习的机会，影响小组交流的顺利进行，也不利于课堂秩序的维护和学生文明礼仪习惯的培养。学会表达是小组合作的目的。在小组中进行对话交流，要求学生清楚地表达自己的想法。如基本的自我介绍，就要求学生能够用英语表达自己的姓名、年龄、外貌特征、爱好等，要求他们熟练地运用"I'm … / I'm from … / I have … / I like … / I can …"等简单的句型自然地表达自己。

（七）小组合作指导

1. 安排直面积极互动

安排直面积极互动，即用确保全体学生都能直面互动的方式来上课。在小组合作的过程中教师要多用鼓励的方式，使学生处于一个良好的情绪状态，针对个别不愿参与活动的学生，应多加诱导、鼓励，并让各小组同等类型的学生之间进行竞赛，通过横向比较，纵向拉动，容易调动全体学生的积极性，形成一种良好的氛围。同时，在学生活动的过程中，教师要多用鼓励语、柔和的肢体语言与学生交流，激发和维持这种积极互动。

2. 督促学生的行为

当学生在小组学习时，教师要巡视各组，看他们是否真正理解，同时向学生提供及时反馈和强化，表扬小组关系相处得好的行为，并采用观察量表的方式进行记录。

3. 干预

教师在对学生的小组合作情况做出评价时，主要面向小组中的个人。首先是在巡视的过程中，检查学生的小组活动是否按要求有序地进行，然后对个别同学进行引导性的评价，这里包括学生做到时教师给予的肯定性评价及学生没做到时教师给予的鼓励引导性评价。

检查内容包括学生做到时教师的常用语，学生没做到时教师的常用语。

（八）小组合作学习效果评价

对小组合作学习过程的评价，既可以使教师及时掌握学生的学习活动情况，及时调整合作教学策略，促进合作顺利地、有效地进行，又可以引导小组合作学习者反思自己的合作行为的有效性，促使他们自主形成合作学习策略。

1. 合作前的评价

教师对小组合作学习进行指导的过程要伴随着评价。合作活动前要通过评价激发学生去发现问题、提出问题、构想解决问题的方案，使学生以积极的姿态进入问题解决过程。

2. 合作中的评价

合作过程中的评价主要是检查合作项目的实施情况及帮助学生解决合作过程中遇到的问题。教师应使用预备口令如"Are you ready？" "One two three, let's go."学生在统一的口令下，立刻就进入了学习状态。如果有个别学生还没有坐好，教师可用对比夸奖法，如 Team 5 的个别学生还在小声说话，老师可以通过夸奖其他组 "Team 3, very good. Team 6, very good …"来对比。在学生合作的过程中，要关注学生的学习态度、情感态度、行为表现，做出综合性评价。在合作学习中，教师的评价要考虑学生的个体差异。对缺乏自信心、英语学习较差的学生，应以表扬鼓励为主，如 "Trust yourself. /Never give up. /Don't worry. /Never mind. /Just try again. /Keep up your courage."鼓励学生大声说英语，大胆地表现自己，逐步进入学习状态，树立起自信心。对英语基础较好但不善于合作的学生要指出其不足之处。这里要注意，评价语与指导语有一定的区别，指导语更多的是对学生学习中"该怎样做"给予指导，过程中的评价语更侧重对合作中某一环节给予肯定或鼓励性的评价。

3. 合作后的评价

当某一项活动或一个学习阶段结束后，需要对学生是否达到和多大程度达到了教学目标做出终结性的评价。终结性评价关注的是学生学习中易于量化的方面，如知识、技能等，多以精确的百分制成绩来表达。它往往在一种严肃、正式的氛围中进行，易使学生产生焦虑感和压迫感。对学生的学习质量要进行有针对性的评估。有关研究表明，针对学习结果的优缺点评价，效果最好；针对性不强的评价，效果较差；而只有成绩没有任何评价，效果最差。合作学习结束后的评价可以请学生参与，包括教师评价、学生自我评估、组内成员互评及小组之间互评。其中，学生自我评估能促使学生通过反思对自己有个全面的认识，在小组合作中做到了哪些，没有做到哪些，从而为自己今后的学习确定一个比较明确的方向。

4. 反馈改进与"平行教育"

教师要确保每个学生都能接受反馈，分析反映小组效能的数据资料，提出改进的目标，共同参与改进计划，如可以让小组定期列出一个值得改进的地方与三个做得出色的地方。教师要积极倡导进行小组效能的总结，让学生以小组的方式做出调整。苏联著名教育家马卡连柯的平行教育理论提出：以集体为教育对象，通过集体来教育个人，使教育者对集体和集体中每个成员的教育影响是同时的、平行的，即通过教育集体来影响个人，通过教育个人形成集体。在小组合作学习中，每个小组都可以看作一个小的集体，教师要善用评价技巧，在向学生提出改进意见时，要遵循正强化效果大于负强化效果的原则，尽量少对小组内的个人做出很刻板的评价，如"某同学没有大声说英语""某同学在组内表现最差""他们小组得分最低"等等，这样的评价会对个人造成极大的压力，引起组内不和。而在表扬的时候要注重个人表扬与小组表扬并行，一味地夸奖某个学生，只会使他在组内处于孤立的状态。小学生你争我抢，大家都希望能成为老师最喜欢的孩子，所以无限地放大个人，而忽视其他人或整个小集体，无形中也会造成小组的分裂。因此，在终结性评价中，运用"平行教育"的原则，发挥小组的作用，既是对本次活动的总结，也是对下一阶段的小组合作学习任务起到导向和激励的作用。

（九）小组合作常见问题处理方案

在小组合作过程中，教师会遇到很多问题。如何更好地处理这些问题，使小组合作顺利地开展是教师关注的焦点。下面是一些小组合作常见问题的处理方案。

1. 学生想自愿组合形成合作小组，教师该怎么办？

（1）明确告诉学生，每个人都有所长也有所短，只要自己虚心好学，和他人在一起学习就一定收获。

（2）让学生尝试对全班分组。这个方法不但可以帮助学生更全面地了解同学，也有助于教师了解哪些人在一起学习更合适。

（3）告诉学生他可以在课外活动中和自己挑选的同伴共同学习。

（4）告诉学生，小组成员的组成不是一成不变的，合作学习小组的构成会定期进行调整。

2. 小组学习时，学生吵吵嚷嚷，教师该怎么办？

（1）在学生合作学习小组中设立"声音监控员"。

（2）教师有必要帮助学生掌握学习中应当具备的必要知识和技能，防止学生因认为学习任务太难而变得吵闹。

（3）控制课堂纪律的方式有多种，可以运用语言、手势向学生传递信号。

（4）教师在掌控课堂声响时还必须从学生的年龄出发，充分利用学生的心理特征。

3. 怎样帮助学生在小组中有序地开展活动？

（1）帮助学生明确并理解教学目标，使学生清楚地知道通过这节课的学习，必须学会什么、掌握什么，小组活动会受到何种评价等。

（2）从学生的角度出发对教学活动进行反思。

（3）在没有讲清楚活动方式和规矩前，不盲目开展小组活动。

（4）教师应当给学生提出问题、澄清疑问的机会，并请他们对小组活动提出改进意见。

（5）当全体学生的注意力都集中以后再开始小组活动。

（6）教室中的每一个学生都能清楚地看到老师，看到黑板上的书面指导语和图示。

（7）教师参与小组活动时，为学生做示范，也可以请理解了的小组做示范。

（8）如果小组中的每一个人都在认真地学习和活动，教师可以允许和容忍学生对小组活动中的某些方面和程序进行改造。

（9）随时检查教室中各组的活动情况，观察学生在活动中是否还有困难。

（10）对在活动中共同协作特别好的小组，教师应该在课堂教学结束时特别予以赞赏。

4. 各学习小组完成任务的时间先后不一，教师应该如何处理？

对那些很快就完成了任务的小组，教师可以进行适当的检查，看看他们完成任务的质量如何。如果有两个小组早早地完成了任务，教师还可以让他们就各自的活动结果进行比较。提早完成任务的小组可以谈论一下他们是如何相互协作完成任务的，也可以为那些尚未完成任务的小组提供帮助。对尚未完成任务的小组，如果学生一直在认真活动相互学习，教师可以适当延长时间以鼓励他们尽自己的最大努力完成任务。

5. 教师工作繁忙无法挤出时间为合作学习做准备，教师该怎么办？

（1）充分利用互联网技术和教学研究出版物，适时采用"拿来主义"的策略，从本班学生的学习需要、起点水平出发，稍加变动予以运用。

（2）在指导学生开展和运用合作学习策略的同时，教师也要学会合作，善于合作，充分利用教师同伴的资源，和自己的同事分享教学资料和教学方案。

（3）采用合作学习方式，在这个过程中，教师的教学经验、教学方案将越来越丰富，这些经验和方案的积累将会为教师在后续的合作课堂教学准备工作中节省大量的时间和精力。

6. 学生在小组活动时不能友好地相处，教师该怎么办？

（1）帮助各组制订小组活动的规划和行为指南。

（2）为学生做出表率。

（3）讲清道理。

（4）促进交往互动。

（5）创设积极互赖的机会和条件。

（6）开展小组建设活动，提升认同感。

7. 学生想单独学习，教师该怎么办？

（1）师生双方都应该明确，合作学习不是一切，它既不能替代班级授课，也不排斥个别学习。

（2）就学生个体而言，他们排斥小组学习也许和他们以往不成功的小组活动体验有关。对此，教师要设法查明原因。

（3）经常性地开展班级建设和小组建设活动，增强小组活动的复杂性和难度，向学生布置一些需要较长时间才能完成的学习任务。

8. 出现由某个学生支配统小组活动的情况时，教师该怎么办？

（1）让那些热衷于控制别人、表现自己的学生承担小组观察员的职责。

（2）向学生解释、说明每个人参与小组活动的意义在于相互交流观点。

（3）创造条件，促进所有学生积极参与。

（4）安排小组活动时注意适当搭配。

9. 小组活动时，学生对知识的理解有误，教师该怎么办？

（1）要注意的是不能急躁，应当对小组活动有信心，相信通过同伴间的交流，学生可以澄清错误理解，对知识形成正确的理解。

（2）小组活动时，教师在课堂中来回巡视。

（3）若班级中有一些小组在活动中出现了相同的问题，教师应当果断地暂停小组活动，向全班学生及时讲解以解决问题。

（4）鼓励学生互帮互学。

（5）对学困生的问题予以关注，帮助他们解答问题。

10. 在小组活动过程中，学生逐渐形成了小团体，教师该怎么办？

（1）开展班级建设活动，形成和发展良好的班风，培养班级合作意识。

（2）开展需要全班合作的学习活动。

（3）每隔一段时间对小组构成进行重新调整，也可以偶尔打破合作小组的构成机制，以随机分组的方式在班级中开展一些简短活动，促进学生在更广的范围内和同学相互交往。

（4）鼓励提前完成任务的小组为尚未完成任务的小组提供帮助。

11. 学校中有些教师也在运用合作学习，教师之间该怎样相互交流和帮助？

（1）对合作学习感兴趣的志同道合的教师可以组成一个研究

小组。

(2) 在某些时段内，研究小组的成员在教学中教给学生相同的合作技能，或者一位教师在课堂尝试运用相同的合作学习技术。

(3) 共同备课。

(4) 教师之间相互听课，课后进行有针对性的分析。

(5) 教师研究小组在教学中应体现出积极互赖、人人尽责和平等参与的教育理念。

第五节　主题·合作·互动

一、主题下的小组合作

英语教学实验提出英语教学应以主题为线索，按主题—话题—细节的步骤，逐步学习并建立较为完整的反映主观与客观世界及社会交际需求的知识系统，并达到提高学生跨文化交际能力的教学目的。综合英语主题性活动教学主要通过活动来实现教学目标，并让学生在做和演、行和动中学习，按主题系统引导学生学习语言所表达的主客观世界、社会生活等方面的内容。综合英语优质完整及高速度大容量语言输入的特点，给实验教师带来了很大的压力。要将选好的主题用巧妙的方式呈现给学生，并能调动学生参与活动的积极性，是对综合英语实验教师的又一个重大挑战。设计得再好的主题如果不能很好地运用到实际的课堂教学中，对于儿童的外语习得便只是一幅美好的蓝图而已。综合英语教学实验倡导实践、参与、合作与交流的学习方式，进行主题性的教学活动，强调从学生的兴趣和认知水平出发，发展学生的综合语言运用能力，使语言的习得过程成为学生形成积极情感态度、主动思维和大胆实践的过程。因此，在英语课堂教学过程中，教师要尊重并确立学生的主体地位，充分利用各种手段培养学生的学习兴趣，有意识地给学生创设情境，为学生提供自我发展及表现的空间，使学生沉浸于使用语言的情境之中，让学生成为真正的学习主体。综合英语多采用小组角色扮演的方式让学生体验教学情境，在角色扮演中，实验教师始终围绕教学主题，按情境创设—教师示范—优秀学生示范—小组合作练习—角色扮演表演一步步推进。这个过程始终离不开"合作"，尤其是在小组练习中，小组长很快地为组内成员分好角色，然后带领小组一起练习。这是在教师做了充分示范的基础上，小组之间在规定的练习时间内形成你追我赶的氛围。教师在课堂内巡视指导，观察小组活动的情况，然后叫准备好的小组上台展示，并对小组的展示做出评价。整堂课的内容生动而丰富，学生的参与度很高。总而言之，主题教学与小组合作学习密不可分，小组合作是突破传统教学桎梏、实现主题教学和全英教学的最佳途径。

二、以情感为基础的互动合作

综合英语小组合作学习充分开发了课堂的人际交往资源，构建了全面完整的教学互动结构，也为培养学生的合作精神和人际交往能力创造了适宜的环境和条件。让学生合作互助是素质教育的一项重要任务，良好的人际关系能够促进学生的认知、情感、行为三种不同层次的学习心理状态的提高。同时，合作的过程是同学之间互教互学、彼此交流知识的过程，也是互爱互助、相互沟通情感的过程。

首先，语言要表情达意，必须饱含情感。"情感"即人对客观事物是否满足自己的需要而产生的态度体验。情感因素包括动机、态度、自尊、自信、焦虑等。语言学习的目的是交流，而交流是发生在人与人之间的，如果将学习者和知识割裂为一个个孤立的个体，语言学习最终只能走向失败。学生在合作互动中，交流和互动都带有一定的目的性，必须以一定的情感为基础。只有这样，语言才能真正地被称为语言，富有生命力，被学生在课堂和生活中自然而然地运用。

其次，小组互动合作主要体现在活动中，学生在活动中为了共同的目标，按照教师的引导完成任务。比如在情境对话表演中，学生首先要饰演情境中的不同人物，通过丰富的语言、动作、表情将学习的内容展现出来，这需要学生将情境中的情绪情感投入进来，用表演的方式呈现、巩固知识。同时，在整个活动过程中，学生角色的分配、情境表演的组织、学生个体在小组中的自我展示等，都需要小组成员之间有一个良好的互动沟通。小组合作能否顺利进行的关键往往取决于成员之间是否存在民主、宽容、合作、和谐的人际关系，在合作中是否分工明确、组织有序，每个成员都愿意积极主动地参与进来。小组合作学习侧重于师生之间、生生之间的双向交流或多向交流。它一方面可以降低学生的学习焦虑感，另一方面也可以促进学生树立积极的自我形象，增强学生的自尊心，培养团结合作的精神。在小组合作学习中，不仅要注意小组成员间的积极情感的培养，也要避免一个误区，即过分重视小组间的竞争而忽略了小组间的积极情感互动。如果以小组为单位的各小组之间的竞争性被教师用评价机制无限放大了，那么落后的小组通常会出现沮丧、自责、相互指责甚至集体消沉的行为，这对小孩子幼小的心灵来说是一次次沉重的打击。

最后，建立积极的情感，营造积极、和谐的师生关系。在整个课堂教学中，教师发挥的是"导"的作用，学生才是学习的真正主体。对于低年级的学生来讲，调皮好动是他们的天性，教师要能很好地引导他们，才能使教学顺利进行。但是在传统师生关系中，一些教师还是过于关注课堂纪律，重视循规蹈矩，使大部分学生处于严厉的监控之下，有的教师为了使自己的课能够顺利进行下去，还要求孩子们在上课的时候把双手放在课桌上，谁动了便要批评谁，还要扣分，这无形中营造了一种不那么民主、宽容、和谐的教学氛围，学生与教师之间形成一种"对抗"气氛，课堂里充满了"威胁"和"害怕"的字眼，无形中为小组活动的开展造成了很大的障碍。教师作为活动的"总指挥"，一旦不受学生欢迎，其倡导的教学理念势必难以通过学生发生作用，而最终不能落到实处。

结　语

课堂教学是学生开展合作学习的主阵地，合作学习只有深入学校课堂之中，才能转化为较为系统的教育实践。学生的合作意识大多是在一定的情境中被激发的。教师要把握合作渗透的理念，精选适宜的学习内容，精心设计安排，创设学生主动交往、主动参与的合作学习情境。教师要善于调控各教学环节，最大限度地给学生提供机会，使学生在学习中形成相互帮助、相互鼓励、相互支持的和谐关系，体验情境，共同发展。

在课堂中，课堂常规是每个学生必须遵守的基本的日常行为准则。小学生了解课堂常规有利于他们养成良好的课堂习惯，从而逐步学会自我控制。课堂常规必须是学生所接受的，在强化中形成习惯。这需要老师的长期关注和监督引导。综合分析国内外教育学家、心理学家对合作及合作意识概念范畴的解说，合作意识的内涵也可被理解为：个体在对合作认知的基础上，对合作这种社会交往活动所形成的一种积极的带有情感色彩的心理觉悟。合作意识并不是一个抽象的概念，它包括相当广泛的内涵，将知识与现实、认知与思考、认识自己与认识他人、认识自己与认识社会紧密地结合起来。它既能在日常生活中把握创造合作情境，又能将意识中所固有的合作信念用于指导个体的合作实践行为，从而使人的素质得到充分而全面的发展。学生的合作意识来源于学生合作认知的发展。它的形成过程要经历四个阶段：认知阶段—评价阶段—认同阶段—信念化阶段。个体的合作意识只有形成一种信念，才能真正完成其内化，升华为意识。合作意识的形成和发展是这几个阶段共同发生作用、协同发展的过程，它们之间并非线性关系，而往往是纵横交错，相互推进的。

合作学习意识的培养和习惯的养成，是一项长期而系统的工程，要实实在在，不能流于形式，摆花架子。在合作中，只有当每位成员都意识到个人的存在对小组的意义，意识到个人与集体的关系时，才会主动地参与讨论并认真完成任务，才能达到真正意义上的合作。正如合作学习理论的代表人物斯莱文、约翰逊等所认为，个人责任的存在是所有成员能从合作学习中受益的关键。我们要以建立小组合作学习机制为主攻点。长期以来，班级授课制都是课堂教学的主导形式，新的教育理念要求我们改变课堂教学中以教师为中心、单纯传授书本知识的教学模式，促进学生主动学习和自主发展。教师要积极引进能面向全体学生的、有利于学生语言实践活动全面开展的教学模式，即小组合作学习。

第五章 小学英语课堂中的师生关系

作为一种特殊的人际互动,师生互动是指在师生之间发生的各种形式、性质和各种程度的相互作用和影响。从影响上来看,教师与学生互动的方式是一位教师区别于其他教师的重要因素。尽管个人性格在决定教师在英语课堂上的互动方式方面起着相当大的作用,对师生互动的元认知依然能使教师提升专业性,提高教学能力。在本章中将详细介绍其中的三个方面——师生关系的内涵与不同风格、良好师生关系的重要性与面临的障碍,以及如何建立良好的师生关系。

第一节 师生关系的内涵与不同风格

一、师生关系的内涵

在众多教学概念中,师生关系一直是老生常谈却又常谈常新的话题,那么,师生关系究竟是什么呢?

何齐宗教授认为:"师生关系是指教师与学生在教育、教学活动中形成的相互关系,包括彼此所处的地位、作用和相互对待的态度。"[①]

黄胜教授认为:"师生关系是在教育过程中教师与学生所发生的直接交往和联系,是教育过程中最基本也是最重要的人际关系,它包括师生彼此所处的地位、作用和相互对待的态度等,是人与人之间的关系在教育领域的反映。"[②]

邵晓枫认为:"师生关系是指学校教育中教师与学生之间的关

[①] 何齐宗:《教育学原理与艺术》,中国社会科学出版社2008年版,第128页。
[②] 黄胜:《教育学新编》,西南交通大学出版社2015年版,第101页。

系，是一种产生于教育教学过程中的特殊的人与人之间的关系，这是一种由伦理关系、社会关系、心理关系、教学关系、法律关系等构成的立体的、动态的人际关系。"[1]

我们不难发现，对于理解师生关系的内涵，虽然表达方式各有不同，但这些表达的核心都殊途同归，反映出了师生关系的本质，以下两个方面是师生关系内涵的主要体现。

（一）师生关系是一种特殊的人际关系

在教学活动与教育实践中，师生关系形成了。在各种教育教学活动中，教师和学生是其中一个独特的群体，与其他人际关系不同的是，在这一过程中建立的师生关系具有教育教学性，即它是一种旨在达成特定的教育目标和使命的特殊交往关系。而且，能否建立好师生之间这种特殊的交往关系，直接影响教育培训的质量、学生的身心健康等。事实证明，和谐的师生关系对教育教学意义重大，可以使学校开展的教育实践活动进行得更加顺利，可以使学校的教育教学质量不断提高，可以使教师积极性和学生的主动性以及创造性得到充分的调动，可以使所有的教育教学任务更好地完成等，最终达到"双赢"的局面。

（二）师生关系是多性质、多层次的关系体系

"人"是复杂的群体，教师和学生也不例外。因此，教师和学生的关系容易被许多外部因素所影响。在教育中，教师和学生的存在都十分特殊，他们身处复杂的地位，表现出复杂的行为，师生关系因此呈现多性质、多层次的特点。师生关系的内涵已远远超越了单纯的教师的"教"和学生的"学"相互结合的关系。一般来说，师生关系主要有三种关系：教学关系、心理关系和道德关系。其中，教学关系是最基本的关系，同时占据着最重要的地位，如果脱离教学关系，其

---

[1] 邵晓枫：《百年来中国师生关系思想史研究（1900—2008）》，四川大学出版社2009年版，第1页。

他关系将没有了存在的作用与意义。教师在教学关系的主导性应与学生的主体性结合起来,共同促进有效的教学。心理关系是教师与学生的心理与情感交流的体现,是意识层面的交往,但心理关系很容易被感情因素所影响,而出现差别对待学生等不公正的现象。最后,道德关系是一种平等的、相互促进的关系,此时的师生关系体现着深刻的社会意义,被赋予了社会性的色彩。这也是为什么良好的师生关系能促进学生的社会性发展。它反映了师生之间的思想交流、情感沟通和人格碰撞。它们彼此相互联系,相互影响,共同构成师生关系这一复杂多变的有机体。

二、师生关系的不同风格

不同教师有不同的互动模式,从非常有教养的、家长式的风格到咄咄逼人式的风格,师生关系模式是多种多样的。一些人认为,学生是具有能动性的行为主体,在师生关系中具有主动性,在学习中能主宰自己的学习方式;而另一些人则认为,学生缺乏自觉性,需要在严格的控制下才能驾驭学习生活。事实上,学生的学习风格取决于他是否知道自己需要什么以及自己偏好的受管控程度。

基于这一想法,Baumrind(1966)描述了成人与儿童之间的控制模式。虽然这些模式源于她对父母教养方式的研究,但她指出,这些模式也对教育工作者产生了巨大影响。这些模型实际上已经有意义地应用于教育环境(Barnas,2000;Hughes,2002)。

通过调整不同的热情程度和控制程度,该框架提出了三种主要的控制类型(如图5-1所示)。第一种是"放任型"(permissive),其特点为高热情与低控制。这种模式允许孩子有很大的自由,对其行为和责任方面很少做要求。第二种控制模式是"专制型"(authoritarian),其特点为低热情与高控制。在这种模式下,教育者试图根据既定的行为标准塑造孩子的行为。专制型父母对孩子具有很高的期望,认为儿童自主在儿童成长中是非必要的,甚至可能会适得其反。"权威型"(authoritative)是成人控制的第三种类型,其特点为高热情与高控制。

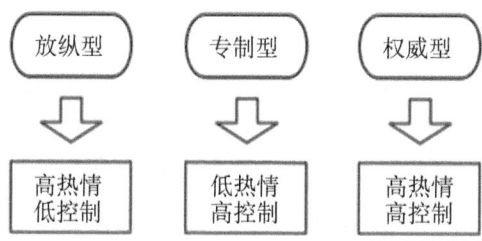

图 5-1 三种控制类型

Baumrind 对权威父母的描述揭示了这一模式比其他两种模式更具动态性：权威型的家长们以理性、亲切但又直接、直面并讨论问题本质的方式指导孩子的活动。他们鼓励孩子口头上互相让步，与孩子分享自己管教方式背后的理由，并在孩子拒绝服从时询问原因。权威型家长们既重视孩子的自我意志和自主性，也看重孩子对规则的遵从与是否拥有一定的纪律性。"控制"是事无巨细的严加管控，而"限制"则是给予一定自主选择空间的灵活调控。因此，他们会对亲子关系涉及重要原则的关键分歧点进行严格的控制，但不会对孩子施加限制。作为成年人，他们坚持自己人生经历及感悟所得出的成熟观点，但同时也承认孩子看待事物的新颖视角、儿童的个人兴趣和处理事情的特殊方式。

在权威型关系中，儿童能够认识到事物的界限与家长的期望，但与专制型关系不同的是，儿童是在理性思考与耐心解释中受到引导的，而不是盲目遵守强制的规则。权威型关系为儿童提供了有一定自主性的自由，这是一种在指导和协商下的自由，不同于放任型的成年人提供的基本上不受约束的随心所欲的自由。

不难想象，这些控制模式在课堂上的运作方式也有异曲同工之妙。事实上，回想自己校园生活中的各个老师，我们可以将每个老师与其教学风格一一对应。放任型的老师，可能是将与学生的关系放在首位的，或是拥有非对抗性人格，他的课堂通常是"一切顺利"的课堂，即对学术参与度和作业完成度的期望不高、学生在课堂上的行为很少受控制等。与此形成鲜明对比的是，专制型的教师要求严格的课堂秩序，甚至可能会为自己感到自豪。除了老师的清晰指导外，这间教室在情感上可能是很冷漠，大部分时间可能很安静。学生们知道，任何违规行为都有一定的后果，教师对学生的要求也是死板且较高的。

对教师和学生而言，这两种风格都有各自的优点。在宽松的课堂上，学生课堂的各个方面都有着强烈的亲切感。儿童渴望有机会进行自我表达，因此，宽容的老师会更受学生的喜爱。然而，"受人喜欢"与"受人尊重"并不相同。实际上，学生们期望课堂上有一定程度的秩序，并且会对过度破坏课堂秩序的行为感到不满。教师们必须牢记自身的职责，教师是专业教育者，而不是学生最好的朋友。如果对学生没有一定的控制和要求，很难想象会发生多么有意义的学习。

另外，专制型教师的相处模式使其能够在一个非常有组织性的课堂环境中进行教学。学生行为的问题可能很少，对学生的要求也没有任何让步。然而，与此同时，这样的课堂可能会让学生感受到一种不适甚至是充满敌意的课堂氛围。学生会讨厌或害怕老师，使教师对学生的影响是单向的，从而降低教学效率。下一节将详细介绍这种环境的具体负面影响。

宽松的课堂让学生感到愉快，专制的课堂则更容易管理，但我们必须记住，重要的是什么对学生及其教育最有益。因此，仅仅为了简化课堂管理或安抚学生，不考虑学生学习的互动性而搭建课堂氛围是不可取的。

权威型的教育风格为师生互动提供了一条途径，有益于学生，符合新课标中培养学生综合能力的要求，让教师能够更好地进行教学。在师生互动中保持权威立场的教师，应在师生关系中明确必要的界限，在让学生感到舒适的情况下，确保相互尊重，构建高效的学习环境。

三种控制类型的师生关系与学生行为见表5-1。

表5-1 师生关系与学生行为

类型	教师的典型行为方式	学生的典型反应
放纵型	①不在意学生的表现; ②没有明确的教学目标,对学生要求低; ③给学生很大的自由	①学习态度不端正,散漫; ②懒惰,没有目标和计划; ③很难做出决定或经常做出不合理的决定
专制型	①时刻对学生进行严格监督; ②很少表扬学生,态度严厉; ③对学生要求高且严格执行	①虽然不喜欢教师,但会听从指令; ②对自己没有信心; ③教师不在场时则做不到自觉
权威型	①尊重学生; ②建立一定秩序的同时给学生个人空间; ③耐心解释事物的原因并愿意与学生协商讨论	①尊敬老师,同时有一定距离感; ②能在一定的限制下发挥创造力; ③具有批判思维

第二节 良好师生关系的重要性与面临的障碍

当儿童入学或升学时,他们会遇到各种新的挑战,例如,在学校环境中怎样与同龄人和成年人建立积极的关系,学习满足各种认知、社会和学习的需求等。师生关系在儿童学龄早期和中学过渡期的能力发展中发挥着重要作用。在学校中,教师充当着社会生活的中介者,他们可以通过创造激发学生动机和学习的课堂环境来影响学生的智力和社会情感体验。此外,师生关系对学生的社会、情感和学术技能的发展起着调节作用(Davis,2006)。研究表明,积极的师生关系可以营造温暖的课堂环境,促进学生在学校的成功适应,让学生处在一个感受到安全的环境中从而提高学生的学习动机。相反,冲突的师生关系与较低的成就感和自尊感会严重影响学生与他们相处的模式，不利于建立良好的课堂生态。研究进一步表明，喜欢从老师那里得到积极支持并与他们保持温暖和密切关系的幼儿似乎在学校表现出更强的社交和学术能力。拥有良好师生关系的儿童性格外向、社交能力强，而与教师关系不好的儿童社交能力较为欠缺。此外，在这些研究中，师生间的高质量关系为学生创造了一个安全和支持的课堂环境，让学生敞开心扉，倾听老师的意见，能够促进课堂学习和增强学习动机。

教师和学生的互动方式是影响学生成绩的关键因素。Wang、Haertel 和 Walberg（1990）对现有文献中确定的影响学生学习的 30 个变量进行了"元综述"，发现师生的社会互动是前三个最重要的因素之一。学生认为与教师的关系是他们学校生活中最重要的部分。教师如何与学生互动对于教育来说具有重要意义。

正如上一节所提议的权威型的师生关系，这种风格最能满足学生的教育需求。事实上，权威型的教育方式能产出许多积极成果，如儿童将具备更高的独立性和社会责任感等。应用到课堂中，即学生希望老师能给他们一种权威的指导，具有一定的自由又在控制范围内；Pomeroy 发现学生心目中最理想的师生关系是"……一种独特的关系，在这种关系中，他们的非儿童地位得到承认并能够得到相应的回应，同时，他们的精神需求也能得到满足"。在接下来的内容中，将详细介绍在小学英语课堂中，良好的师生关系能产生的影响，以及这一师生关系使学生受益的具体方式。通过积极的互动，学生在英语课堂中感受到足够的舒适感和归属感前提下，能够提高学习效率，增强学习动机，促进学生的社会性发展。

一、良好师生关系的重要性

（一）给学生带来舒适感和归属感

人类有形成社会依恋的基本愿望和强烈的归属感需求。归属感的需求是与生俱来的，它刺激人们做出具有目的性的行为以满足归属感的需求，并消耗大量的认知过程。满足这一需求是我们大部分工作的

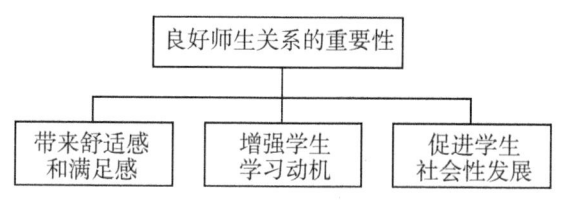

图5-2 良好师生关系的重要性

出发点。

理解学生的这一特性在课堂上很重要，因为在某种程度上，对归属感的心理需求比学习更重要。马斯洛的需要层次理论对此进行了详尽的说明。归属感和尊重感的需求是满足更高需求（如知识和理解的认知需求）之前必须满足的基本需求。因此，当学生在课堂上感觉不舒服时，他就不太可能学习。

良好的师生互动在确保课堂舒适感和归属感方面发挥着重要作用（如图5-2所示）。小学英语教师的主要责任是引导学生全身心参与课堂，多用英语理解与表达，在多样的课堂活动中提高英语综合素养，并建立积极的课堂气氛基调与风格。与专制或冷漠的教师相比，善于接受且平易近人的教师更能让学生在课堂上感受到积极的、正面的情感。教师引发冲突的态度会对学生产生消极的身心影响和教育影响，而充满关心和支持的师生关系会使学生对学校的满意度更高。相应地，英语课堂中良性的师生互动，如社区意识和情感温暖与学生的成绩显著相关。

在课堂上，归属感和舒适感的重要性不容忽视，教师在确保学生感受到归属感和舒适感方面的重要作用也不容忽视。未能建立一个受欢迎、安全的环境的教师可能会削弱学生的学习能力。

通过与学生进行个性化接触、在所有互动中传达尊重、对学生关注的问题保持敏感等方式，教师不仅可以为有效的教学和学习奠定基础，还可以进一步加深良性的师生关系。

（二）增强学生的学习动机

激励学生参与活动并投身课堂中非常具有挑战性。学生受到电视、视频游戏和同龄人群体等校外实体的刺激，他们对学校教育常常提不起劲。然而，与此同时，教师必须意识到，我们与学生互动的方式可能会进一步加剧这种状况。

Kohn 描述了教师风格与学生动机之间的联系，即盲从型与合作型课堂。在盲从型课堂中，教师指导所有活动，并注重规则的遵守。在合作型课堂中，学生的问题和兴趣推动了活动，教师以协作的方式促进学习。合作意识满足了儿童发现事物的愿望，引导其发现，总体上满足儿童的需求。简言之，在课堂上给予学生自主权，增强了其积极参与学习的持久动机。

控制性环境使学生适应外在激励因素（如奖惩）。然而，控制环境和外在激励会导致焦虑和无助感，降低兴趣，并与较差的成绩显著相关。反之，课堂上的自主支持与学生的行为和情感参与显著相关，同时，学生在学习中的自主选择空间与学生动机和参与度的大幅增加显著相关。当学生的兴趣与其关心的问题成为课堂的一部分时，他们天生的好奇心和获取知识的内在动力将会指导他们的学习。当教师坚持指导所有活动并通过行为主义方法操纵学生的行为时，这些天然的资源则不会显现并且不被利用。

教师应在让他们体验到能力感和自主性的环境下与学生互动，通过在课堂活动中允许多样的选择，让学生知道他们做的是有意义的。这种做法要求教师从哲学的立场出发，更好地服务于学生，在他们自己的学习上发挥主动性。

（三）促进学生的社会性发展

学校不仅服务于学生的认知建构，而且服务于学生的社会发展。的确，同龄人在这种社会化的过程中扮演着重要角色。然而，教师也可以发挥重要作用。

正如之前讨论的学习动机一样，教师影响学生社会发展的第一种方式是以非控制的方式对待他们。DeVries 和 Zan 解释了控制气氛是如何导致学生产生无助感的，而接受、尊重和激励气氛能够产生更好的效果。认为孩子应该尊重成年人，认为成年人应该行使权力的观点导致了学生感受不到被尊重。这样的师生关系阻碍了学生社会道德的发展，因为它暗中告诉学生，人际间的理解无关紧要，因为决定关系的是某种外部结构，而不是人们相互之间的行为方式。再次，师生互动应该以某种程度的互相让步为特征。当学生取得了重要成果后，他们就会知道话语和谈判是很有价值的技能，他们将有机会使用这些技能。在这里，课程中嵌入的课程可以扩展学生的可能性，甚至超出学校环境。在这里，学生能够更好地获得在成人世界取得成功所必需的人际交往技能。

教师促进学生社会发展的第二种方式是充当学生的榜样。成人的榜样对儿童获得适当的社交技能很重要。孩子们不仅学习说话之道等基本习惯，而且还会从周围的成人行为中学习更高、更复杂的能力，如解决冲突的方式等。在学生最敏感的发展阶段的大部分时间里，教师都是学生们接触较多的成年人，我们会作为正面或负面的行为范例，在学生的社会生活中发挥巨大的作用。

学生们既能看到老师最好的一面，也能看到老师最差的一面。教师必须认识到，我们的行为对学生产生的影响是巨大的。如果教师无法控制自己的情绪，如在公开场合表现出愤怒和沮丧，那么他们不仅错失了一个教育学生的好机会，而且也在潜移默化地为学生展现了一种糟糕的问题处理方式。当教师以冷静、理性的方式应对冲突，尊重、充分承认分歧并欢迎多种观点时，这些行为会对学生产生正面影响，使学生能更好地面对复杂的人际关系。

二、良好师生关系所面临的障碍

小学是学生语言形成的关键时期，《义务教育英语课程标准（2022 年版）》提出，学生的发展是英语学科教学的重点，小学英语课堂旨在全面提高学生的核心素养，即丰富语言知识与技能、培养批判性思维与创新思维、树立文化视野、帮助学生学会学习。师生互动是在一个非常复杂的特定社会文化生态中进行的。学校环境中的某些因素对良好师生关系的建立提出了挑战，如课堂管理的困扰、教师的期望、班级的规模以及应试的需要。在这种情况下，想要最大化促进师生关系，就必须意识到可能影响积极师生互动的因素及如何处理这些因素。（如图5-3所示）

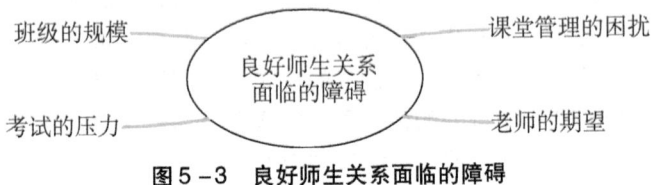

图5-3 良好师生关系面临的障碍

（一）课堂管理的困扰

课堂管理是教师最关心的问题。学生的不当行为不仅会对课堂造成极大的破坏，还会给老师带来很大的压力。为了避免学生出现问题行为，教师有时要对课程进行妥协，甚至改变课程内容。

为了尽量减少不当行为，许多教师会对学生采取非常严格、权威的态度。这样，教师可以维持一个严格的可管控的环境，并在一定程度上用恐惧控制学生。这也许会使教学更容易，但对学生的发展与成长来说并不是一件好事。

我们必须认识到，专制风格并不是严格管理课堂行为的唯一途径。教师应将积极的师生关系和充满支持感的课堂视为课堂管理的关键组成部分。当学生的情感和心理需求得到满足时，学生就不太可能在课堂上出现问题。例如，研究发现，随着教师提供的鼓励的增加，学生的课余行为会减少。因此，更温暖、更有爱心的互动不仅可以更好地为学生服务，而且还能够加强课堂管理。

（二）教师的期望

教育领域的相关成果提供了几个例子，说明师生互动是如何因学生的某些特点而产生差异的。根据学生性别、种族、社会经济地位和学习能力，教师对学生的行为是完全不同的。教师与不同学生互动方式的差异与教师对学生的期望有关。这并不是说教师是公然的偏心，这种倾向是不自觉的，反映出了一个人期望他拥有什么样的品质。倾向不是通过厌恶行为传递的，而是通过微妙的互动透出的。这意味着教师可能自己并没有意识到对不同学生的互动风格的不同，以为自己对待学生是一视同仁的。

有意识地注意自己的互动方式是解决这个问题的一个途径。正如 Brophy 和 Good（1974）所写，"一旦教师意识到自己的教学不当，绝大多数人都愿意并渴望改变"。这些学者发现，当外部观察者帮助教师意识到了自己互动风格的变化后，他们的互动模式发生了很大的变化。

在日常教学中，教师可以有意识地确保自己不会代入不同的期望，争取一视同仁，不差别对待学生，让学生感受到平等。

（三）班级的规模

班级规模缩小的原因之一是班级规模会影响教师的互动风格——教师可以更好地了解学生，并在小班中更好地处理学生行为。许多班级规模的相关文献提供了小班的师生互动更为积极的例子。当班级规模较小时，教师更了解学生，更能满足学生的学术和非学术需求，学生能提出更多问题，并与学生进行更持久的互动。

随着班级规模的扩大，保持师生之间的良好互动面临着越来越多的挑战。班级里的学生越多，老师就越没有机会单独与学生接触。这也让学生更难感到被包容和支持。此外，更大的班级规模更难管理。大班意味着老师对学生的监控与注意力分散在更多学生之间。这些因素可能会加剧课堂管理方面的担忧，并导致教师用更严格的制度来弥补。

尽管如此，控制班级规模的问题是许多学校必须解决的共同问题。教师有责任找到克服大班制管理的方法。在保持积极的师生互动方面，一种方法是利用全班分组教学的替代方案，可以将教室划分为更易于管理的几个部分。通过整合合作学习和小组教学等设计，教师不仅能够更独立地与学生互动，学生也能够更积极地参与课堂活动。通过更好地吸引学生，可以减少许多问题发生，促进建立良性的师生关系。

（四）考试的压力

标准化测试与相关的问责机制对教师处理师生关系来说是个不小的困扰。考试成绩不仅会受到家长的极大重视，而且还用于评估学校的有效性，影响课程和教学方法。这些一击定胜负的考试"迫使教师花费宝贵的时间为孩子们准备考试，并在考试中进行教学，破坏了原本的教学"和"阻碍学生的智力与社会发展，如合作、创造力和解决问题的技能，因为时间都花在了学习考试中出现的内容上"。当人们如此重视学生在一次测试中的得分时，高质量的课堂参与、学生的智力兴趣和深入的讨论则不得不从属于以应试为重点的教学。关于考试，《义务教育英语课程标准（2022年版）》强调，英语测试应该旨在育人而不是考倒学生，考试是客观评估课程目标是否得到落实的手段，为考试而学违背了语言学习的初衷，也违背了当今课程标准强调培养英语综合素质的初衷。正如萨克斯（1999）所写：

当学校进行应试的教学时，考试几乎成为老师和学生关注的唯一焦点。本该是教育的内核的学会学习，成了试卷中的一系列题目，通常以多项选择题的形式出现。作为一个开放的、有点不确定的、自发的、创造性的和复杂的过程，学习的本质被颠倒了。

这种考试所推动的教学风格是一种不太个性化、不太互动的风格。重点是内容覆盖，而不是学生需求。然而，考试和相关问责机制已经成为正常教育景观的一部分——同时考试和问责即使具有巨大消极影响，但其在短期内不太可能消失。因此，突破点在于，如何在为考试做准备的同时为提供其需要的师生个人互动。可现实是，为考试做准备往往优先于师生互动。

在考试的高压下，教师必须以备考的名义，在广度和深度方面妥协内容覆盖率。然而，在这些课程限制条件下，教师仍然可以在教学中注重质量互动。例如，Taylor 和 Walton（1997）发现，当为学生提供一系列的考试准备研讨会时，提高考试成绩与以学生为中心的教学可以同时进行。在这里，可以用相对较少的时间练习做题的技巧，并保留了课堂上高质量师生互动的机会。这是一种可能对某些学校有效的方法，而其他学校可能需要寻找其他创造性的解决方案。当教师确定学生在备考方面的具体需求（即话题广度/深度、考试形式练习、具体教学模式和顺序）并将这些需求与学生的个人互动需求相平衡时，就会找到创造性的解决方案。因此，没有适用于所有学校所有学生的"一刀切"方法，但如果要在这样的考试要求下满足学生的完整教育需求，如何平衡高效率的考试准备与高质量的互动对教师来说，则任重道远。

高风险测试的另一个负面影响可能更难补救。这些测试的实施也削弱了学生和教师的士气。在面对期望达到考试标准所带来的压力时，学生们可能会无法与教师建立良好的师生关系。这些学生可能对学校和老师持反对态度，表现出反抗情绪。同时，在以考试结果为标准的问责制中，教师也可能会感到失去了自主权和不被尊重，他们在课程和教学方面的许多方面都无法由他们自己决定。在一个学生抵触、老师不开心的环境下，很容易想象师生互动会受到怎样的严重影响，考试制度的这一副作用对良性师生关系的阻碍不容忽视。

第三节　如何建立良好的师生关系

老师们经常发现，自己试图在严格控制课堂和为学生提供足够的自由以使他们感到愉快和舒适之间找到一个合适的分界点。根据教师的价值观与个人风格，他们最终会在这两个要素之间的连续同意中选定一个位置。那些接近高控制端的人可能会创造一种不利于孩子发展的心理上的冷漠氛围，而那些离高自由端太近的地方可能会产生一种缺乏有效教学所需秩序的环境。调整控制和自由当然不是一个非此即彼的命题。教师可以以将这两个要素合理地融合进他们的师生互动风格中,这样做最能满足学生情感和心理的需求。教师必须意识到与学生积极互动是必需且双边受益的,使学生在有秩序和相互尊重的环境中获得必要的自主权,这对学生的个人成长具有重大意义。在这种良好的师生关系中,教师可以提高学生的动机和社会发展,而学生在课堂上会感到更加舒适,更有归属感。

一个人的个性风格显然是影响他如何与学生互动的一个因素,但外部条件依然可以影响互动。课堂管理方面的担忧、班级规模大以及标准化考试分数带来的问责压力,都会影响教师调整与学生之间的关系。然而,为了学生及其教育的利益,这些都是可以而且应该克服的挑战。

苏霍姆林斯基曾说过:"上课是儿童和教师的共同劳动,这种劳动的成功,首先是由师生之间的关系来决定的。"同理可得,建立良好的师生关系,营造积极活跃的小学英语课堂生态,是在开展优秀的英语课堂、在英语教学中收获良好反馈与取得成功的必要条件。因此,本节就小学英语课堂建设提出了一些帮助建立良好师生关系的建议,以期为小学英语教师们提供参考与借鉴。

一、多与学生沟通交流

在小学英语课堂上,相互理解和尊重作为师生关系的润滑剂,能够促进师生彼此关系更加良好地发展。在具体实践上可以通过许多方式实现,例如,巧妙抓住课堂提问的环节,在问题的设计上下功夫。提问的问题要与学生自身有关,贴近他们的生活,用英语提问学生一些像兴趣爱好、英语水平、期望、学习看法与倾向等方面的问题,以此通过提问了解不同学生在学习和生活上的不同风格与习惯。也可以让学生们通过小组讨论等活动,相互提问,相互回答,与此同时,教师在巡视与指导中留心学生表达的内容与个性,从而挖掘并激发学生的特质、潜力,对学生的足够了解更有助于开展有效的教学。

在与学生沟通交流的过程中,教师要充分展示出亲和力,不能有距离感,学会通过投以充满关爱的眼神、充满亲切感的语言风格表达想法,让学生放下戒心,感受到安全与放松。教师对自己面部表情及肢体语言的管理,对学生来说能产生极大的积极影响,对教学及学生学习有着立竿见影的效果,活跃的小学英语课堂气氛具有十足的感染力,同时也能让学生更有欲望和勇气用英语表达自己的看法与见解。

除此之外,加强与学生的沟通交流还有很多不同的渠道方式,教师还可以在教学材料上花心思,比如设计一些为本班学生"私人定制"的表格,可以设计一些具有趣味性、学生喜闻乐见的英语问答表,师生在讨论中共同填写,也可以在课后作业上下功夫,布置一些任务进行调查并从学生表达的内容对师生互动做出相应的调整,例如,布置一些 Self-introduction,My Expectations to My English Teacher,The Best Way to Learn English,My Hobbies 之类能够让学生进一步表达自我、促进师生相互理解的英语作文。再通过收集整理学生反馈的内容,进一步走近学生,加强对学生的熟悉与了解。比如从学生表达的对英语教师的期望,可以看出学生心目中理想英语教师具备的品质,从而更好地满足学生的期望。另外,在教育信息化的背景下,还可以充分利用网络与信息技术等,鼓励学生在课后用多种方式与教师互动。正如《义务教育英语课程标准(2022年版)》透露的课程理念要求,英语教学应与现代信息技术绑在一起,充分利用科技的便利,实行多种方式、创新化的教学方式,如可以让学生在课后通过邮件、微信、群组或微博社群等网络方式与教师交流。同时,鼓励学生分享生活,将自己生活中发生的一些有趣的事情分享给教师和同学。分享的方式可以是英语邮件,也可以通过社群分享的方式,充分利用网络工具。对于一些特别出色的英语分享,教师不仅需要给予适当的回复与反馈,让学生感受到教师对待学生的认真态度,还可以抓住机会进行正强化,在课堂公开进行表扬奖励,提高学生的积极性与分享欲,学生也会更有动力。分享让师生的个人生活实现交叉,拉近师生间的距离、增进师生感情,为课堂管理及英语教学奠定稳固友好的基础。

二、真心诚意对待学生

真诚最打动人心。要培养一段良好的师生关系,一颗真诚的心是不可或缺的。教师在面对学生时必须要有真诚的心态，只有表现诚意并实实在在地传递给学生，才能在英语课堂上与学生建立良好的友谊，并让学生感受到被关怀与被真诚对待。

首先，教师应树立正确的知识观，不要将自己摆在"高高在上"的位置。人无完人，再优秀的教师也会有未触及的知识，也会有表达错误的时候，因此，对于自身的错误与不足，教师越试图掩饰，越是掩耳盗铃。要勇于放下不必要的自尊，在学生面前表现出宽仁的心态，承认错误与不足，同时也多鼓励学生来监督自己、指出错误。儿童的思想具有丰富的创造力，散发着无限潜能，对于学生的不同见解，教师不能下意识地抵触或反对，应该表示尊重与认可；在学生表达出更好的想法时，若能在学生面前表达出"你的想法很有见地，比我的更胜一筹，想得更深刻，太棒了"这类的话，不仅不会有损教师的形象或权威，反而能表现出教师的亲切感与谦卑的品质，拉近师生之间的距离，让学生更喜爱老师，更想亲近老师，从而让学生更喜欢英语，进一步融洽师生关系。其次，在每次学生取得成绩、收获、进步时，教师要毫不吝啬地给予学生真诚的认可与褒奖。特别是小学阶段，学生渴望获得关注，希望自己的进步能被看到，希望自己的能力能得到他人尤其是教师的表扬与肯定，有时候只是简单的一句"Congratulations!"，在潜移默化之下就能对学生产生意想不到的积极影响，长此以往的正强化能帮助学生建立起对英语的自信，能使反感、抵触英语的学生端正并改变英语学习态度，逐渐转变对英语学习的一些错误看法，甚至从此爱上英语这一科目。

三、加强师生间的尊重

《基础教育课程改革纲要》明确要求："教师应当尊重学生人格，关注学生个体差异，满足不同学生的学习需要。"师生之间的相互尊重与信任是师生良好情感关系的前提和基础。尊重的建立是双向的，要想学生发自内心地尊重教师，首先教师就要对学生投以最真切的尊重。在培养建立良好师生关系的过程中，增强师生彼此间的信任与尊重是必不可少的。《义务教育英语课程标准（2022年版）》也强调突出了人文性与工具性是英语课程的双重属性，这其中的人文性特点就表明，英语教学是一门艺术，"人"是教学的主题。根据人文性这一特点，小学英语教师应以学生为中心，尊重学生的人格，尊重学生的个性，建构积极和谐的课堂生态与师生关系。

  小学阶段的学生已经逐渐形成独特的个性。学生的性格与处事风格各不相同，每一位学生都有自己看待事物的独特视角，展现着自己鲜明的个人特性。作为小学英语教师，要充分认知所教班级的学情，首先应当对每一位学生的个体差异予以理解与尊重，同时，充分接受学生存在差异的客观现实，关注不同学生的学习潜能、兴趣爱好、学习风格等方面。同时，要在教学方式上花心思，加强教学定制性与个性化，采取针对不同学生的不同教学方式，因材施教，这样才能让学生有足够的个人空间，自由发展其自身独特的个性和人格，以此让每一位学生的潜能得到开发，取得更有针对性的教学效果与学习成果。同样，小学阶段学生也已经逐渐建立起了较强的自我意识，形成了人格尊严。作为小学英语教师，需要更加细心地体贴学生的各个方面，尤其是学生对人格尊严的看重，对学生的人格尊严加以呵护。例如，无论是课堂还是课后的活动中，当学生犯错或有不当行为时，要在维护学生人格尊严的前提下循循善诱，尽量不在公开场合对学生进行严厉批评，而是用耐心了解学生犯错的原因，询问事件或行为的动机与原委，在了解清楚后，坚持保护与教育相结合的原则，通过说理等方式私下进行教育。这样的方式不但不会让学生藐视规则，而且会比当众批评或惩罚更有效，学生能够感受到教师对其尊严的照顾，更能加强师生的互相尊重。那些在课堂上严格控制、严厉批评学生，动辄将家长请到学校进行"一同教育"的方式，不仅达不到期望的效果，而且还会给学生造成很重的心理压力与阴影，尽管从短期看来，学生犯此类错误的情况会大大减少，但是对孩子而言，这可能将成为他们痛苦的回忆与负面印象，甚至会厌恶老师、厌恶学校，从而更不可能喜爱学习，导致难以挽回的局面。此外，在英语课堂的过程中，无论学生的发言表现如何，教师都应当表现出对学生观点的尊重，认真倾听，不打断学生。在其发言完后，教师应提供适当及时的反馈，就算是简单的"Thank you",也能增强学生的参与感和存在感,鼓励学生多用英语表达自己。在充分尊重学生想法与观点的前提下,教师可加以指导,但不要打击学生的自信心,肯定每一个勇敢表达观点的尝试,切忌强加自己的想法给学生。

四、创设民主情境氛围

民主的课堂氛围能够促进学生积极思考,建立民主的课堂关系。创设民主情境让学生主动开口用英语交流,有益于深化学生对知识的理解和感悟,在探索更多有意义的学习内容中促进知识的内化生成,也使得师生之间的交流碰撞有了一定的载体。将小学英语课堂的主人还给学生,让学生作为主角主动参与英语学习,走出以听课为主的学习模式,在真切感受到来自教师的人文关怀的基础上感悟并表达观点,在主题性英语学习活动中提高语言运用能力。民主情境的创设,使学生有了学习主人翁的"激情"。

围绕民主这一特点,教师应充分激发学生的联想力和创造力,给学生搭建更多畅所欲言的平台。在小学英语课堂教学中,模拟新颖有趣的情境,从学生的现实生活出发,设计表达主题并引导学生结合自己的已有知识和亲身经历提出相应观点。同时,搭起具有指导性的支架,帮助他们灵活运用语言,有话可说。教师可以采用多种多样的活动内容,设计逻辑清晰、发人深省的问题链,让学生主动抒发个人见解,同时不断鼓励学生积极发言,提供更多表达自由与发挥的空间。教师透露出对不同看法的欣赏与肯定,让学生在说出自己真实观点的同时,提高学习的主动性,培养创造力。在民主情境内表达自己意见的过程中,学生能联想到更多、更深层次的认知结构,能更好地结合相应的课堂主题梳理认知思维的策略,学会学习。创设民主的学习情境,让学生们在不断主动参与民主讨论的过程中获得深刻认知,实现深度学习。尊重顺应小学生的认知规律,在民主环境中引导他们自由抒发感悟,在主动向教师倾诉的过程中感受到关爱与支持,感受到自己的看法是被重视的。同时,教师不局限于讲台,多走入学生进行师生民主讨论,引导学生在用英语沟通交流的同时强化认知,更利于增

强学生对英语学习的信心和动力。(如图 5-4 所示)

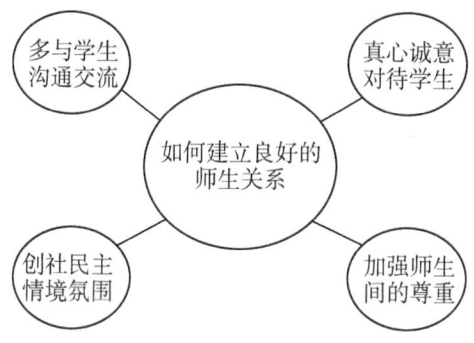

图 5-4 如何建立良好的师生关系

五、促进师生关系的建议

对良好的师生关系的重要性认识是关键的,这是规划教学策略前的第一步。以下是一些促进师生关系的小建议,虽然一些老师可能会发现部分建议不符合他们的个性或教育理念,但这些建议仍然值得思考。因为,不断思考如何改善与学生的关系永远是值得的。

(1) 计划定期与学生共进午餐。在不同场景和教师的接触中,学生会对教师产生不同的看法,生成特殊的情感纽带,这是一个分享个人兴趣并让学生从不同角度看待教师的绝佳时机。

(2) 当学生进入英语课堂时,教师分别向他们亲切地打招呼。打招呼的方式与内容因人而异,可以根据学生的特色及与学生的关系,尝试表达一些个性化的问候。通过不同的打招呼方式,学生会感受到自己的特殊性,感受到教师的用心与关注。

(3) 在共同爱好的领域挑战学生,比如体育活动。可以和学生一起打羽毛球、打篮球等,一起做双方都乐在其中的事情,联络师生感情。

(4) 积极参加操场活动、课外游戏和学校活动。在课堂以外的地方多看到教师,师生互相了解对方在不同场景的不同面貌,学生能够对教师更加熟悉，从而推动积极的师生互动。

（5）写下学生英语考试或测验的针对性反馈。评语的内容可以是祝贺并肯定其获得的进步，也可以指出得分情况透出的知识薄弱点，或是对其考试紧张心态的指导和安慰。考试与测验能够帮助学生了解自己的学习进展与不足，对测验结果进行评价与反馈，能够让学生在教师的帮助下更好地自我改进，促进有效学习。

（6）注意并观察可能有问题的学生，让学生知道老师是来帮助他们的。对于一些英语的后进生，教师要予以适时的帮助，让学生放下紧张与防备，意识到教师不是在训斥而是来提供帮助的。在收获信任的前提下，教师用耐心和爱心帮助后进生建立对英语学习的兴趣和信心，逐步提高其综合语言能力。

（7）以一封英文信开始新学期。在每学期开始前，为每个学生分别准备一封英文信，内容包括新学期即将面临的英语新挑战、表达对学生的信心等，帮助学生端正学习态度，奠定整个学期的英语学习基调。

（8）开展师生采访活动。在一定的限制下，教师可以让学生准备好想问的问题，采访老师，并知无不言、言无不尽。

（9）设置建议箱。教师可以设置建议箱让学生以匿名的方式用英语抒发自己的想法和建议，可以是对教师的建议、对英语课堂的期望与不满，也可以是英语学习的障碍。同时，教师要定时回复建议信，沟通解决问题，促进英语课堂的更好开展。

（10）表达你对学生的期望。在小学英语课堂上，教师可以多向学生表达出自己的期望，学生在感受到教师高期望的前提下会更有学习动力，更加坚定英语学习的自信，培养出主动学习的习惯。

六、良好师生关系对教育实践的启示

尽管关于师生关系对学生学习动机和成绩等方面的发展和影响还有很多需要了解的，但目前的知识信息足以为教育实践提供借鉴。以下提供三条应用建议。

第一，良好的师生关系对教师的"教"与学生的"学"都具有重要意义，因此，向职前和在职教师提供更多的教学实践方面的咨询和指导，以创造积极的情感学习氛围是很有必要的。为确保行之有效，课程可能持续数月，包括①教师有机会在支持性顾问或教练的环境中进行反思互动；②具体的、经验支持的教学实践指导；③根据课堂教学实践的共同观察结果，顾问或教练为教师提供反馈。

第二，良好的师生关系应该作为解决策略，帮助那些有人际交往问题的学生。由于早期关系问题对儿童社会和学业适应的连锁性，早期问题的关系可能会产生长期影响。学校应加强对学生人际交往问题的关注，尤其是在早期阶段，从而倡导教师改善诸如此类的关系。

第三，学校改革的方向，可以考虑在教师绩效评估中加入对师生关系的考察。在教育领域，就像在生活中一样，"被检查的内容都是意料之中的"。衡量教师在建立良好师生关系、为学生提供支持性的学习环境等方面的表现，能够反过来促进有效教学。许多评估师生关系质量的方法都提供了良好的信度和结构效度证据，如关于师生关系质量的儿童和教师报告、师生支持的同伴提名措施以及师生互动的直接观察。

结　语

《义务教育英语课程标准（2022 年版）》在小学英语阶段要求："营造积极的课堂生态，构建互尊互爱的师生关系。"① 如今的小学英语课程要求教师不仅要作为知识的传授者，更要作为学习方法的指引者、语言运用的培育者、心理情感的支持者、学生生活的指导者等，良好师生关系的建立是基于师生相互尊重、民主讨论、平等互助的基础之上的。在新课标教学观念的指导下，建立和谐、民主、平等的新型师生关系是摆在每位小学英语教师面前的必须引起重视的问题，也是达成新课标的相关标准、落实有效教学所应该做的努力。新时代背

---

① 中华人民共和国教育部：《义务教育英语课程标准（2022 年版）》，人民教育出版社 2022 年版，第 35 页。

景下，和谐师生关系的构建是新时代进行提高课程教学有效性的重要目标之一。教师应致力于让学生在一定的自主权下发挥出最大化的学习潜能，多与学生展开讨论，在相互学习中共同进步。小学教师如何在英语教学过程中建立起师生间的良好互动关系，是一个永恒的课题，值得所有小学英语教育工作者不断探讨与研究。

第六章 小学英语课堂的评价策略

本章将从评价的概念入手对小学英语课堂评价进行详细阐述,并分析其不同历史时期的发展演进,并且从多维度分析课堂评价的特征与功能,并且基于《义务教育英语课程标准(2022版)》所提倡的"教—学—评"一体化以及评价多元化的理念,探讨促进小学英语课堂评价有效实施的具体措施。

第一节 小学英语课堂的评价

一、课堂评价的概念

评价是小学英语课堂教学的重要内容之一。教育心理学家布鲁姆提出:评价是一种利用获取和处理信息来确定学生水平和教学有效性的证据的方法。科学和有效的评价能够激发学生学习英语的兴趣,有效提高学生自主学习能力和综合语言运用能力。[1]

2020年,《深化新时代教育评价改革总体方案》提出要完善立德树人体制机制,扭转不科学的评价导向,强调要树立科学成才的观念,坚决改变用分数贴标签的做法,创新德智体美劳的过程性评价办法,完善综合素质评价体系。[2] 同时,文件也提到要根绝评价单一化、形式化的现状,并且强调要"破五唯",即破除"唯分数、唯升学、唯文凭、唯论文、唯帽子"的旧做法。这也对小学英语教学评

---

[1] 程燕芬:《关注评价策略 提高教学效率:浅析小学英语课堂教学评价方式的应用》,载《科学咨询(教育科研)》2020年第12期,第283–284页。

[2] 中共中央国务院印发:《深化新时代教育评价改革总体方案》,载《光明日报》2020年10月14日第1版。

价提出了新要求,即教育评价的内容、主体、标准和方式更要多元化。

具体引申到英语这门学科上来说,英语课堂教学评价指在英语教学活动中,根据新课标提出的目标,对教育过程及其成果进行定性定量的测量,从而对学生进行测量评估,为小学课堂教学水平的改进提供依据的过程。课堂评价要关注学生语言能力动态发展的过程,并对课堂教学的过程和结果进行及时有效的反思,以起到促进作用。基于小学生词汇量较小、知识面较窄的年龄特点,在实施形成性评价的过程中,小学英语教师普遍使用通俗易懂的话语对学生进行即时评价。而评价话语是指教师对学生在掌握语言知识、语言技能、学习策略、情感态度和文化意识的过程中展现出的合作能力、策略意识、团队意识、创新思维、情感体验等方面的评估性、激励性、启发性、导向性和反馈性语言。[1] 在小学英语教学中,课堂评价话语是课堂的有机组成部分,具有在课堂互动交流过程中为小学生提供一定量的目的语(英语)输入和调控、诊断、反馈以及促进教学等的功能。

二、课堂评价的发展演进

在传统英语教学中,课堂评价主要是由教师开展,并且以学生的学业水平以及知识点掌握情况作为主要的评价依据,这就使教师采取单一的评价方式,并且忽视学生的全方位发展。但 20 世纪 90 年代以来,在教育改革中,评价观念发生了重大变化。《美国国家科学教育标准》一书指出"要求评价覆盖科学教育目标的整个范围",并且认为"评价和学习是一枚硬币的正反两面……当学生参与评价时,他们应能从这些评价中学到新东西"。与此相似的是,英国专家在 2002 年提出了"学习性评价"的十大原则,其中第三条是"课堂评价应当被看成是课堂教学实践的重要组成部分"。

如今,随着时代的进步以及向欧美国家现代化教育案例的学习,

---

[1] 樊彦清、田小芳、马晶等:《小学英语课堂评价话语优化的实践研究》,载《基础外语教育》2022 年第 1 期,第 35 – 42 页、第 109 页。

我国也逐渐意识到课堂评价的依据不能单一化。2000—2016年，流行三维目标论和主体主导论。这一时期是基于学习主体的人本化和过程性评价。课堂教学评价围绕"知识与能力、过程与方法、情感态度与价值观"等。这一时期，课堂评价虽然超越了单一知识维度，扩展到了情感层面、学生思维训练评价、教学技能评价等多方面。但每一维都没有往下延深，仅停留在表面，这导致了目标含义不确切，无法具体测量与评价，这和国际公认的教学目标分类相悖，并且陷入了将课堂作为一个固定程序进行设计和分配的境地，忽视了英语课堂教学的动态发展。通过改进，《义务教育英语课程标准（2022年版）》明确提出了改变教育以单项考试分数为主要依据的分数单一分类评价方式，构建科学素养导向、主体多元、方式多样的评价体系。

在实施教学和评价的过程中，教师要通过课堂观察、提问、追问，以及合理科学的提问方式，了解学生的理解程度、表达能力、实践效果，以及正确价值观的形成与否等。及时诊断学生在学习过程中的问题，根据学生需要提供必要支架和反馈，帮助学生达成预设的目标，以评促学、以评促教。具体变化表现在以下方面。

（一）评价理念的转变

2022版新《课标》指出，要建立促进广大学生健康全面发展的素质教育评价目标体系。小学教育评价工作除了评价考生学业成绩，更要密切关注学生潜在的其他各种智力潜能，使所有学生各自的素质潜能均得到良好发展，凸显全面发展性评价指标体系的独特重要作用。教育目标的改变也在促使着评价观念的改变，评价的对象从学生的行为表现扩大到学生的认知过程。评价不是为了追求一个结果，而是要通过评价使学生全面认识自我、提升自我。学生也是教师学习活动的实践主体，教师始终是小学课堂的主导者，因此要借助教学评价来实现小学生自我认识的发展。

（二）评价内容的转变

《义务教育英语课程标准（2022版）》将小学课程内容分为主

题、语篇、语言知识、文化知识、语言技能和学习策略六要素（如图6-1所示）。内容目标分类理论更注重对义务教育阶段学生多方面学习情况的指导，小学课堂评价改革的方向应是注重每位学生的发展，明确的教学目标可以使教师紧密围绕教学目标开展教学评价。学生能力的发展评价就需要学校更加强调注重整个学习生活过程，用这种过程性评价方法能弥补以往终结性的评价体系的许多不足。

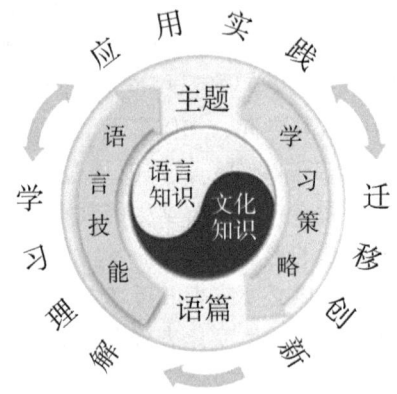

图6-1 义务教育英语课程内容结构示意

（三）评价方式的转变

在新课改的环境下，小学课堂评价的方式提倡主体扩大化、多元化。评价应充分发挥学生的能动性，并将学生自评、互评等多种方式相结合。真实性评价则是通过多种途径收集学生成长的信息，评价关注学生的能力，聚焦于学生的实际能力提升，而非书面成绩。2022版新课标还将教学目标细化为四类，具体包括语言能力、文化意识、思维品质、学习能力四大方面。小学英语课堂评价不再是仅关注语言能力方面，而是从多方面入手，推动学生进行自主总结和反思，使学生成为学习的主动参与者。

（四）评价功能的转变

由于义务教育课程标准提出的目标分类发生了变化，因此，课堂评价的内容、方法和功能必然会发生转变。变换后，课堂评价的教育功能更加重视学生行为以及终身发展的学习功能，淡化对其个体甄别能力与人才选拔教育功能，通过课堂评价了解每个学生知识学习、技能掌握方面的能力情况，更加关注每位学生个体学习新知识、新技能的发展过程特点与实现方法，关注学生在这个能力培养过程中的变化以及情感态度与价值观的形成。

随着小学课堂教学评价理念的不断发展，以教师为评价主体、以成绩为导向的传统课堂评价方式已不合时宜。构建起多元化评价体系是如今一致倡导的评价趋势，是在传统评价方式的基础上提出来的，即全面地评价学生的学习成果，不仅仅局限于学业成绩，还包括了学生全身心发展的各方面。多元化的多元体现在评价阶段、评价主体、评价标准和评价方式四个方面。

三、课堂评价类型

在课堂评价领域，小学阶段的评价方法主要以收集学生学习信息为依据。收集学生学习信息的方法很多，大致依据一定的标准分成不同的类别。一般而言，课堂评价可分为以下几种类型：①评价阶段包括课中评价和课后评价；②评价主体包含教师和学生两个主体，因此可分为学生自评与互评、教师评价；③评价标准包含统一标准和个人标准；④评价方式包括终结性评价、形成性评价。

（一）评价阶段

1. 课中评价

课中评价，亦称即时评价，是教师开展小学课堂评价的主要类型，是指在一定的课堂教学环境下，教师对学生英语学习过程、行为、态度和能力等方面进行及时反馈的教学行为。[①] 小学课堂教学是课程改革的主要阵地，课堂即时评价因为其直接、快捷且作用深刻等特点成为课堂教学中使用频率最高且对学生影响最大的过程性评价方式，而课堂即时评价又是小学英语评价的重要组成部分，而且小学英语课堂即时评价是实时、交互的，是学生学习和运用语言的一种重要方式，对促进学生发展有十分重要的意义。它贯穿于整个课堂教学过程中，在形式上，除了教师对包括英语语音、语调的反馈，还伴随着表情、神态、肢体动作等师生交互的特点。在内容上，不仅是对学生认知的正确性与价值观的判断，也是对学生在课堂表现的评价，这更多的是一种启发性或引导性的评价。

2. 课后评价

除了课上的即时评价，课后评价也属于课堂评价，它是课后的"再备课"，是"课堂评价的延伸"，也是教师对其实施的课堂进行的反思与回顾。课后自我评价是小学教师对课堂教学实践的再认识，是对教学中成功与失败、经验与教训的回顾；是教师对自己教学工作的一种反思、一种自我监督。它可以促使教师克服教学中的不足，巩固课堂实践中的经验。通过课后对课堂的自我再评价，能够让教师观察到课堂上所忽视的点。对于教师而言，课后评价能为教师的专业性发展提供坚实的基础，也为小学课堂质量的提升做好保证。对于学生而言，也是有益的。

（二）评价主体

1. 学生自主评价

（1）自我评价就是学生对自己进行评价，是尊重学生人格的一种表现，组织有效的自我评价，有助于学生随时进行自我认识、自我完善，还有助于提高自我评价能力。这样，学生可以不断地对自己的学习活动进行反思，对自己的活动进行调控，从而可以有效地帮助他

[①] 张博：《小学英语教师课堂即时评价效果调查研究》，载《教学与管理（理论版）》，2016年第11期，第116－118页。

们建立学习的自信心，激发自主探索的欲望，提高学习动机和乐趣。学生通过自我反思还可以积累学习的经验，掌握学习的方法，为自主学习奠定基础。

（2）小组评价是指在教师的指导下展开的小组成员间的评价和小组之间的评价。让学生进行小组评价可以使学生学会与他人沟通，并善于发现别人的优点，培养一定的人际交往能力，以及团队合作精神。

2. 教师评价

教师评价的目的是及时指出学生学习上的成功和存在的问题，使学生在原有的基础上得到进步。在对平时教学的实际教学评估工作活动中，教师实施的学生评价活动不单强调对某个学生学业成绩优劣的一次简单的评价，而更注重对每个学生内在学习行为过程的评价，以及教师对个体学习的兴趣、学习的态度、学习的情感动机与方式策略上的评价。在自我评价培养过程的体系中可根据学习者不同层次的评价目的选择采用几种不同侧重点的个性化评价指导方式，同时更注重采用形成性自我评价过程和过程终结性自我评价指导相结合的基本原则，更全面、更科学系统地评价和引导学生，促进评价学生专业的持续发展。

（三）评价标准

1. 统一标准

统一标准是指在设定的教学目标下，全体学生应该达到的能力水平。教学过程目标是指学习者在教学活动过程中应得到的有利于学生自身的各种学习、生活方式。在所有教学实践过程问题中，教学活动目标问题起着同样十分重要和深远的导向作用。教学设计活动应当以明确教学总目标为设计导向，且应该始终围绕实现既定教学的目标而进行设计。在明确教学目标的指引下，教师在课堂中会对学生的学习情况进行统一的评价，以使学生达到基础的教学要求。教师通过设定统一的评价标准，可以了解大部分学生的学习情况，并且通过督促、鼓励、鞭策等评价话语，能保证大部分学生学业水平以及英语运用能力水平的提高。英语等级学业质量标准主要依据我国"六三"英语学制规定不同学年龄段的学业成就与表现中的一些关键特征，描述学生三个学习级别中学习和结果好坏的具体表现。一级具体要求见表 6 – 1。

表 6 – 1　一级学业质量标准

序号	学业质量描述
1	能听懂日常生活中的问候并进行回应，用语基本得体
2	能与他人互动交流，对赞扬、道歉、致谢等作出回应，用语礼貌
3	能借助图片、手势等，听懂简单指令并作出反应
4	能通过简单动画、配图故事等语篇材料了解世界主要国家的风土人情
5	对英语有好奇心，在阅读配图故事、对话等简单语篇材料时，能积极思考，尝试就不懂之处提出疑问
6	在跟读简短的音视频材料时，能模仿说话者的语音、语词
7	能用简单的语言介绍自己的基本情况和熟悉的事（如个人喜好、学校生活等）
8	能通过读、看等方式，认读或说出典型的中外文化标志物
9	能正确书写所学的单词和句子
10	能参照范例，仿写简单句
11	乐于观察生活中的语言和文化现象，尝试从不同角度看待事物
12	愿意参与课堂活动国，与同伴一起通过模仿、表演等方式学习英语

从表 6 – 1 可以看出，对小学阶段学生的学业水平是存在清晰的规划的，因此，教师的课堂评价采取统一的标准是十分必要的，这保证学生能达到要求所规定的水平。

2. 分层标准

分层标准是指在保证学生能达到统一的学业水平之余，对不同学生的能力水平进行因材施教，也达到照顾多层次学生的效果。哈佛大学心理学家加德纳（Gardner）提出来的"多元智能理论"认为，每个个体特有的语言、节奏、数理、空间、动觉、自省、交流和对自然的观察体验等多种智能特征各具自身特点，这给对个体分别实施更加有目标针对性教育的分层式教育方法提供了一种新的思路方式和学习方法。不同年龄层次中的学习客体，自身认知基础不同，发展学习方向和具体教育学习目标也不一定相同，其具体教学思维模式、作业、评价指标等要求也各不相同。"不同起点，分别进步"正是分层式教学理念的终极价值及诉求。① 因此，对小学英语课堂来讲，分层评价标准也是很有必要的。这不仅要求能够更加有目标针对性地评价促进不同时期学生的认知发展与水平，也强调能适时采取两种不同侧重点的教育评价方式，这样既可以真正有效地培养每个学生独立学习和发展的自信心，又可以更好地帮助提高所有学生整体的学习成绩。例如，在教授小学英语四年级（上）Unit 2 Hobbies 时，在讲授新知后，教师根据学生的能力水平，设计安排了一个分层练习活动，然后根据各个学生的完成情况，再进行分层教学评价。

在教学课堂实践中，评价教学用语应该根据不同教学水平程度和教学层次而调整。如对部分学困生，评价语以鼓励支持和口头表扬为主，如"You will do it better next time!"。对部分中等生，则经常使用有鞭策性的话语，如用"Good job. But you can be better if you try hard."激励学生，指出其不足，使学生进一步明白自己今后应该努力奋斗的学习方向。对学优生，也应尽可能体现对更高层次能力的要求，采用一种竞争性的评价方式用语，如"You can be the best if you work harder."，使学生能不断超越自我。分层教育评价应该考虑各类学生在各自知识水平特点和实际能力基础上具有的差异性，使处于各个阶段的学生都能在他们各自的最近发展区内得到全面发展。

---

① 魏其艳、陈智、张朋越：《高校公共基础课分层教学评价体系的研究：以大学英语为例》，载《教育教学论坛》2017 年第 28 期，第 149–151 页。

(四) 评价方式

1. 终结性评价

终结性评价是指在某一相对完整的教育阶段结束后，对预先设定的教育目标实现程度做出的价值判断。① 对每个学习者本身原有的基本知识结构特点进行系统的诊断性教育评价有利于提前摸清各个学习者自己的基础认知及准备知识程度，确定一套更加具备实际针对性的和有良好教育实效性的系统化教学测评计划。例如，在小学新学期末，教师可以考虑运用英语试卷考查一些学生具体的阅读、写作、听力水平，或者直接运用调查问卷和面谈的形式了解每个学生自身的心理状况和学习情感态度特征两个方面。这种诊断形式对一些已充分掌握相关知识水平的英语学生来说起着到了重温的教育作用，而反过来对其他未充分掌握所学知识技能的学生来讲，将起到再次点拨诱导的作用。通过终结性自我评价来收集相关信息，教师们可以发现每位学生具有的不同优势，并开展针对性的教学。

2. 形成性评价

形成性评价也可以称为过程性、进展性评价，是指对学习者学习过程中的表现和进步状态的评价。形成性评价是通过评价的手段和方式帮助学生达成语言学习目标的一种教育方式，是教学过程的重要组成部分。形成进展性评价通常是教育者通过自我评价为主的多种手段方式和反馈方式去帮助目标学生共同达成特定语言和学习活动目标任务的又一种综合教育的方式，是英语教学评价过程体系的一个重要有机组成和部分。

教育学家布鲁姆等认为，形成性评价结果对一个学生整体来说主要有积极调整自己学校活动、从外部确认自己学习的成果上的强化作用、诊断自身学习过程中发生的新问题、获得自我矫正和学习改进的有效处方这四个大方面的综合作用。形成性行为评价中又分为真实性

---

① 葛丽萍、刘利平：《工学结合下职业英语多元化评价体系的构建》，载《教育与职业》2012 年第 17 期，第 104 - 106 页。

评价、表现性评价和发展性评价。小学英语课堂作业的形成性考核评价工作的重要内容应包括教师课堂学习的良好纪律、出勤率、笔记整理完成等情况及班级课堂参与度、作业布置完成率及效果、团队沟通合作交流水平、任务的完成落实情况等，主要评价的有效考核实现方式应该包括教师书面评价、自我评价、同学现场评价、咨询会和师生座谈会、问卷调查法等。采取了定量研究和学生定性能力评价、知识和行动能力的评价方法相结合研究的培养方式，让目标学生初步明确他们今后的主要方向，比较具有代表性特色的项目有档案袋式评价体系和项目化综合评价。

第二节 小学英语课堂评价的特征及功能

一、课堂评价的特征

（一）形成性评价为主导

传统的小学英语课堂评价关注的往往是学生的课堂学习反馈结果和与老师所预设的答案之间的一致程度，对每个学生具体的学习思维过程和学习思考行为模式漠不关心。长此以往，导致学生在回答问题的时候，不是只根据他们自己本身对教师所提问题的思考判断和理解来出发，而是要想很多办法来揣摩教师所提问的内心意图，在记忆中搜索教师讲过的"标准答案"，从而获得教师的认同。同时，试卷判分标准的唯一性也加剧了这种局面的恶化。长此以往，学生的独立思考能力与创新能力在这种猜谜式的过程中被消磨殆尽。而发展性课堂评价虽然也注意学生答案的正确与否，但更重视学生在回答过程中利用自己的思维来推理与创新的能力。只要学生的回答富有个性色彩且能够自圆其说，那么不管他的回答是否与教师的预期答案相同，教师同样要给予充分的肯定和鼓励；即使回答错误，教师也要肯定其进行了独立的思考，然后运用合理的评价来引导学生重新思考。反之，如果学生的答案是正确的，而其思考的过程出现一些问题，教师也不应只做简单的肯定。尤其是在回答一些选择题或判断题的时候，应该从形成问题的角度而非向终结问题的角度出发去综合评价这个学生。

（二）多元化评价为主导

传统的小学课堂教学评价存在简单化的倾向，主要表现在教师追求答案的唯一性和纯知识化方面，运用着单一复杂的课堂教学评价考核手段模型与量化标准，使学生评价本身变得很苍白无力，不能有效地促进每位学生素质的整体发展。而发展性的课堂评价则强调丰富性原则，即从多元的角度去考虑问题。① 这主要表现在以下几个方面：① 评价对象是全体小学生，并非只集在少数学生身上。如不能只评价部分英语作文写得好的学生，而对另外大部分学生置之不理。②课堂评价考察的内容必须是涉及多方面情况的，如必须涉及小学生真实的道德情感、态度、心理状态、独立的精神、创新学习意识程度等，不能只关注一些所谓的知识点评价上。③评价的标准是多重的，对不同层次的学生提出不同的学习要求。例如，对尖子学生可以适当提高评价标准，对一些学困生可以适当放宽一些要求。④评价方式是多样的。

（三）双向性评价为主导

在传统的小学课堂教学评价中，教师往往大多以自主认识或自我主动学习问题为课题研究中心，以绝对的裁判者的身份来评判学生，主观色彩过浓，且评价具有单向性，使学生很难获得客观的评价，也很容易造成师生之间的严重冲突和不解。而发展性课堂教学评价注重评价中的互动，以使学生的心灵世界产生强烈的共鸣。当然，小学课堂教学评价中的互动并不是单纯的教师评价学生或者学生评价教师，这里主要是指教师放弃课堂独裁者、控制者的身份，把评价的主动权交给学生，允许学生之间互相评价，当然，评价必须公正客观，由学

---

① 蔡伟：《发展性课堂教学评价的基本特征》，载《中国教育学刊》2003年第3期，第62-63页。

生自己评同学或者自评,这能充分调动学生参与评价的积极性。因为学生间的评价不仅仅是能力培养的问题,而在于激发他们竞争与合作的意识,培养他们争辩的勇气。另外,在评价中,教师要进行角色转换,要站在学生的角度考虑问题:我的评价对学生有用吗?学生能接受我的评价吗?我的评价会不会产生消极作用?最后,评价互动还要求教师时刻观察学生的感受。以此为依据来调整课堂教学评价。总之,教师应当在英语课堂评价中扮演促进者、指导者和合作者的角色,而非领导者、垄断者。

(四)发展性评价为主导

传统小学课堂教学评价以奖惩为目的,教师视奖惩为引起学生重视教学和使学生课堂表现更为优秀的法宝。毫无疑问,适度合理的教育奖惩措施确实具有一定的心理激励等功能,但仅靠教育奖惩手段来进行管理学生的课堂评价只能是一种以对教师言行的权威或控制力为标志,学习动力是产自学生外部的,并且往往伴随着厌恶的刺激,因此,这常常只能引起少数人的共鸣和响应,评价的激励效应有限。而发展性课堂教学评价承认学生的个体差异,重视学生的个性发展,相信学生的判断能力,承认学生在课堂教学中的独立性,尊重学生各方面的发展需求,善于发现学生不同阶段所获得的进步,并且及时地给予肯定,主动提供学生发展所必不可少的支撑,尽管课堂上偶尔也会使用一些必要的奖惩,但从自身发展的角度来看,其本质特征并非单纯的起奖惩作用,而是促进作用。

二、课堂评价的功能

所谓功能,即所能发挥的作用。小学课堂评价应该发挥,并能发挥什么作用决定了我们学习课堂评价的必要性和意义。所以,我们将厘清小学课堂评价的核心功能,并进一步说明小学课堂评价功能得以实现的关键路径。

（一）激励功能

小学课堂自我评价往往对一个学生未来的人生行为轨迹起着积极指引教育方向上的示范作用，教师应该通过如何在实际课堂或教学环境中及时发现学生行为闪光点、个性特点，并且借用各种小学课堂评价工具来达到积极激励每个学生进步的理想效果。有能力的优秀学生大都具有良好的语言天赋，教师在实践中则大可加以赞扬鼓励并指导其积极参加学校的英语交流演讲、口语竞赛训练等第二课堂活动；有条件的低年级学生要在班级小组活动比赛中积极主动表现，老师们在平时组织班级课堂活动时，可酌情适当地分配他们承担重要的角色，配合老师一起完成一些课常活动，然后老师要给予好的评价。总之，小学课堂活动评价可同时起到正面激励的作用，并且更能帮助培养低年级学生的创新能力。这几个方面的正面例子很多，无论你是出于对学生个人的正面褒奖还是侧面批评，除了正面对学生本人有直接激励效果或反面指导的作用外，对其他学生也存在着某种暗示的功能，激励其他同学向优秀学生学习。课堂上，学生可能会经常听到一位老师发出这样的感慨："Your advice is very useful. Your answer is really creative, thank you for giving me such inspiration. Thank you for your contribution."。试想，哪个低年级学生能够在听到老师这样的赞扬后不开心呢？试想，如果因为他们是此前没认真听课，那么当得到了老师这样的评价后，他们会静下心来融入课堂，并且会尽力争取下次表现的机会。除了正向的激励作用外，还有劝诫批评的导向作用。当教师在英语课堂中对学生说："You are not supposed to do this. /It would be right if you don't do so. /This kind of action is not welcomed in our class. Please reflect on yourself."听到这些劝诫性的话语，大部分学生会了解到正确的观念和做法。新课程标准旨在倡导与培养高素质学生共同的实践创新教育意识，鼓励培养学生个性全面的发展，培养学生"全人"

观[①]。而课堂评价则可以成为实现这一目标的有力手段。

（二）判断功能

小学课堂评价具有帮助判断教学质量的特殊功效。无论是教师用来评价一个学生和回答同一个问题，还是用来评价每个学生本身的逻辑思维能力、价值观念或是综述一个学生活动，老师们的评价本来就是另一种思想引导，应该及时向广大学生家长传达另一种积极和向上发展的思想价值观，如孩子遇到各种问题，教师给予的正面评价必须要更加明确、清晰，给学生建立正向的是非评判标准。要么表扬，要么扬弃，不含糊，不闪烁其词，当然作为小学教师教育语言的运用也是需要讲究语言策略的方法和教育沟通的语言技巧。例如，小学英语课堂上老师布置完了一项活动："What did you do last weekend? Did you enjoy it?"有这样一位学生滔滔不绝地说："In the morning I played games on the computer and in the afternoon I watched TV. The program was very interesting and I liked it very much. I had a wonderful weekend."老师听完了，微笑着点头说："Your English is very good. Yes, playing games is really happy. But I think if you read some books or played sports with your friends, you would be happier and have a more meaningful time. Do you agree with me?"学生心领神会，点头赞成。老师在这里的评价，给了学生一种暗示的批评：不能老看电视、玩游戏。周末还可以这么过：读读书、和朋友们打打球会更有意义等。老师在这里用的批评评价方式就很婉转，先肯定再提出更好的方式，这样不仅不会打击学生的自尊心，也容易让学生接受老师的观点。

（三）实践功能

尽管我们可以从理论上将小学课堂评价活动与教学活动分开，但实践中小学课堂评价与教学活动却不能截然分离。首先，教学活动离

[①] 武新英：《英语课堂评价的功能与方法》，载《教育实践与研究：小学版（A）》2009年第3期，第18-20页。

不开课堂评价。"教学即决策",这一观念已被越来越多的人所接受。课堂教学不是执行备课阶段制定的教学方案的过程,而是一个持续做决定的过程。有研究表明,教师可能在一堂课中做出多达几百个决策。教师在课堂中不可能凭借拍脑袋做出有效的决策,有效的决策必然依据从课堂中获取的信息,尤其是关于学生学习的信息。而课堂评价,就是获取关于学生学习信息的主要途径。其次,课堂评价如果离开教学活动,也就没有必要存在了。实践中有些教师实施测验就是为了判断学生的学习结果甚至对学生做出判断。可如果要判断学生,借助严密的外部评价更可靠,而且教师也没有必要为预测学生的将来而对学生做判断、下结论、贴标签。所以,小学课堂学习评价需要真正为现代教学工作服务,即为教师正确地做出教学行为决策和为学生更好地做学习评价决策而提供实践基础。

三、课堂评价的教学意义

(一) 有助于教师学习进度

在小学英语的学习中,教师对学生学习过程的了解,主要是依靠课堂检测和作业完成过程,通过对这一过程的了解,促进学生学习有效性的提升。而教师在教学时,也应当重视课堂教学评价的过程,课堂教学评价与课堂检测是相辅相成的关系,二者相互结合起来,可以有效地推进教学效率的提升,促进教学体系的完善。而教师对于小学生的评价,很可能会影响他们的学习兴趣和积极性。采取正确的课堂评价方式,可以帮助小学生更清楚地认识到自身的发展状况,及时地掌握自己的学习能力与发展过程,对于学生的发展起的较大的促进作用。同时,通过这种师生之间的交流,科学与客观的学习评价,既能让学生找到一种学习英语的乐趣,又能使学生找到学好英语的信心。

(二) 有助于英语新课标实施

随着义务教育阶段英语新课教改进程的深入发展,在今后小学阶段英语的整体教学工作中,尤其需要引起教师关注的就是重视教学工作评价。教学成绩评价一直是当前小学英语课程教学环节中素质教育的重要组成部分，这是对教学方法的进一步发展，充分体现以学生为本的基本教育评价理念和因材施教的教育原则，体现适应学生未来个性化发展的需要。而外籍教师则可以通过对学生综合、全面的点评，更好地展开语言教学过程设计，促进外语教学内容设置的合理优化，实现学生英语整体综合文化学习及素养体系的完善，促进学生英语学科思维素质的整体发展。

（三）有助于激发学生的积极性

英语是一门交流性强的学科，任何一个语言科目的学习都需要进行不断地联系和巩固，因此，英语学科的语言学习过程也是相对单调乏味的，而对于学生整体的学习记忆语言能力、理解信息能力以及对外语知识语言的分析运用综合能力等考查，又有着较高的要求，这就意味着很多小学英语教学课堂是比较枯燥的，学生在教学中的积极性不足。在义务教育阶段，教师可通过有效合理的学生评价调动起学生的积极性与学习参与性，提高学生学习英语的自信心，促进英语课堂多元化。目前，学校实施小学英语课程目标多元化课程评价，重视提高学生外语综合素养的能力培养和考核学生外语的语言学习的成果评价，教师应结合教学过程性评价功能和学生结果性课程评价功能的各自优势，尽可能全面激发、培养学生多方面的发展潜能，切实促进小学英语教学综合效率水平与综合教学质量。将学生多元性发展评价目标融入小学英语课堂中，对引导小学生自觉养成良好独立的主动学习英语的态度品质、获得自主探究的语言学习方法等起到很好的教学促进引领作用，为确立学生英语的综合知识基础与学习能力、情感表达与生活态度发展的深层目标而夯实教学基础，使全体学生在能力上获得多方面实质性的成长进步，提高小学英语课堂和教学评价质量，令小学英语课堂及教学过程更加精彩。

课堂评价也远不止上述这些功能，教师有时不经意的一句评价可能会促使一些学生追求教育的理想，不断追求进步、成长、成才等；也可能由此使学生的思想走向另一个极端。然而，如今教学评价仅侧重选拔功能这一现象普遍存在于小学英语教学的课堂上，过于重视考试成绩及量化的考核，忽视了对学生学习兴趣和积极性的培养。由于我国幅员辽阔，经济发展程度不均衡，许多经济欠发达地区缺乏发展性的前瞻目光，不能跟上发展趋势，不注重教学评价的激励改进功能，也不注重培养学生学习英语的兴趣，更没有采用比较全面的评价方法对学生的学习进行评价，因此导致小学英语教学评价的手段相对比较单一，"唯分数"的倾向比较明显。

鉴于目前存在的课堂评价状况，小学教师应调整课堂评价策略，提高评价的针对性和实效性。

第三节 小学英语课堂评价策略的实施

课堂评价上承教学目标，下接教学活动，并嵌于教学活动中，其重要性不言而喻。基于此，以下就小学英语课堂上如何开展正确且有效的课堂评价做出具体阐述。

一、逆向化评价

逆向化教学评价设计是指先初步确定课程预期学习结果，再分析确定合适程度的教学评估和证据，最后综合设计各项教学目标和课程学习评估活动等的另一种逆向教学评估设计理论范式。传统教学设计重视与强调评价的检测功能，一般将评价环节置于"下游"，置于教学活动开展之后，对学生"学得怎么样"进行形成性或终结性评价。这种"先教（学）后评"的模式，能充分发挥评价的总结、选拔与甄别功能。而逆向教学设计将评价前置，置于教与学的活动开始之前，"先评后教（学）"，确保教师在教学之前对学生的认知、思维、能力及情感态度等需要发展到什么样的水平、评价的标准与要求等做到"心中有数"。这样，由于评价是作为教学活动设计与开展的"依据"与"准则"，一方面可以充分发挥评价的"导向"功能，另一方面也利于学习资源的科学配置，充分发挥评价的"优化"与"配置"功能。这样匹配教学目标的逆向教学设计，更加注重具体学习目标与主题情境的有效融合，使评价有综合性、进阶性，有助于形成一个螺旋式上升的"教—学—评"一体化动态机制，也符合《义务教育英语课程标准（2022年版）》的评价要求，实现以评助教、以评促学的功能。除此以外，逆向教学设计的评价不会纯粹依赖于纸笔评价，像模型制作、作品展示、角色扮演、演讲辩论、报告论文等表现性评价，均是逆向教学设计评价方式的"常态"。这些多元评价方式无疑对学生核心素养的发展起到助推与激励作用。

二、分层化评价

分层教学手段的运用，为小学英语课堂评价过程提供了帮助。在分层教学的辅助下，学生的个性化思维能够得到发展，学生的自主性能力也可以得到充分的提升，这就为小学英语教师的课堂评价提供了便利。在分层模式下，每个学生的学习状况都可以得到教师的关注，更便于教师的针对性指导。多元开放的评价建立在多元开放的课堂基础上。在组织教学中，承认学生存在着差异，将班级学生进行动态分层，并且设置分层的教学思路、教学目标、教学内容以及教学评价[1]，具体实施见表6-2。

表6-2　分层评价

方式内容	I can do…	You can do…
我能流利地说唱"Old MacDonald had a farm"		——☆
我能说出动物名称的单词		——☆
我能说出动物特征的单词		——☆
我能通过询问动物的特征与伙伴谈论动物		——☆

---

[1] 刘丽丽：《浅析小学英语课堂教学多元化评价策略》，载《传奇故事》2022年第9期，第55-56页。

续表

方式内容	I can do…		You can do…		
累积星数			金星	银星	铜星
Congratulations! You are…					
奖励标准：1. 金星：积 6 颗以上星星　　2. 银星：积 4～5 颗星星 　　　　　3. 铜星：积 3 颗星星　　　　4. 优胜小组的成员可直接获金星					

作为小学教师，应当关注班级学生的动态发展，如某个学生一直未对课堂表现出足够的兴趣，但是在某节课，或是被教师选择的背景素材所吸引，或是被课程内容所吸引，认认真真地听取教师讲解，这样就值得被发现与鼓励。在课堂中，教师可以先尝试进行分层评价，再具体关注某位学生，以此提升评价能力和实效。总之，在小学英语的教学中，教师运用多元化的评价手段，可以进一步完善小学生的课堂学习过程，促进英语课堂更加趣味性、多元性，这对小学生有效的提升有着较大的促进作用，对教师教学进度的调整以及课堂教学有效性的提高也有着明显的促进作用。多元智能理论认为：每个人都同时拥有多种智能，只是这些智能在每个人身上以不同的程度组合存在，使每个人的智能都各具特色。每个学生都是独特的、优秀的。而这也印证了分层理念指导的可能性，从而帮助教师树立人人有才、人无全才的观念。课堂教学评价是教师收集学生的反馈信息、了解学生学习情况，并对学生给予指导辅助的重要教学手段。立足英语学科核心素养的培养，要求教师在教学评价的设计上注重科学性、系统性、全面性，同时要注意教学评价调整后观察实施过程中的效果反馈。[①]

三、个性化评价

在小学英语教学时，教师要提高教学课堂评价的多元性，首先需

---

① 杨维秀：《基于核心素养的小学英语课堂教学评价策略》，载《教育艺术》2020 年第 6 期，第 78－79 页。

要充分地认识到学生之间的主体差异性，尊重学生的个性和创造力。在传统的教学模式下，很多教师在教学过程中忽视了学生的学习现状以及学生之间的主体差异，只是将教学的重点落实到学生的成绩提升上，反而忽视了学生的个性发展，由此导致小学生的学习发展过程不完善，学生的发展出现误区。为适应新课教改中倡导的学生英语课堂教学成绩评价改革，教师要努力改变这种传统的千人一面式的评价方式，尊重所有学生个性的显著差异。教师在进行英语课堂及教学过程评价教学中，一定要更加善于观察与发现学生的个体差异。针对每个学生表现的这些认知差异，教师要善于灵活地选择更适合和不用于学生评价的教学评价的方式，且在评价内容方面要力求突破原来单一的以讲授语言知识技能为主材的教体框架，关注培养学生各方面智能的和谐发展。

四、激励性评价

小学课堂评价的结果不能使学生丧失学习信心而厌恶学习。小学生正处在身心素质发展阶段的关键时期，他们个人的积极自我意识能力和自强独立生活意识正需不断获得增强，因此，教师评价应善于在实践中发现学生的闪光点，多用激励性评价方法引导、教育学生，使学生产生自豪感，从而激发其进一步学习英语课程的积极性。学习英语本身就是学生不断思考、发现具体问题、解决现实问题方法的探究过程，特别是对于学习英语发音这样一门颇有难度的英语科目。很多学生在模仿英文发音方法时容易出现低级错误，这时教师绝不能草率粗暴地去对学生说"No, you are wrong."，打击学生的学习积极性。其实，学生能够敢于积极发言就是迈向学习英语的第一步了，因此，教师要秉承激励性原则，鼓励学生开口表达，适时地合理指导。

五、多元化评价

教师在小学课堂教学的过程中，要想实现教学评价的多元化，可以通过积极地构建多元化教学体系，从而实现多种评价手段的相互结合，促进教学有效发展。在小学英语教师的课堂学习评价中，教师若要积极主动地参与完善中小学英语课堂及教学活动过程，则需要更加重视课堂教学评价活动的实践重要性，评价不仅仅是作为对每个学生的学习评价过程实践的客观检验，还可以进一步完善教师的教学能力，促进教师对自身教学进度的调整，促进小学英语高效学习课堂的建设。因此，教师在教学时，需要积极地促进学生自主性评价、互相评价与教师评价三者结合，构建多元评价体系，采取等级评价，多给予学生鼓励，培养学生的自信。（见表6-3）

表6-3 多元评价标准

自我评价	同伴评价	小组长评价	科代表评价	任课教师评价
自觉完成工具单，（A）只有个别一两题未完成（B）一半未完成（C）超过一半未完成（D）基本完成	工具单是否有改正，是否积极参与情景对话	是否积极参与课堂活动及质疑、发表自己的观点或看法	上课是否自觉做笔记、纠错	是否积极参与活动

教师在学校日常和教学性的评价活动方案设计的实施环节上还可以考虑采用观察和活动记录、发放学生评价质量表，让班级每位参与评价的学生都认真对照填写观察或活动信息记录、学生互评表等的定性检查和量化考核评价措施，从而对小学学生平时学习表现情况以及与往届教师交流教学与工作成绩进行直观、有效、真实的对比评价。评价和结果信息的共享交流似乎都是整个评价工作的主要后续性环节，其直接主导权却通常集中在学校教师手中：教师需要在经过评价后获得的相应反馈结果汇总之后，将其结果信息传达给学生，或者书面告知孩子家长。当教师将最终评价反馈结果信息传递给学生时，如果反馈得好，那么这种反馈将能有效地促进学生的学习，尽管此时学生只是作为评价结果的接收者。但反馈要有效，学生就必须超越单纯的反馈接收者的角色，必须主动地参与到反馈过程之中，至少需要去理解教师或其他人所提供的反馈。

学生在没有作为最终被评价者时，其对同伴评价与结果信息交流的实际参与和过程很可能取决于这些学生本人的道德自觉程度以及所处的特定情境。但当一个学生真正作为最终评价者时，交流与评价之结果可能就变成必须所承担的道德责任问题了。比如，在学生进行同伴互评时，学生个人就必须将他自己的在自我评价过程中所收集起来的信息直接反馈给其他同伴；如果教师要求他们进行书面自我检查评估，学生个人也必须及时将其自我检查评估的结果一并向指导教师做报告。在上述实际情况指导下，学生不再作为评价检查结果信息的唯一接收者，而是信息的第一生产者之一和提供者。应该让广大学生基于一种自觉参与的、持续有效的自我体验评价，主动坦诚地和他人一同分享属于自己的真实课堂学习与经历、学习的进步和最终成功过程。

六、具体化评价

自我评价是一个人从外部自我评价到内部自我评价中过渡、逐步地内化自己的行为过程，也就是说，人们往往要通过接受别人对自己言行的态度分析和外部评价信息来了解自己，然后据此做出相应的自我态度评价，如果某种外部评价结果不准确，就会逐渐产生出由于个人缺乏相应正确的内部自我评价知觉过程而妄自尊大或妄自菲薄的后果。在课堂教育上，学生们对外部事物的评价往往来自教师。因此，教师本身的客观评价十分重要，对课堂学生言行的评价应遵循"激励性原则"定律，用辩证发展思维的发展眼光来科学评价学生。具体可采用以下措施。

（一）口头语言评价

口头语言评价也就是教师对学生在课堂上的表现以及对学生在学习上的表现通过口头表扬"Good./Very Good./Great./Well done."等来给予肯定和鼓励。它不仅可使整个英语课堂更加焕发活力，也让每位学生重新对英语知识学习充满期待和自信。这种口头评价学习方式在外语教学体系中运用得较为普遍，在小学课堂语言教学活动中的应用效果也立竿见影。在教授中低年级学生时，教师往往还可以根据学生本身的特点而引导学生相互进行各种口头语言评价，比如"She/He's very good. We/They are very good."，并竖起大拇指，这样使每个学生都积极参与了进来。

（二）体态语言评价

在小学英语课堂的教学环节上，教师合理恰当且巧妙有效地运用好自己的身体形态，来对每位学生独立完成课堂英语知识学习进行质量综合量化与评价，会有效地收到"此时无声胜有声"的教学效果。教师们细微流露的一个眼神、一个微笑、一个不经意间出现的细微动作神态等，都会让学生内心倍感轻松和亲切，产生积极愉悦的求知欲，从而也就可以使整个语言课堂焕发活力。对正确回答问题的学生，教师应当场竖起大拇指。当学生因为一次表演紧张、害羞而漏了答题或是答错时，教师应以一种满怀包容、期待的目光给予学生鼓励。当学生表演成功时，教师可以拍拍他的肩、摸摸他的头来表示祝贺。相比来自口头语言上的直接激励，肢体情感交流上的亲密接触则更加直接有效地让广大学生感受到激励。因此，体态语言激励方式的有效运用，能让学生变得更加振奋，更能有效地调动学生内心积极的语言学习的情绪。

（三）实物奖励评价

在指导小学低年级语言课教学评价工作活动中，为了稳定学生听课后的学习集体情绪，同时激发引导学生主动参加学习生活的良好情感，培养学生的竞争与合作意识等也可用此形式予以奖励。比如可以通过一个可爱的笑脸贴纸、一个精美的卡通印章、各种精美学习文具用品之类的实物进行奖励评价，让学生可以更加积极地和老师进行交流和学习。常用涉及实物的奖励评价工具还包括各种实物、图片印章、贴纸、拼图、表格等。

对学困生来说，更要让他们在自我评价体系中初步地体验自我进步，学会重新认识自我，从而建立信心。但是，课堂上组织小组活动很具有挑战性，尤其是小学生还缺乏自我管理和自我约束的意识，很容易使课堂处于混乱状态。因此，对小组活动的评价不宜选择过于复杂和难以操作的形式和工具。可以选择多样化的加分形式，并且在课后对表现好的小组进行适当的物质奖励。小学英语课堂的学习指导对教师和学生的综合评价主要体现在以激励学生学习英语的热情，培养学生的语言学习兴趣等为目的。课堂上，教师也可以把学生的评价体系融入班级任务型学习、游戏活动、小组综合竞赛实践中，运用以上各种方法来鼓励低年级学生主动参与各项活动。运用这些工具对学生的表现进行评价很符合小学生的心理特点。因此，教师们应该充分利用孩子们的年龄特征，将这种激励评价机制进行具体化，以此培养学生终身学习的习惯。

结　语

总之，教师在小学英语课堂教学中应始终坚持培养学生核心素养的理念。《义务教育英语课程标准（2022年版）》指出，小学英语课程要培养的核心素养包括学生的语言能力、文化意识、思维品质和学习能力等方面。语言能力是基础要素，文化意识体现价值取向，思维品质反映心智特征，学习能力是关键要素。在教学评价过程中，通过多元评价引导学生增强自我意识，提升自我评价的能力，提高自我监控意识，使学生在这四个方面相互渗透、融会贯通、协同发展，并且能够快乐地学习英语，体会到学习英语的乐趣，发展综合语言运用能力，成为一个全面发展的人。教师只有秉持对教育负责、对学生负责的高度责任心，认真做好教学评价的内容设计，并在评价的实施上注意观察每一个细节，及时做出优化调整，才能使自身的教学质量获得有效提高，才能使学生的英语学科素养有效地建立起来。

第七章　小学英语主题活动的人种志研究

本章主要基于人种志研究视角对小学英语主题活动展开深入探讨与思考。首先，站在学生的身心发展规律与《义务教育英语课程标准（2022年版）》的前沿阐明了小学英语主题活动的重要性。其次，由宏观到微观分别介绍了几个重要核心概念，包括"人种志""教育人种志"以及"课堂人种志"，明确了"小学英语主题活动"与"人种志"之间的密切联系。最后，基于人种志研究方法对小学四节典型英语课堂案例进行描述与分析，进而总结小学英语主题活动设计思路，为小学英语主题活动的设计提供新范式。

第一节　小学英语主题活动

"主题活动"指在一段时间内，围绕事先确定的主题组织特定的活动。"课堂主题活动"（如图7-1所示）的特点是打破学科界限，是指在创设的特定教学过程中，围绕特定的主题内容开展一系列主题学习活动，有机联结各个知识要点，帮助学生在活动中获取知识经验。小学是学生对英语的触及阶段，"专注力缺乏""注意力分散"是小学生的发展特征，基于单元主题内容进行小学英语主题活动设计，能在深化单元整体意义性构建的同时，落实单元整体教学内容，在为学生整合碎片化学习活动搭建丰富的语言交际场的过程中，提升学生的核心素养[①]。因此，在小学英语课堂中，以主题为引领，立足学生当下，着眼学生未来，巧设主题活动，是每一位小学英语教师都

---

① 王蔷等：《基于大观念的高中英语单元整体教学设计》，载《中小学外语教学（中学篇）》2021年第1期，第1-7页。

应该深入思考的问题。

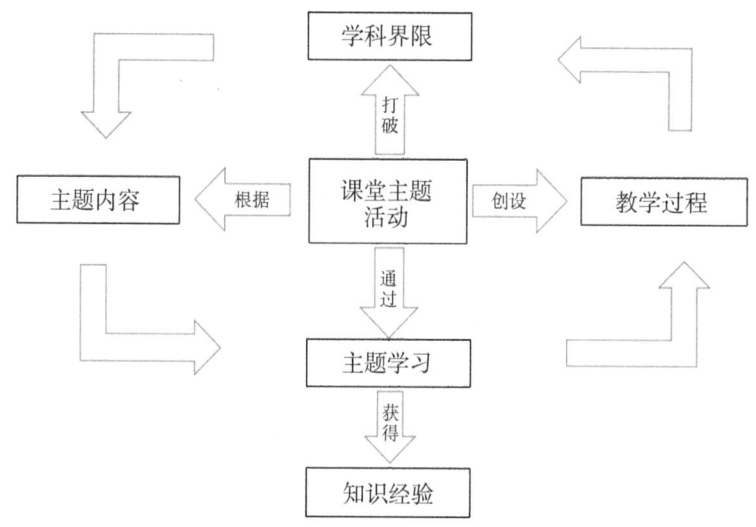

图 7-1 "课堂主题活动"图示

一、英语主题活动的紧迫性

从小学英语教学现状来看，当前大多数教学流于形式，以教师为中心，课堂以知识讲解为主。部分教师认为新型教学方式会拖慢教学进程，影响教学目标的实现，继而沿用传统的英语教学模式，一味地给学生灌输知识点，忽视对学生思维能力、创新意识等方面的培养。学生学习的积极性和主动性也受到严重的阻碍，素质教育形同虚设。2022年4月21日，教育部颁布了《义务教育英语课程标准（2022年版）》。新《课标》与以往颁布的课标一脉相承，明确指出英语学科在发展学生的语言能力、思维品质、文化品格和学习能力等学科核心素养的重要性，充分体现了新时期国家的教育方针，强化课程的育人导向，包含先进的外语教育理念。但是，相较于以往的旧《课标》，新《课标》（如图2-3所示）在内容选择上发生了本质变化，由主题、语篇、语言知识、文化知识、语言技能和学习策略等要素构成，强调在"活动"中激活已知,探索未知,倡导学思结合,用创为本的"英语学习活动观",通过学习理解、应用实践和迁移创新等一系列相互关联、循环递进的语言学习和运用活动构建知识,突出了全新育人价值观及关注的学生核心素养,指出小学英语课堂学习应以素质教育为根本,注重培养学生的创新精神和实践能力,为开发学生外语潜能、激发学生兴趣奠定基础。① 因此,改变传统小学英语教学模式,结合小学英语学科的特点,通过创设学习理解、应用实践、迁移创新等教学主题活动,推动学生核心素养在义务教育全程中的持续发展,是时代教育的重点。

二、英语主题活动的必要性

学生必须在与环境积极的相互作用的过程中才能得到自我发展,而这一相互作用过程即是"活动"。② "活动"是儿童的天性,是儿童个性发展的基础和动力源,对学生的认知与成长具有重要意义。从学生的身心发展规律来看,处于低龄段的学生,注意力持续时间短,自控力稳定性不佳。因此,对儿童进行教育,必须遵循自然的要求,顺应人的自然本性,关注在活动中获取经验,探寻在活动中启迪智慧,引导孩子在与环境的相互作用中得到发展。苏联教育家赞可夫说:教学方法一旦触及学生的情绪和意志领域,触及学生的心理需求,教学便会高度有效。主题活动能最大限度地激发小学阶段学生学习的主动性和自觉性,帮助学生在与周围环境及材料的相互作用中保持学习的积极性和表现欲望,激发学生在探索中获取新知,促使学生在形式多样的主题活动中积累经验。这给小学英语教师的启示是:要遵循小学生的身心发展规律,立足小学生的身心发展特点,设计有意义的主题活动,充分调动学生的学习积极性,促使学生在活动中自主

---

① 中华人民共和国教育部:《义务教育英语课程标准(2022年版)》,北京师范大学出版社2022年版,第4页。
② [瑞士]皮亚杰:《儿童心理学》,吴福元译,商务印书馆1980年版,第114-115页。

探索,积极思考,促进英语课堂效率最优化。①

三、英语主题活动的重要性

从教材内容本身而言,主题活动是小学英语课堂的重要组成部分。人教版小学英语教材的编写体系以话题为纲,每一单元均围绕特定的主题展开(见表7-1),包括"个人""朋友""家庭""节日""周末""计划"等主题,主题丰富,内容饱满。例如,三年级上册的主题包括:介绍新朋友(人物和小动物)、识别文具、指认身体部位、展示玩具、介绍颜色和谈论饮食。四年级上册主题包括:介绍自己的朋友、谈论数字、谈论水果和蔬菜、谈论天气和服装、描述人物和动物的外貌特征等。这些主题源于学生的日常生活,与学生的生活息息相关,为课堂主题活动的设计奠定了基础。为巩固学习效果,在每册书的中间和最后各安排了一个综合复习活动:快乐时光(Fun time),如三年级上册 Fun time 1、Fun time 2 板块由"做"(let's do)、"说"(let's talk)、"唱"(let's chant)、"玩"(let's play)等不同活动组成,目的是帮助学生在活动中积极运用所学过的知识,在主动做事的激情中、在灵活运用的愉悦中,达到复习和拓展的效果。小学英语教材的编排特点决定了小学英语课堂要以主题活动教学为载体,通过形式多样的主题活动来激发小学生对英语的学习兴趣,提升小学生的课堂参与度,培养小学生的对英语综合运用能力。

表7-1 人教版小学英语教材话题编排

年级	册次	话题
三年级	上册	问候、颜色、身体部位、动物、食物、生日
	下册	学校、家庭、动物、方位、水果、数量

---

① [苏联]赞可夫:《教学与发展》,杜殿坤译,人民教育出版社2008年版,第198页。

续表

年级	册次	话题
四年级	上册	教室、文具、朋友、家、食物、亲人
四年级	下册	学校、时间、天气、农场、衣服、购物
五年级	上册	特征、周末、食物、能力、房间、公园
五年级	下册	上火、季节、日期、艺术表演、动物、行为规范
六年级	上册	方位、交通、计划、朋友、职业、情绪
六年级	下册	身高、周末、假日活动、改变

由此可见，从当前的教学现状、学生的身心发展特征、教材内容设计这几个角度来看，小学英语教学课堂中，主题活动的设计具有重要意义。它符合小学生的身心发展特征，与教材内容设计编排理念相契合，有利于改善当前小学英语教学"以教师为中心，学生能动性不足"的现状，促进学生的全面发展。因此，小学英语教师要重视主题活动的设计，立足于教材的内容与主题，着眼于学生身心发展特征，聚焦于英语学科核心素养，致力于帮助学生全身心、全方位地参与到课堂主题活动中，让学生"动"起来，让课堂"活"起来！

第二节 人种志研究

一、人种志

从词源学的角度来看，"人种志"（ethnography）一词源于希腊文"ethno"，意为种族、民族或人们，而"graphy"意为"传记"，因此，"人种志"可以理解为民族、种族或人们撰写传记。[①]

从社会学的角度而言，"人种志"兴起于19世纪末，最初用于

[①] 陈向明：《质的研究方法与社会科学研究》，教育科学出版社2000年版，第25页。

第七章
小学英语主题活动的人种志研究

人类学研究,也被译为"民族志""俗名志"。其发展历程主要呈现出广度发展与深度发展的显著特点。从广度发展来看,"人种志"自身理论得到不断发展与完善,并相继被运用到具体的实践当中,取得了一定的研究成果;从深度发展而言,随着"人种志"理论的不断完善与实践运用,该理论被逐渐运用到其他学科,呈现出与"人种志"学科交叉、融合,并在运用的过程中不断被改进的特点。

对于"人种志"的概念界定,不同的学者有不同的看法。Wolcott(1975)指出,"人种志"是人类学家阐述某个群体的生活方式的过程,是一门描述文化状态、过程的科学。[①] Creswell、Harris 认为,"人种志"是对某一特定文化、群体或制度的论述与说明,具体而言,是研究者对其行为习惯、生活方式以及风俗传统等实施持续性的考察与剖析的过程。[②] Peacock(1986)指出,"人种志"是对某一人群及其文化进行详尽、动态描述的研究方法,其目的是探索处于特定文化中人们的生活习惯、行为方式与价值观。[③] 我国台湾学者王文科认为,"人种志"既用于研究对象的观察,也用于研究资料的收集,是一项集"交互性"与"长期性"于一体的研究策略。[④] 杜文军也提出了自己的见解,他认为,"人种志"是人类学研究的主要方法,研究者在研究环境中进行长期的"田野工作",随后描述其研究过程中所观察到的现象和文化,进而对于某种现象的出现做出合理的解释或得出一定的推断结论。[⑤]

尽管学界对"人种志"的内涵表述不尽相同,但其呈现出来的本质趋于一致,即"人种志"是人类特有的一种研究方法。具体而

[①] [美]马尔库斯、米开尔:《作为文化批评的人类学》,费彻尔、王铭铭译,三联书店1998年版,第39页。

[②] [美]克利福德、马尔库斯:《写文化:民族志的诗学与政治学》,高丙中等译,商务印书馆2006年版,第6页。

[③] 张培:《语言教学研究中的人种志:研究手段与研究原则》,载《中国外语》2012年第2期,第100–104页。

[④] 王文科:《教育研究法》,台湾五南图书出版公司1990年版,第28页。

[⑤] 杜文军:《试论作为一种研究方法的课堂人种志》,载《民族教育研究》2009年第3期,第26–30页。

言，它是指研究者为了了解某一特定人群而融入他们的生活环境，对其生活进行详尽的描述和记录，继而得出一定结论的研究方法。"人种志"的研究过程称为"田野工作"或"田野研究"。在这个过程中，研究者的观察与记录亦称"田野记录"或"田野笔记"，研究者做出的分析与总结也称"田野日志"。"人种志"研究过程具备三个特性：第一，研究过程的持续性。研究者必须扎身于研究环境进行长时间的观察与研究。第二，研究过程的情境性。即研究资料须来源于"自然情境"，且研究对象须在真实的日常生活中。第三，研究过程的参与性。研究者要长时间居住在研究地区，与该地区人员保持密切联系，在这个过程中，研究者须掌握当地人的语言技能，获取当地人的思考方式，成为当地的一员。也就是说，研究者不仅是研究者，还是其中的参与者。

二、教育人种志

自"人种志"提出以来，该研究方法备受学界推崇，并被广泛地应用于其他领域，尤其在教育学科领域开创了新局面。自此，"教育人种志"（educational ethnography 或 ethnography in education）便作为一个新的教育研究方法应时而生。

"教育人种志"，顾名思义，是将"人种志"应用于"教育领域"，进而对教育领域中的某种特定的教育现象或教育问题进行描述和分析的策略方法。它从属于"人种志"，是"人种志"微观的研究范畴。具体而言，它就是在自然情景中（通常指某种"教育情境"），通过实地观察、访谈、体验等对教育现象或问题进行长时间的精细研究。教育人种志的核心要素仍然是"田野工作"，但其"田野"环境不是针对某一特定种族或民族，而是在教育教学的实践中。[①]

著名教育人类学学者冯增俊认为，"教育人种志"是教育人类学的主要研究方法，它契合了教育人类学的学科特点，体现了跨文化比

---

① 刘彦尊：《人种志方法在比较教育研究中的应用》，载《外国教育研究》2006年第9期，第31-36页。

较研究和实地研究的精髓与原理,其核心过程包括:参与观察、实地调查和客观描述。① 教育活动是一种情境性的活动,这与"人种志"的"情境性"特性相契合。因此,一旦忽视了对教育实践中具体情境的关注,其研究效果也会事倍功半。② "教育人种志"与"教育实验"及"教育调查"等实证研究的最大区别也是"教育人种志"的显著特征所在,即"教育人种志"强调研究过程的"情境性"与"参与性"。教育人种志研究要求研究者不能以旁观者的身份独立于研究对象的环境之外,而是要融入研究对象的团体内,"参与"他们的活动,尽可能避免对研究的情境的预设与偏见,"身临其境",以参与者的身份观察自然情景中发生的事情。③

三、课堂人种志

随着"教育人种志"的不断应用,近年来,该研究方法凭借其独特的优势在教育的微观领域产生了重要影响,学者们开始提出"到学校中研究""到课堂中研究"等新的概念。于是,教育理论研究者与教育实践工作者基于"教育人种志"对课堂教学进行观察、记录和研究,进而衍生出了"课堂人种志"这一研究术语及其一系列的科学合理的研究方法。

"课堂人种志",是指专门针对课堂活动及过程的研究,是"教育人种志"与"课堂教学"的结合,也是"教育人种志"微观化的体现。陶李刚、高耀明认为,课堂人种志研究发生在课堂中的教学活动中,以教师和学生个体行为的文化意蕴为前提,在课堂文化中对师生的行为互动以及该行为做出具体阐释。首先,它是描述性的,用于描述及记录课堂现象原始材料;其次,它还是解释性的,用于对所积

---

① 冯增俊:《教育人类学》,江苏教育出版社2001年版,第92页。
② 沈丽萍、王海兵:《西方教育人种志发展的四个阶段》,载《比较教育研究》2014年第1期,第65—69页。
③ 张永祥:《教育研究中人种志、叙事研究和行动研究之比较》,载《上海教育科研》2008年第5期,第7—10页。

累到的材料进行意义解释。① 王鉴将"课堂人种志"简称为"课堂志"。他认为,"课堂志"指的是教学研究者进入特定的教学场所中,对特定的教育过程、教育现象进行详尽的描述。因此,研究者须潜入课堂,直面教育现象,进而探究某种教育规律,或对某种教育现象进行合理的解释与说明,详尽透彻地描述、归纳和分析整个课堂活动实施,最后得到一定的教学经验或结论。也就是说,"课堂人种志"以课堂教学现象作为研究对象,观察那些有助于了解课堂文化或师生个体文化十分重要的内容,如课堂组织、课堂管理、教师专业发展、课程资源的开发、学生合作、师生互动及其关系等存在于课堂的各种现象、事件以及行为。②

"课堂人种志"的具体方法分为:观察法、深度访谈法和深描法。③ 首先,研究者观察课堂现象并将其呈现出来,在这个过程中,当研究者对某一教育现象产生疑问时,则与被研究者展开对话,剖析课堂现象产生的原因,探讨具体的解决方法,这就是深度访谈。深度访谈并不始终为观察而服务,在深度访谈的过程中,其产生的问题也需要通过参与观察来检验。因此,二者相互促进,相辅相成。在观察与访谈中,研究者基于观察和访谈的所得资料,分析和阐释课堂现象、课堂行为,揭露其背后呈现出来的社会文化内涵,这就是深描。

课堂人种志的实施过程主要包括三个步骤:资料收集与整理、资料浓缩与分析以及资料描述与撰写如图7-2所示。从图中可以看出,课堂人种志的实施过程是循环互动的,这也体现了研究过程的"长期性"。第一,资料收集与记录。即研究者进入教学课堂后,搜集并真实记录如备课笔记、教学日志等各种纪实性材料,尽可能还原教学

---

① 陶李刚、高耀明:《教育人种志研究的特征及其设计原则》,载《外国中小学教育》2004年第8期,第15-19页。

② 王鉴:《课堂志:回归教学生活的研究》,载《教育研究》2004年第1期,第79-85页。

③ [英]马凌诺夫斯基:《西太平洋的航海者》,梁永佳、李绍明译,华夏出版社2002年版,第7页。

的全过程。第二，资料浓缩与分析。在资料的收集与整理之后，研究者需按照一定的标准将初步整理的原始资料进行浓缩，通过各种不同的分析手段，将资料整理成一个有一定层次结构、条理清晰和内在联系明显的有意义系统。第三，资料描述与撰写。在资料分析与整理的基础上，研究者结合课堂活动全过程对研究结果进行描述并做出合理的解释。①

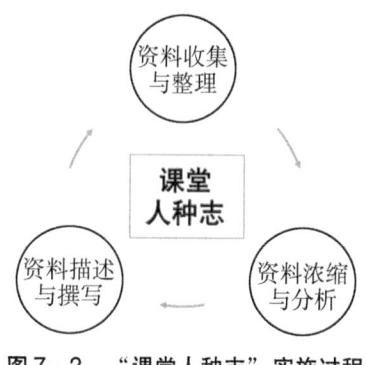

图7-2 "课堂人种志"实施过程

由此可见，"人种志""教育人种志"以及"课堂人种志"既不是一门学科，也不是一个研究领域，而是一种研究方法。三者既各有区别，又相互联系，是宏观与微观的关系（如图7-3所示）。从"人种志"到"教育人种志"，再到"课堂人种志"，是"人种志"研究理念不断广泛运用的横向发展过程，也是"人种志"研究范畴逐步微观化的纵向发展体现。

---

① 桑国元、于开莲：《基于人种志视角的课堂观察理论与实践》，载《中国教育学刊》2007年第5期，第48-51页。

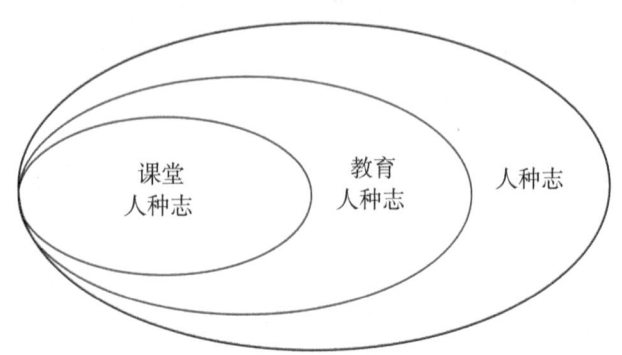

图7-3 "人种志""教育人种志"及"课堂人种志"层次关系

第三节 基于"人种志"的小学英语主题活动案例分析与思考

小学英语课堂主题活动的设计建立在对教材与教学对象充分了解的基础之上,其过程具备复杂性与特殊性,这就要求课堂研究者与实践者有足够密切的联系与沟通。然而,当前绝大多数英语教育研究者与英语教育实践者是相互独立的,从而导致了理论脱离实践的现实状况,其研究结论的客观性与科学性亦有待进一步验证。"人种志"研究为课堂研究者与课堂实践者搭建了"桥梁",为课堂教学研究结果的可靠性奠定了基础。在这个过程中,教师不仅是研究者,还是参与者。即教师深入小学英语课堂教学的自然情景中,为特定的教学过程进行详尽的描述与分析,进而得出教学经验。将"人种志"应用于小学英语教学领域既是对该理论的补充,也是小学英语课堂教学的创新,应用"人种志"的观察法和深描法,可以帮助教师近距离或零距离知悉小学英语课堂的真实样态,通过记录和分析教学活动全过程,分析其背后的教育现象,总结教育规律,为小学英语课堂主题活动设计提供新的思路和路径。

为了更好地提升小学英语课堂效率,推动构建活力优质的小学英语课堂，笔者对所教授的小学英语课堂进行了"人种志研究"，即"课堂田野研究"，并从中选出4节典型的英语课堂案例进行描述与分析，即"课堂田野日志"，进而探讨小学英语主题活动设计思路，为小学英语主题活动的设计提供新范式。

在"课堂田野研究"之前，笔者对班上所有学生的学习情况及生活情况进行了深入的了解。该班共有36名学生，其中男生19名，女生17名，学生均就读于三年级第一学期。在生活上，班上大部分同学来自经商家庭，家庭经济状况良好，父母相处和谐，家庭氛围良好，为学生们快速融入班集体、进入学习状态奠定了基础。在学习上，学生的英语整体水平中等，英语学习兴趣一般。学生使用的教材为人教版小学英语教材，该教材的知识内容与新《课标》的教育理念相契合，单元主题明确，图文并茂，符合学生的年龄特征和身心发展特点。

有效的主题活动不仅可以促进学生课堂参与，激发学生的思维，还能帮助学生培养积极的情感态度，将英语课堂效率最大化。在"课堂田野研究"的过程中，笔者既是研究者，也是参与者。现将呈现笔者在"课堂田野研究"过程中所记录的4节典型的英语教学课堂，试图探讨小学英语主题活动的设计思路与策略方法。

一、学科融合，小学英语主题活动融整化

新《课标》明确提出：英语教学活动应积极促进英语学科和其他学科间的相互渗透，帮助提升学生的思维和想象力、审美情趣和艺术感受、协作和创新精神等综合素质，此外，小学阶段的学生要达到的二级目标中包含了如数字、颜色、服装、节日、天气、朋友等话题要求，这些都与其他学科有密不可分的联系。[①] 因此，新时代的小学英语教育要落实新阶段基础教育改革的新理念、新方法，加快学科融合教育发展的步伐，推动小学英语教学的高质量发展。学科融合是指

---

① 中华人民共和国教育部：《义务教育英语课程标准（2022年版）》，北京师范大学出版社2022年版，第6-11页。

在尊重各学科差异的前提下，打破学科界限，促进学科间知识的相互渗透。在素质教育背景下，实现多学科的有效融合既是时代教育的主流趋势，也是现代教育改革的必然趋势。英语是一门语言类课程，其最大的特点在于语言知识跨度大、学科涉及度广。小学是英语学习的触及阶段，对小学阶段的学生来说，采用跨学科主题活动，能帮助学生知识学习的融会贯通，促进知识结构的完整化和体系化。

[案例1]

本节课选自人教版小学英语教材 Unit 2，主题为"colors"，学生重点掌握各种不同颜色如"yellow""green""red"等；能学会运用"I see""show me …"等句型；能辨别色彩，发现生活的美。下面是整节课的教学过程。

Step 1（Greeting）

T：Good morning, boys and girls.

Ss：Good morning!

T：Nice to meet you!

Ss：Nice to meet you, too!

T：How are you?

Ss：I am fine, thank you, and you?

T：I am good.

Step 2（Warm up）

Let's Chant!

Teacher has a chant with students. (Teacher does a demo first, and then sing together with students.)

Rainbow

Red and yellow and pink and green;

Purple and orange and blue;

I can sing a rainbow, sing a rainbow.

Step 3（Presentation）

T：Boys and girls, what can you see? (Teacher shows a picture of rainbow to students.)

Some students answer it in Chinese (彩虹), some students answer it in English (rainbow).

T: What color is it? (Teacher points to the different colors of the rainbow.)

Student A: It's blue.

T: Yes, it's blue, do you like blue?

Ss: Yes.

T: OK, and how about this one? Can you tell me what color is it? (Teacher asks one student.)

Student B: It's green.

Step 4 (Practice)

Color the rabbit!

T: Look! What's this?

Ss: It's a rabbit.

T: Yes, but now it is a rabbit without color, can you try to color the rabbit? (Teacher colors the rabbit.)

T: It's a white rabbit.

Students try to color the rabbit the way they like, and say out the sentences:

Color the rabbit. It's a purple/red/green rabbit.

Step 5 (Consolidation)

Pair work.

Teacher gives students cards with different colors, asks students and their peers use sentence patterns "show me" to do the pair work.

(Teacher does the demo first, students would be invited to present later.)

T: Show me brown/green ... (do the action)

Students do the pair work with their peers.

Step 6 (Homework)

Draw an animal and color it, then introduce it to your parents.

本节课的主题为"颜色",主要采取了学科融合的主题活动。例如,在 Step 1 "Greeting"中,学生可以接触到"Good morning" "Nice to meet you" "How are you"等日常的交际礼貌用语,在问候的过程中,学生也接受了思想品德教育,学习从小养成文明礼貌的行为习惯。在 Step 2 中,设计了"Chant"活动,是英语与音乐结合的跨学科主题活动,彩虹歌谣包含了大量单元主题词,通过歌谣的欢唱,不仅能够调动学生的情绪,还能帮助学生在无意识情况下习得英语知识。Step 4 "Color the rabbit"中,在对各种颜色进行学习后,引导学生根据自己的喜好给兔子上色,并尝试用英语表达上色过程以及最终成品。在 Step 6 "Homework"中,学生需要画出自己喜欢的动物,给动物上色,并向父母介绍自己的成品。这两个环节很好地将美术学科与英语学科融合起来,不仅能够提高学生的兴趣,还能培养学生认识美、发现美和创造美的能力。

由此可见,英语是一门融合性很强的学科,为其跨学科整合式教学提供了途径。小学英语主题活动设计应有效利用教材中可挖掘的"学科融合"因素,聚焦语言相通性,打破学科边界,探索英语学科与其他各学科的相互融合的切入点,设计跨学科英语主题活动,促进学科间相互渗透。在主题活动设计前,教师应充分研究教材,分析教材前后关系,对单元整体内容进行适当拓展与补充,将思想品德、音乐、美术、体育等不同学科融入小学英语课堂主题活动中,多方位、多层次提升学生的综合素质,促进学生的全面发展。基于此,本节提出了 7 个学科融合侧面。

(一)与语文学科结合,聚焦文学素养

英语与语文同属语言系学科,二者在语言方面相通性极强,在教学上具备相通性。因此,将英语学科与语文学科结合起来,能够引导学生更好地把握主题意义,帮助学生提升文学素养,让小学英语课堂更具实效。例如,教师可以让学生将语文课本中的《小马过河》《狼和小羊》等语篇改编为英语戏剧进行角色扮演,或充分利用语文绘本中的寓言故事等进行辅助教学等。

（二）与数学学科结合，促发高阶思维

数学学科强调逻辑思维与空间思维，不难看出，英语学科中渗透着许多数学学科元素，二者有着密不可分的联系。如三年级下册 Unit 4 "Where is my car?"，强调方位；Unit 6 "How many"，强调数量；四年级下册 Unit 2 "What time is it?"，强调时间；Unit 6 "Shopping"，强调计算。五年级下册 Unit 4 中要求学生掌握日期的提问与回答（When is …? It's on …），教师可以让学生利用"When is your birthday? It's on …"来调查全班同学的生日，统计同学生日在哪个月居多、哪个月最少，并利用统计到的数据进行汇报，巧妙将英语学科与数学学科融合起来，帮助学生在适切的思维训练中发展推理分析能力，为培养学生的高阶逻辑思维奠定基础。

（三）与美术学科结合，陶冶艺术情操

美术是视觉的艺术，其特质在于可视可感的形象性。在英语教育中渗透美育，是拓宽英语学科内涵的重要路径。例如在讲到"颜色"主题时，如人教版三年级上册 Unit 2 "Colors"，教师可以鼓励学生动手"调制"出自己喜欢的色彩，画出自己喜欢的动物，并给动物"上色"；在讲到"生日"主题时，如三年级上册 Unit 6 Happy Birthday，教师可以让学生在课堂上制作生日贺卡、生日派对邀请卡等；在讲到"生活"主题时，如四年级上册 Unit 4 My home，教师可以让学生根据自己的房子制作海报等。英语与美术课程的融合开创了学生的思维，让单一的教学主题多元化、特色化。

（四）与音乐学科结合，提升艺术修养

音乐作为一门艺术学科，对人的情绪有放松、享受、宣泄等调节作用。人教版小学英语教材中，三至四年级的教材都安排了与主题贴合的"Chant"板块内容，旨在营造浓厚的良好的学习氛围，充分调动学生的学习热情。例如，在三年级下册 Unit 2 的"The man is my father, tall, tall, tall; The woman is my mother, not so tall …"可以看

到，音乐具有突出的节奏韵律，歌词朗朗上口，学生欢唱的过程正是知识学习的过程。因此，在教学的过程中，教师可以将"let's chant"环节调整至课堂的开始，即导入环节，学生一边听着音乐节奏一边拍手跟唱，也可以一边欢唱一边做动作，变枯燥为生动，变乏味为有趣，让学生在轻松愉悦的环境中获取知识，收获成长。

（五）与体育学科结合，提高健康素质

体育学科意在培养学生主动锻炼的意识，提升学生身体素质。例如，四年级下册 Unit 2 What time is it?，为了更好地帮助学生掌握时间的询问与回答，教师可以引入体育课中的"传球活动"，学生以小组为单位进行传球，学生将球扔至另一名同学，扔球的学生询问"What time is it?"，接球的同学需要在 10 秒钟内回答出"It's + 具体的时间"。再如，五年级上册 Unit 4 What can you do? 中，涉及了"Ping Pong"等体育运动，教师可以尝试将本节课在室外进行，体验式和情境化的课堂能让学生更好地融入课堂，促进语言学习效果的最大化。

（六）与科学学科结合，培育科学素养

科学学科强调的是知识、方法、态度及精神。小学英语教材中"人与自然"的主题单元便为英语学科与科学学科相互融合提供了契机。例如，四年级下册 Unit 3 Weather，讲述的是"rainy""cloudy""sunny"等不同的天气，五年级下册 Unit 2 My favorite season，讲述的是"spring""summer""autumn""winter"不同季节。但是，在授课过程中，教师不应止步于文本材料的知识点，而应注重引导学生关注环境中的自然现象，与学生共同探讨不同天气、不同季节形成的原因、过程等科学现象，将科学知识巧妙迁移至英语课堂，将科学精神植根于学生的心灵。

（七）与思想品德学科结合，致力于立德树人

思想品德教育是践行素质教育的重要途径，如何在英语教育中渗

透思想品德教育，是每一位英语教师都应该思考的问题。例如，五年级下册 Unit 4 When is the art show? 中涉及了不同节日，包括传统节日"母亲节"与西方节日"复活节"，那么，教师在授课过程中，首先要有意识地对学生进行爱的教育，教会学生懂得关怀、学会感恩；其次要对学生进行文化教育，帮助学生了解不同节日文化，学会尊重文化差异；最后要对学生进行爱国主义教育，引导学生对中国传统节日的认知，激发学生对中华民族文化的热爱，坚定文化自信。

二、妙用游戏，小学英语主题活动趣味化

公元前300年左右，古希腊哲学家柏拉图提出要寓"游戏"于"学习"，即游戏教学法。该教学法是指在教学过程中，借助游戏将枯燥的语言知识转变成学生乐于接受的、生动有趣的教学活动，为学生创造丰富的、趣味性的语言交际情境，使学生在玩中学、学中玩。德国教育学家福禄贝尔认为："游戏是儿童活动的特点，通过游戏，儿童的内心活动和内心生活变为独立、自主的外部表现，从而获得愉快、自由和满足，并保持内在与外在的平衡。"儿童游戏往往伴随着语言的表达，这有利于儿童语言的发展。[1] 在具体的游戏课程中，学习者通过语言能够在活动中得到充分的运用。[2] 随着现代教育理念的不断发展，人们开始确切认识到传统教学的弊端，对游戏教学等新型教学法也开始有了全新的认知，游戏主题活动符合小学阶段学生的身心发展特点和认知发展规律，对提升学生课堂参与性与主动性具有直接的促进作用，因此，突破传统教学模式的限制，有效实施游戏教学主题活动是小学英语教学改革的一大趋势。

[案例2]

本节课选自人教版小学英语教材 Unit 3，主题为"Look at me"，要求学生重点认识"eye""nose""ear""mouth"等身体不同部位，

---

[1] 冯增俊、王进军等：《综合英语教学模式概论》，广东人民出版社2006年版，第190页。

[2] BYRNE. *Leaner-based Teaching*. Oxford University Press, 1995：12.

能听懂指示用语并做出相应动作，能向他人介绍自己的身体部位。下面是整节课的教学过程。

Step 1 (Greeting)

T: Hello, good afternoon, boys and girls.

Ss: Good afternoon, teacher!

T: How are you today?

Student A: I am fine, thank you, and you?

T: I am good.

Student B: I am OK.

Step 2 (Warm up)

Let's Chant!

T: Do you want to sing a song?

Ss: Yes.

T: All right. Let's go!

Teacher sings with actions together with students.

(Teacher does a demo first, and then sings together with students.)

Head, head, nod your head.

Eyes, eyes, open your eyes.

Ears, ears, touch your ears.

Hands, hands, clap your hands.

Legs, legs, shake your legs.

Step 3 (Presentation)

T: boys and girls, what can you see? (Teacher shows students a picture of Bear.)

Student A: A bear.

T: Yes, you are right, the bear is talking, now let us listen what the bear is talking.

The teacher plays a video of a little bear and introduces its body parts. (This is my ear/eye/nose ...)

Students learn different body parts through the video.

Step 4 (Practice)

Rapid Action Star!

T: Now how about playing a game?

Ss: Wow! (Students are very excited.)

Teacher divides the students into 4 groups, and a bear without facial features is presented on the screen, then different parts of the body such as "nose" "ears" and "mouth" appear quickly in turn. Students quickly respond when they see it. (1 point is added for correct answers. The group with the most points wins.)

T: Now the little bear will say "This is my ...", and you guys try to answer it quickly according to the screen, are you ready? (Teacher does the demo first.)

Ss: Yes!

Bear: This is my ... (Screen shows a bear with ears.)

Student A: Ear

T: Ear or ears?

Student A: Ears.

Bear: This is my ... (Screen shows a bear with mouth.)

Student B: Mouth, mouth!

Bear: This is my ... (Screen shows a bear with eyes.)

Student C: Eyes.

T: Thank you so much, now the little bear has eyes, nose, mouth, ears and so on.

Step 5 (Consolidation)

Turntable game!

Turntable prepares a turntable on which different parts of the body are drawn.

Students turn the turntable voluntarily, then speak it out in English.

T: Who want to play the game?

Ss: Me! Me! Me!

I say, you act!

Teacher asks the students to play the game "I say, you act" with their peers. That is, one says the action, and the other acts it out, such as:

Clap your hands/Touch your head/Wave your arms/Shake your legs …

(Teacher does the demo first, and students play the game later.)

Step 6（Homework）

Draw an animal and introduce its body to your parents.

本课主题为"身体部位",主要采取了游戏作为主题活动。例如,在 Step 4 Rapid Action Star 中,学生以小组为单位进行竞赛游戏,学生需要在看到图片后立刻抢答,在最短的时间内说出正确答案的小组奖励一颗星星,最终获取最多星星的小组即为获胜小组。抢答游戏能够有效活跃课堂氛围,提升学生的专注力。学生通过游戏快速反应并说出"mouth""ear""eyes"等主题相关词汇,图文结合与词汇复现方式大大加深了学生的词汇记忆。再如,在 Step 5 中,学生首先进行"Turntable game",教师提前准备好一个转盘,转盘每一格画着不同的身体部位,学生开始转转盘,转盘停止落到哪一处身体部位,学生则将上面的身体部位用英文表述出来。随后,学生进入"I say,you act!"环节,教师提前准备好不同的图片,如"摸摸鼻子""拍拍手掌""抖抖双腿"等,两位同学为一组,一位同学做动作,另一位同学猜出动作并用英语说出来。在游戏的过程中,学生的情绪高涨,当教师问到"Who want to play the game?"时,学生们争先恐后,跃跃欲试,课堂气氛达到高潮。游戏主题活动将知识性、趣味性与实践性融为一体,激发了学生的学习兴趣,为本节课注入新的活力,学生寓学于乐,达到了较好的教学效果。

小学低段的学生活泼好动,注意力持续时间短,且正处于具体运算阶段,他们对游戏有了初步的认知,能够遵守游戏规则,并认识到了规则的重要性。因此,游戏主题活动符合学生的年龄特征,在提升学生学习热情的同时,还培养了学生的规则意识,为日后良好的人际交往能力奠定了基础。轻松的游戏氛围能够让小学生更好地学习知识、收获成长。基于此，将游戏元素融于小学英语主题活动是一种新的教学思路，教师应基于教材和学情选择合适的游戏内容，通过设置不同形式的游戏，引导学生在游戏中学习，在快乐中学习。

小学英语教学中开展游戏主题活动教学应把握以下三个原则：第一，目标性原则。教育游戏是辅助教学的手段，不是最终教学目的，课堂上的游戏主题活动要围绕教材而设计，始终为教学目标服务，不能与教育的本质背道而驰。第二，交互性原则。教师作为游戏主导者，要在游戏过程中关注每个学生，当学生出现错误的时候应及时纠正，游戏全程以鼓励为主，学生们遇到困难要及时给予帮助和指导。第三，启发性原则。教育游戏的重点在于教育。在备课的过程中，要基于教材内容设计启发性的益智游戏，在上课的过程中，巧妙地通过问题等启发学生们，引导学生们主动探索知识。

小学英语课堂游戏丰富多彩，可以是竞赛型游戏，如抢答王，也可以是趣味型游戏，如传声筒、大小声、魔术盒等等。教师要根据教材内容，基于学生的年龄特征与身心发展特点进行设计，让学生不再感到学英语是枯燥的，让他们感到英语课上"我能说""我能演""我会做""我会玩"，从"要我学"到"我要学"，给他们带来欢乐、带来兴趣、带来自信、带来动力、带来成就感。下面是为小学英语提供的可参考的不同游戏主题活动：

（1）15 Questions：教师准备主题系列的卡片，学生通过向教师提问15个问题及教师的回答猜测教师卡片的内容。如本节课的主题为"水果"，教师可以准备"苹果""雪梨""西瓜"等与主题相关的图片，学生可以询问："What color is it？""What does it taste？"等问题来猜测是什么水果。该游戏可以是集体活动，也可以以小组为单位进行，组内合作，组外竞争，猜中一个卡片得一分，在规定时间内得分最高的小组获胜。

（2）Carrot Squat：每个学生扮演一个角色，如动物（带上相应头饰），老师先说一种动物，如"mouse 蹲"，扮演"mouse"的学生要边蹲边说"mouse 蹲，mouse 蹲，mouse 蹲完……"，此时这名学生可以任意指定其他动物，如"mouse 蹲完 rabbit 蹲"，这时，扮演

"rabbit"的同学重复上一位同学的操作。说错的同学要接受相应的惩罚被淘汰,剩下的同学继续游戏,直到选出游戏的获胜者。

(3) Who Am I:教师邀请一位学生上台并背对全班,下面的同学开始变声说句子,台上同学猜测说话的同学是谁,该游戏适合对"She is … /He is …"句型的操练。

(4) Follow Distraction:教师播放音频,学生根据听到的音频在地图上标记路线图,之后邀请学生向全班展示并介绍自己的路线图。该游戏对小学低年级的学生来说难度较高,因此更适合小学高年级的英语课堂。

(5) Make a Sentence:每位学生写一个句子,教师将一个句子用两张纸条呈现出来,并把纸条全部放到一个箱子里,随后让学生随意抽取两张纸条。拿到纸条的学生需要通过与其他同学的交流来获取信息,补全原始故事。

(6) I Do, You Act:教师准备与本节课主题相关的图片,学生以两人或者小组为单位,一位同学根据图片表演动作,另一位同学或者小组内剩下的同学根据表演进行猜测,猜中的同学或者小组得到相应的奖励。

(7) Magic Box:教师将本节课主题相关的单词或句子做成卡片放到箱子(魔术盒)中,学生自愿上台抽取,学生抽取卡片后,需要大声将卡片上的单词、内容等用英文讲述出来。

(8) Whispers:教师以组为单位进行传话,每个小组有不同的传话内容与任务,可以是一个单词、一个短语或者一个句子。最后一位同学将传话的内容大声说出来,在最短时间内说出正确传话内容的小组获胜。

(9) High and Low Voice:教师带领学生朗读。如果教师小声读,学生就要大声读,反之,如果教师大声读,学生则小声读。老师可以在黑板上画"定时炸弹",一个是学生的,学生读对了,就擦掉老师的引线,学生读错了,则擦掉他们的引线。每个炸弹带有5条引线,当引线全部被擦除时,炸弹将会爆炸。

(10) Read in Groups:教师将阅读材料切分几个部分,并将学生分成若干小组（4～6人，可根据文章内容而定），每位学生在规定的时间内阅读指定的部分，阅读结束后，各小组将自己的故事进行拼接汇报表演。

（11）Turntable Game：教师提前准备好一个转盘，转盘每一格画着与主题相关的内容，如"水果"主题，转盘上画满不同的水果。学生开始转转盘，当转盘停止时，指针落到哪一处，学生则将上面的内容用英文表述出来。

（12）Find Differences：学生首先自主阅读材料，教师引导学生根据文章内容设置题目，教师可先给出例子，做示范，题目设置结束后，学生将自己设置的题目与原文题目对比找差异。

三、绘本迁移，小学英语主题活动多元化

新《课标》中提出，英语教师要拓宽课程资源，多渠道发掘并利用教材以外的有用的教学素材，丰富小学英语教学课堂，提升学生习得效果。"课程总体目标"的"描述部分"以及"分项语言技能总体目标描述"中对小学阶段的学生也提出了明确的阅读要求，即"能听懂和读懂简单的小故事"[①]。因此，在小学英语课堂上，选取符合学生身心发展特征的绘本阅读教学素材，开展绘本主题活动教学，契合新《课标》的教育理念，符合小学英语学习者的认知规律，满足小学阶段学生对语言学习的需要。英文绘本的插画丰富，类型多样，主题贴近学生日常生活，与教材内容相得益彰。在作为教材补充的同时，绘本有其独特的优势：其一，绘本的趣味性更强，与教科书中的故事相比，绘本故事更完整且更加趣味化，易于调动孩子的阅读兴趣。其二，绘本的故事主题更加多元，涵盖了包括亲情、友情、科普、名著等故事内容，作为英语课本的补充和延伸，它不仅能够发散学生的思维，拓宽学生的视野，还能很好地培养学生的英语学习兴趣，对发展学生英语阅读能力和创新意识有着重要作用，是达到课程

---

① 中华人民共和国教育部：《义务教育英语课程标准（2022年版）》，北京师范大学出版社2022年版，第6-11页。

目标的辅助性资源。

［案例3］

本节课选自人教版小学英语教材 Unit 4，主题为"We Love Animals"，本课主要借助绘本 Brown Bear 辅助教学，要求学生掌握不同动物的单词如"cat""dog"等，提高动物保护意识，学会保护动物。下面是整节课的教学过程。

Step 1（Greeting）

T：Good afternoon, boys and girls.

Ss：Good afternoon, teacher!

T：How are you today?

Student A：I am fine, thank you, and you?

T：I am good.

Student B：I am OK.

Step 2（Warm up）

Video Time

Teacher plays animal sounds and students guess what animal it is.

T：Can you guess what animal it is?

Ss：Duck!

T：Yes, it's a duck. (Teacher shows the picture of duck.) And can you tell me what color it is?

Ss：Yellow.

T：All right, it's a yellow duck (Students have learnt the color before.) You are so smart.

T：So now, what can you hear? What animal is it?

Students try to guess the animal they heard.

Teacher leads the picture book Brown Bear to the students.

T：Now boys and girls, look at this, what can you see?

Ss：Bear.

T：Yes. What color is it? What is he doing?

Ss：Brown.

T: Yes. It's a brown bear; maybe he is looking for food, right?

Ss: Yes!

Step 3 (Presentation)

Picture Book Listening

Teacher plays the original audio of the picture book.

T: Now, we come to bear's home, and there are so many friends here, and they are talking something. Do you want to know what they are talking about? Let's listen!

Students listen to the audio carefully.

Step 4 (Practice)

Picture Book Reading

Students read the picture book and answer the questions.

T: What do you see?

Student A: I see a duck.

Student B: I see a bird.

Student C: I see a cat.

T: Who is looking at the bear?

Student D: The cat.

T: Are you sure?

Student E: It's the bird.

T: Yes, you are right, and who is looking at the sheep?

Student F: The fish.

T: Yes, the goldfish is looking at the sheep. (Teacher shows the color of gold.)

Step 5 (Consolidation)

Picture Book Performance

Students act out the picture book.

Teacher takes out the headsets prepared, wears it on and does the demo first.

T: Now who want to be the bear/cat/bird/duck/dog ...?

Ss: Me, Me, Me!

Teacher chooses six students to perform the picture book.

Teacher praises the students who performed and encouraged the others participate in next time.

Step 6 (Homework)

Draw an animal picture and introduce to your partners.

  本课主题为"动物",主要采取了绘本教学主题活动,将教材内容与绘本内容相互融合,有助于提升学生的认知水平,深化情感体验。首先,绘本 *Brown Bear* 与教材的动物主题"animal"相契合,绘本中的动物呈现出不同的颜色,有助于学生对前面学习过的"颜色"进行复习,绘本中穿插了"What do you see? I see ... looking at me"的句型,能够有效帮助学生认识和判断方位,提升学生的认知水平与能力。绘本中的人物说"... and a teacher looking at us. That's what we see"体现了绘本与学生的真实生活联系在一起,这既是教材内容的延伸,又是学生生活的重现。在本节课中,学生从绘本细听(Step 3)、绘本通读(Step 4)到绘本表演(Step 5)及绘本的制作(Step 6)的过程,也是学生认识动物,喜爱动物,到提升保护动物的意识与能力的过程。

  由此可以看出,借助绘本进行小学英语主题活动教学具有重要意义。首先,绘本具有故事性。英文绘本通过图文并茂的形式讲述故事。在故事里,学生可以充分发挥自己的想象力,遨游在充满趣味的知识海洋里,达到共情的效果。其次,绘本具有直观性。英文绘本的内容多以图片表达为主,非常直观和生动,学生们在阅读绘本过程中能获得较为真实的阅读体验。最后,绘本具有情感性。小学阶段的学生在情感的认知能力上还未成熟,借助绘本可以对故事内容进行更多维度、更高层次的理解,融"绘"贯通,情感体验效果更佳。

  绘本主题活动的整合教学中,要坚持以教材为主、绘本为辅的原则,要把绘本视为教材内容的补充和延伸,并基于教材内容和学生水平设计绘本英语主题活动,提升学生的核心素养。[①] 在教学的过程中,教师以绘本故事为教学载体,呈现绘本故事中的人物事件、自然现象等元素。绘本的选择要注意,一方面,要选择符合学生理解能力的绘本。小学生的理解能力较差,如果绘本内容过于晦涩难懂,不利于学生对内容的理解和兴趣的培养,绘本便失去了其真正意义。因此,对学生水平的了解是绘本主题活动设计的前提,选用与教材相匹配的绘本和读物,使学生们能够从阅读中体会知识的灵活运用与表达。另一方面,要选择较为贴近学生实际生活的绘本。如教师可以选择一些故事情节与学生生活贴近的、故事主人公为学生所熟悉的英文绘本,这样一来,学生们在阅读的过程中,会产生阅读亲切感,理解起来也更加容易。

小学英语绘本主题活动主要可以分为以下5个步骤。

(一)扫——带着想象进入绘本

"扫",是指"扫封面"。在绘本教学之前,教师先带领学生对绘本的封面进行扫读,通过"读图"的方式激活学生的背景知识和已有认知,激发学生的学习兴趣。具体而言,教师要引导学生关注封面的绘本的题目及插图,询问学生该封面有哪些人物,人物在做什么,还可以利用"头脑风暴法"激发学生的封面联想,邀请学生模仿封面人物的动作,充分调动学生的感官参与和课堂气氛。

(二)听——带着期待听读绘本

听,即对绘本内容的细听。阅读前的"语音激活"对读者辨别单词读音和理解阅读内容具有关键作用。因此,在阅读文本之前,教师可以先播放绘本配套的音频、视频或动画,帮助学生建立声音、文字与图像之间的联系,为学生接下来的绘本阅读、绘本表演等做铺垫。

[①] 王蕾、敖娜仁图雅:《中小学英语绘本教学的途径与方法》,载《课程·教材·教法》2017年第4期,第68–73页。

(三) 读——带着问题理解绘本

读,即"通读绘本"。文本的研读是绘本教学的核心。在阅读之前,教师可以基于文本设置"i+1"的"问题链",让学生进行片段式阅读。在阅读的过程中,随着故事情节的发展,教师需"巧设停顿",给学生抛出开放性的问题,让学生与同伴或者小组成员进行交流与讨论,帮助学生更加全面和细致地理解文本材料。但需要注意的是,文本的解读不能仅限于词汇、短语、句型等知识内容,还要关注文本的情感态度和育人价值,聚焦学生的学科核心素养。

(四) 演——带着感情演绎绘本

"演",顾名思义,即"表演"或"角色扮演"。绘本的演绎既是课堂知识的巩固,又是课堂效果的检验。在进行表演之前,教师要先给学生做示范,让学生明白要做什么、该怎么做。在表演的过程中,要以鼓励性原则为主,学生在教师的指导下声情并茂地演绎绘本,通过模仿、体验、参与,加深对语言材料的印象,提升学生的语言表达能力。

(五) 作——带着欣赏制作绘本

"作",是绘本教学的最后环节,也是绘本教学的关键一步,是指"制作绘本",该活动通常安排在"课后作业"环节,绘本的制作是学生学以致用、巩固迁移的体现。学生在制作的过程中,充分调动了手、眼、脑等多种感官,其想象力和创造力都得到最大程度的发展。

四、巧创情境,小学英语主题活动生活化

建构主义学习理论认为,学习者在一定的情境中主动构建知识的过程,才称之为有意义的学习。[①] 著名教育学家夸美纽斯曾经说过:

[①] FOSNOT C T. *Constructivism*: *Theory*, *Perspectives*, *and Practice*. Teachers College Press, 1996: 178.

一切知识都是从感官开始的，语言必须在一定的语言的环境下或氛围中才能完全习得。新《课标》中也对"情境学习"做出了明确的要求，强调语言学习的实践性，提倡采用既强调语言学习过程又有利于提高学生学习成效的语言教学途径和方法，主张学生在语境中接触、体验和理解真实语言，为学生创造在真实语境中运用语言的机会。[①]情景教学再现了学生的生活情境，还原了语言环境的完整性，学生沉浸在语言环境中，潜移默化地习得知识。因此，创设真实有效的课堂情境对构建高效英语课堂具有关键性的作用。成功的外语课堂教学应尽可能创设更多的情境，增强学生的态度体验，让学生有机会运用已学到的语言材料，既能活跃课堂气氛，激发学生的学习兴趣，又能帮助学生获取语言知识和技能，培养学生的思维能力和想象能力，当学生沉入语言环境，深度学习便呼之欲出。

[案例4]

本节课选自人教版小学英语教材 Unit 6，主题为"Happy birthday"，要求学生重点掌握与生日相关的单词，如"gift""candles""cake"；学会相关表达"Happy birthday, thank you! How old are you? I am … years old"等；能用英文向他人表示生日祝贺。下面是整节课的教学过程。

Step 1（Greeting）

T: Good morning, boys and girls.

Ss: Good morning, teacher!

T: How are you today?

Ss: I am fine, thank you, and you?

T: I am well.

T: How old are you?（Teacher asks one of the students.）

Student A: Nine（The student thinks for a moment.）

T: OK, I see, and you?（Teacher turns to another student.）

Student B: I am ten years old.

---

① 中华人民共和国教育部：《义务教育英语课程标准（2022年版）》，北京师范大学出版社2022年版，第3页。

T: Very good, thank you!

Step 2 (Warm up)

Video Time

T: How about watching a video first?

Ss: Yes!

Teacher plays a birthday video (Marvin's Birthday) to students. Students watch the video.

T: Did you enjoy the video just now?

Ss: Yes! (The students are very excited.)

T: What can you see in this video? (Teacher shows a picture from the video.)

Ss: Cake … candies … 蜡烛 (Some student answers it in Chinese.)

T: Yes, you mean candles, right?

T: So, whose birthday is this video?

Ss: Lily!

T: Yes, so we need to say …

Ss: Happy birthday.

T: Good job, we need to say "Happy birthday" to Lily.

Step 3 (Presentation)

Teacher shows the prepared gifts, birthday cakes, candles, candies etc.

T: What is this?

Ss: Cake.

T: Yes, it's a birthday cake, and what is this?

Ss: Candles.

T: Good, very good, and how many candles are there?

Ss: There are seven.

T: Do you know what they are used for?

Students can not answer.

Teacher shows a picture of birthday party on the screen, and asks the question again.

T: Now do you know what they are used for?

Ss answer the question together: Birthday.

T: Good job, it's for birthday.

Step 4 (Practice)

Welcome to Peppa Pig's Birthday Party!

Teacher creates a situation of Peppa pig's birthday. (Teacher shows the picture on the screen.)

T: What can you see?

Student A: Peppa Pig.

Student B: I can see a cake.

Student C: I can see a gift.

T: Yes, today is Peppa's birthday. Do you want to come to his birthday party?

Ss: Yes!

T: OK, how many people are there?

Student A: One, two, three … There are five. (Students count the number.)

T: OK, who is he? (teacher points to George.)

Ss: George.

T: You are so smart, he is Peppa's …

Ss: Brother.

T: Good job, he is Peppa's brother.

T: How old is Peppa? Can you guess?

Ss: Six … Seven … Ten …

Step 5 (Consolidation)

Role Play

Teacher guides students to master the birthday-related language points through role-play.

T: Well, who want to be Peppa/ Mummy/ Daddy/ Baker/ Gorge? (Teacher takes out the headsets.)

Ss: Me, Me, Me! (Students raise their hands with strong emotion.)

After the roles are assigned, students begin to role-play.

Mummy, Daddy, Gorge, Baker: Surprise! Happy Birthday!

Peppa: Wow! thank you so much, I love you!

Mummy: Here's the gift.

Peppa: Thank you, mom.

Baker: How old are you?

Peppa: I am six years old, and you?

Baker: Oh, I am seven years old, here's your gift.

Peppa: Thank you! I have two gifts. Let's eat the cake.

Step 6 (Homework)

Celebrate birthdays for your friends or family.

本课主题为"生日",主要采取了情境教学主题活动,将教材主题"birthday"与视频、实物、表演等情境相结合。如Step 2 Warm up环节,利用多媒体播放了动画视频"Marvin's birthday",为学生提供了生日的"视频情境",视频情境不仅自然地过渡到本课的主题,还有效地激发了学生的背景知识和学习兴趣。Step 3 Presentation 环节,教师对主题相关的如"蛋糕""蜡烛""礼物"等实物进行展示,营造了"实物情境",实物展示的过程中,学生将单词"cake""candle""gift"等单词分别与实物"蛋糕""蜡烛""礼物"联系在一起,进而对"birthday"概念有了更加深入透彻的理解。Step 4 Practice 环节,教师创造了"小猪佩奇生日"的情境,Step 5 Consolidation 环节,教师通过角色扮演创设了"表演情境",可以看到,当教师拿出事先准备好的头套并询问学生"Well, who want to be Peppa/ Mummy/Daddy/Baker/Gorge?"时,学生踊跃举手,情绪高涨,课堂参与度高。在表演的过程中,学生以演促读,以演促思,加深了对教材主题及内容的深入理解与感悟。

小学英语教师应巧妙创设情境主题活动。在创设情境的过程中,一方面，要做到情境设计生活化，有效的教学情境需与小学生的生活息息相关，这样才能让孩子在所创设的情境中与所学知识产生共鸣，理解和接收所学的语言内容。因此，教师要善于发掘和利用学生真实生活的情境资源，创设生活化情境。另一方面，要保证情境设计的学科性，情境创设要体现学科特点，立足教学内容，凸显学习重点，创设能够帮助学生在生活中探索知识、构建知识、应用知识的情境，帮助学生认识到学科知识在实际生活中的作用与价值，精确理解学科知识的内涵，激发他们学习的动力和热情。

小学英语情境主题活动主要可以分为以下几种。

（一）视频情境

视频情境通常用于导入环节，即教师通过播放与主题相关的视频来创设情境。借助互联网快速发展的优势，教师可以借助网络搜索大量主题视频素材，但是对视频的甄选要有针对性。即视频的人物或动物角色应尽可能为学生所熟悉，视频中的主题应尽可能与教材内容及教学目标相契合，视频中的内容难度应在学生能够接受的范围之内。例如，人教版小学教材三年级上册 Unit 6 Happy Birthday，教师可以引用小猪佩奇中"Peppa Pig—Birthday Party"动画片创设视频情境，该视频亦符合教学主题，其中的主人公小猪佩奇深受当代小学生的喜爱，为学生所熟悉的动画人物。

（二）图像情境

图像情境是指课堂上运用图片、图像、插图等来创设教学情境。直观形象的图像可以帮助学生理解晦涩难懂的知识点、加深知识记忆、总结语言规律。例如，学生在语法学习的过程中，对名词单复数的学习及人称单复数的学习，文字的规律总结与教师的口头讲授往往过于枯燥，以下教学辅助图便将其中的区别生动形象展现出来，帮助学生快速认识、辨别其中的规律。（如图 7-4 所示）。

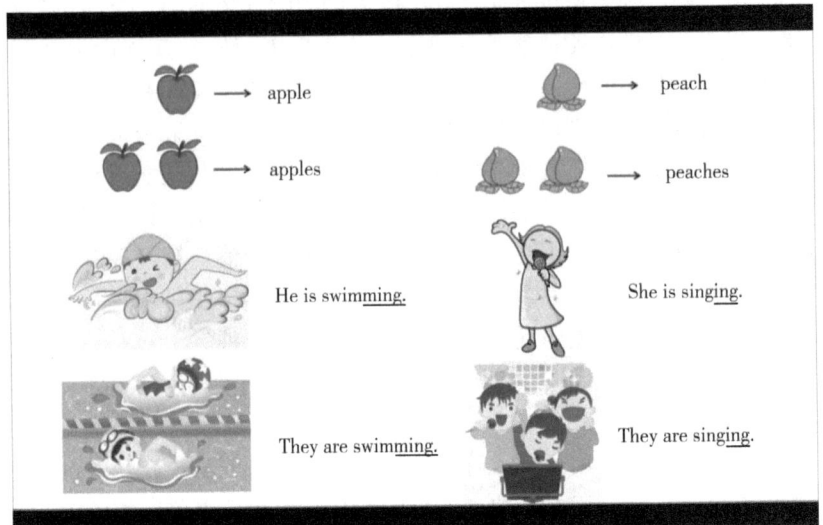

图 7-4　名词单复数的学习及人称单复数教学辅助

（三）实物情境

实物情境，顾名思义，是教师利用"实物"来创设教学情境，丰富学生的感性认识，促进学生由感性认识向理性认识转变。例如，人教版教材三年级下册 Unit 5 Do you like pears? 是一个关于"水果"的主题单元，教师可以准备不同的水果带入课堂。相较于图像情境，实物来源于学生的真实生活，看得见，摸得着，其直观性更强，能够充分调动学生的感官参与，帮助学生将枯燥的文字与鲜活的实物联系起来，将隐晦难懂的概念具体化、形象化，这大大提升了学生的习得效果。

（四）表演情境

表演情境主要通过角色扮演来完成。表演情境通常运用于角色较多、情节凸显的单元主题，借助文本的角色与情节，学生进入一个

"仿真"的教学情境，以"情境"为依托促发深度学习。例如，人教版英语教材三年级下册 Unit 1 Welcome back to my school，教师可以让学生分别扮演"Teacher""Mike""Zhang Peng"等不同角色，表演其中的故事情节，如"自我介绍""欢迎新同学的到来"等。角色扮演为学生提供了"模仿""演绎"的平台，再现了人与人之间的关系，为他们形成良好的社会交往能力奠定基础。

（五）生活情境

教学基于生活，也来源于生活。小学英语教材以主题为线索，选材丰富，话题紧密联系学生的实际生活，因此，教师要善于挖掘生活中的元素，巧创"生活情境"，推进本文内容生活化、亲近化。例如，人教版英语教材三年级下册 Unit 3 At the Zoo 单元主题，教师可以带领学生到动物园，五年级上册 Unit 6 In a nature park，教师可以带领学生到自然公园，学生置身于真实的生活情境中真切感知，更能增强学习体验，达到事半功倍的效果。

结　语

人种志研究强调研究者的参与性、研究过程的情境性以及长期性，将人种志应用于小学英语课堂教学中，在英语课堂进行持续性的细致的观察与研究，对促进高效小学英语课堂、培养小学生核心素养具有重要意义。本章在人种志研究的基础上选取了 4 个典型的小学英语课堂案例，对其进行了细致的描述与分析，进而得出了小学英语课堂主题活动设计的 4 种思路，即跨学科主题、游戏主题、绘本主题以及情境主题。需要指出的是，这 4 种主题不是相互独立和分割的，而是相辅相成、相互促进的。教师应根据不同的教学内容融合各主题活动，使教学环节层层递进，教学内容步步深入，让英语课堂绽放出智慧之花！

第八章　高校与小学协同创新的国际合作综合英语教学模式的实践探究

2011年，在广东外语外贸大学英语教育学院肖建芳教授、江健博士所带领的国际合作综合英语团队的指导下，综合英语教学实验在海北小学落地，迄今已走过了八年的艰辛历程。回顾这一发展历程，对深入思考双语教学在中国的内在原理、问题及发展方向有着深远的意义。

第一节　全球化背景培育人才的需要

2017年12月12日，经济合作与发展组织（OECD）教育与技能司和美国哈佛大学教育研究生院零点项目共同主持发布了《PISA全球素养框架》（*PISA Global Competence Framework*）。全球素养是指青少年是否具有考察当地、全球和跨文化的问题，理解和欣赏他人的观点和世界观，与不同文化背景的人进行开放、得体和有效的互动，并为集体福祉和可持续发展采取行动的胜任力。

全球胜任力是全球化时代的综合素养，也是基于双语甚至多语种能力，融知识、技能、态度和价值观于一体的21世纪公民素养。全球问题涉及语言学科和自然学科，以及相关地区的历史、地理、人文，以及跨文化、跨疆界等相关知识的理解。

这种胜任力不仅是语言沟通能力，更是从多个角度审视、分析、理解、评判并积极回应全球和跨文化议题的能力；还包括要了解不同观念产生的历史地理和社会文化原因，理解差异性对认知能力以及元认知策略的影响，与不同文化背景的人进行开放、恰当、有效互动的人文交流与合作的能力。

我国外语教育必须帮助学生在学习和掌握外语知识和语用能力的同时，形成构建人类命运共同体所需要的情感、态度和价值观，发展全球胜任力。

在外语教育中融入全球胜任力的培养和发展，这是时代赋予外语教育工作者的重要使命。一个民族的语言承载着这个民族的文化传统和思维方式。学习和运用不同的语言，不仅可以满足交际需要，还能更好地理解不同地区人民的生活方式、思维方式和文化传统，可以了解不同文化的差异性，理解人类的多元思维模式，客观理性地看待世界。对国家来说，有利于国家参与国际事务和国际竞争，加强国际传播能力，传播好中国声音，讲好中国故事，同时也是国家安全的需要。

外语学科教育必须树立这样一种观念，即国际视野和跨文化沟通能力应该以中国情怀和中华基因为根基。

语言教育的原点是人的教育，因而语言教育的本质是以人的发展为核心的人学，其出发点和落脚点是人的全面发展。面向人类命运共同体的中国外语教育旨在培养具有中国情怀、世界胸怀和跨文化沟通能力的人。通过创设一系列基于现实社会情境和跨文化交际语境，融知识、技能、态度、价值观于一体的学科学习活动，来培养学生外语学科的核心素养。

外语学科核心素养体系涵盖语言能力、文化意识、思维品质和学习能力等学科教育的目标要素。其中，语言能力是基础要素，文化意识是价值取向，思维品质是心智特征，学习能力是发展条件，这一素养体系是外语学科育人价值的集中体现，是学生通过学科学习而逐步形成的正确价值观念、必备品格和关键能力。

语言能力不仅指在社会情境中，以听、说、读、写、看等方式理解和表达意义的能力，还包括在此过程中形成的语言意识、语理认知、交际策略和沟通能力。

英语是我国基础教育中开设很普遍的外语。通过调查研究，我们发现即便条件很好的沿海地区从小学三年级开始学习英语至初中三年，高中三年，乃至大学期间继续学习英语，如果是非英语专业的学生即便学了十几年的英语仍然不能流利表达，甚至有的学生连简单的日常对话也不能进行。到底是什么原因造成耗时多、负担重的情况下，学生仍然不能讲一口流利的英语？为究其原因，海北小学英语科组老师在广东外语外贸大学英语教育学院"国际合作综合英语教学"课题组的指导下，努力寻找解决基础教育"哑巴英语"的教学方法，在海北小学全校教学班进行实践。在肖建芳教授、江健博士带领下的专家队伍与海北小学英语一线教师不畏劳苦，在努力寻找破解之法的征途中迎来了党中央三大战略部署：①2013年习近平主席提出"一带一路"的经济建设倡议；②2014年国务院提出在设立自贸区的经济规划；③2017年政府工作报告提出"粤港澳大湾区"的重大建设策略。党中央在21世纪提出的这三大具有划时代意义的重大举措，对人才的需求，更加证实了破解基础教育"哑巴英语"的迫切性，对基础教育探索"中国情怀，世界胸怀"人才培养体系的创新与实践，提出了十分紧迫的需求。

第二节　构建海北小学英语教学模式

针对长期以来的"哑巴英语"问题，基于21世纪全球核心素养以及中国基础教育英语学科核心素养理念，依托"小学综合英语教学模式探究"课题，为达成培养"中国情怀，世界胸怀"人才的教育目的，综合英语教学课题组特制定基本框架如下。（如图8-1所示）

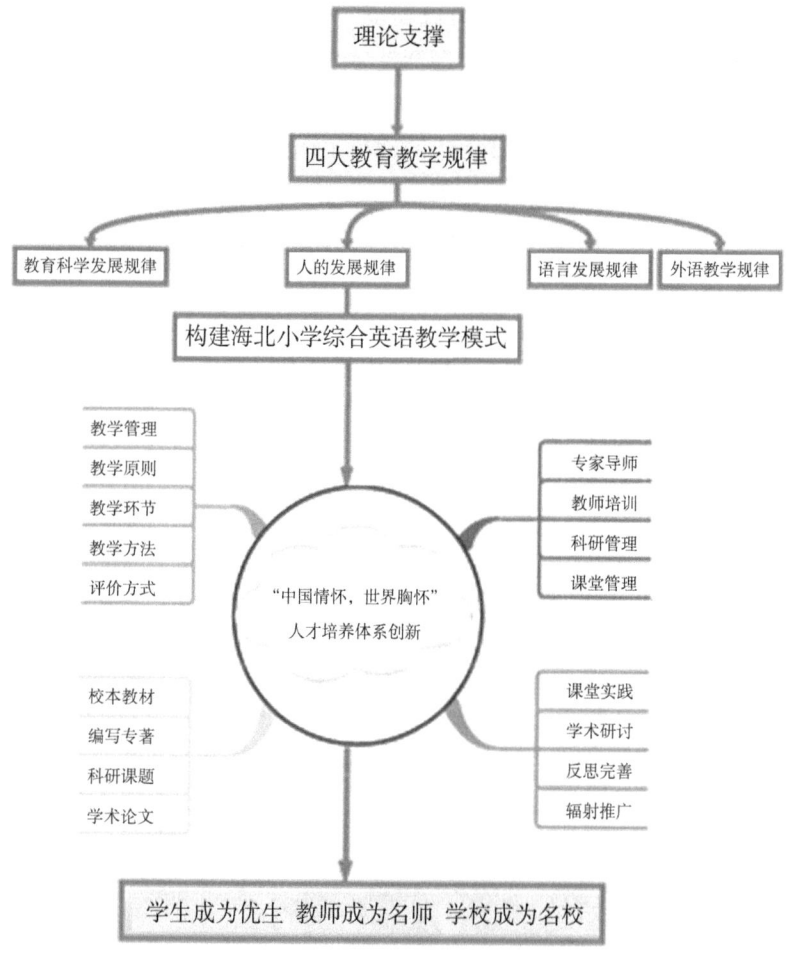

图 8-1 综合英语教学模式创建思路

一、通过文献研究，寻找语言教育的理论依据

（1）综合英语教学的生理学理论依据：大脑侧化研究、伦内伯格的语言习得关键期概念等，促使综合英语秉承强调儿童尽早开始学习外语。

(2) 语言学理论依据：习得理论、整体语言教学论、语言输入假设等，指导形成综合英语主题活动教学模式。

(3) 其他理论支撑：心理学的内化理论、教育学的隐性课程作用、社会学的互动实践原理等为实验奠定深厚的理论基础，支撑海北小学综合英语教学模式实践探究。

二、在实践中创新理论，构建海北小学综合英语教学模式

在广东外语外贸大学"国际合作综合英语教学"课题组的指导下，海北小学综合英语教学模式以"四大规律"为核心，在实验历程中，逐步建构起"四三三"教学模式与"七六五五"教学技术体系。

（一）"四三三"教学模式

"四三三"教学模式如图8-2所示。

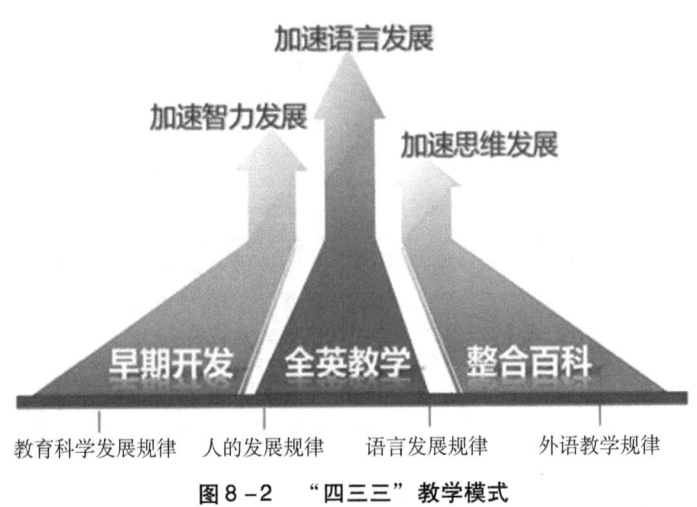

图8-2 "四三三"教学模式

（1）遵循四大规律：教育科学发展规律、人的发展规律、语言

发展规律、外语教学规律。

(2) 倡导三大方法:早期开发,培养兴趣;全英教学,注重能力;整合百科,潜在习得。

(3) 实现三大效果:人的潜能早期开发、外语能力、儿童思维加速发展的效果,努力达成培养优生、成长名师、发展名校的三大目标。

(二)"七六五五"教学技术体系

(1) 七大教学原则:主题活动性原则、操作性强化原则、听说读写看作原则、直接学习及潜在习得原则、高速度和高密度原则、实用性教学原则、趣化与承担原则。

(2) 六大教学环节:进入性活动、主题性活动、探索性活动、扩展性活动、整合性活动、发展性活动。

(3) 五大教学方法:形象直观法、趣味游戏法、试误学习法、暗示学习法、自由语言法。

(4) 五大教学技术要点:全英全息、主题情境、整体感知、活动探究、生活使用。

三、引进专家,培训教师,深入开展实践

2011年,海北小学依托广东省外语外贸大学"综合英语教学"课题组专家指导海北小学综合英语教学模式改革,聘请广东外语外贸大学等多所知名双语教育专家指导海北小学英语骨干教师,建立导师制度,进行全方位培训。专家们定期现场听课、评析、反思、总结,做到线上有宽度,线下有温度,在全校36个班级中普及开展综合英语教学模式实践探究。(如图8-3所示)

图8-3 2018年福建省级英语学科带头人赴海北小学学习英语教学法

四、创新探究式小组学习的课堂管理制度

为多维度推动该项目,实验要求注重培养学生的自学能力和独立思考、解决问题的能力;注重对校内"小导师"的培养以及全面实行"小组合作"教学与班级管理模式,引导学生去发现学习,学会管理,学会组织,自我成长。海北小学全面普及圆桌台凳,优化小组合作学习模式,完善小组合作管理,建立长效激励制度,激励学生的参与意识,从而实现课堂教学的交际化和动态发展。(如图8-4所示)

图8-4　海北小学综合英语小组合作探究学习

五、完善科研制度，以强师工程促教强校

学校开展英语精细化集体备课，结合一次集体备课与二次个性化备课，保障课堂教学质量；建立完善的听评课机制，促进教师专业化发展；定期开展课题总结会，推广良策，反思完善课题实验，打造精品课堂；编辑校内教案集、课件电子资源库，共建教学资源；"纵横"互助，教研互启，跨越学科，智慧共享，从而提升实验教师整体素质。（如图8-5所示）

图8-5　2017年8月海北小学举办大沥镇小学英语精细化备课

六、科研兴教，以课题群促进综合英语实践

17项科研课题为综合英语实践中的优秀成果得以推广辐射奠定了基础。其中，国家级课题3项、省级课题2项、区镇级课题9项。在课题的引领下，综合英语教学模式探究在海北小学的实践中取得了显著的成效和升华。

七、举办学术研讨会，协同发展，辐射推广

海北小学承办国际合作综合英语教学学术会议2次，承办区、镇教学展示活动12次（如图8-6、图8-7所示）。组织各类教育教学比赛200余次，定期举办交流展示课30多次，与区域内兄弟学校协同发展，实现教育优势互补，共享课题成果。

图8-6　2015年召开综合英语教学实验国际研讨会

图8-7　2016年举办区口语测评展示

第三节　主要成果

在广东外语外贸大学"国际综合英语教学"课题组的指导下，海北小学历经12年的实践，在综合英语教学模式探究上取得以下成果。

一、创新理论

(一) 实现了传统外语教学模式的时代转型

从知识教学转向以培养外语核心素养为主的教学模式,找到了培养外语能力的教学模式和小学英语教学的最佳方式,实现了外语教学模式的时代转型。

(二) 实现了外语教学模式的创新

(1) 教学理念创新:将人的发展、语言发展与外语教学模式相结合。

(2) 教学目的创新:在综合的基础上实现以发展核心素养为目标的新教学。

(3) 教学方法创新:实施综合性全情景真实语言教学。

(4) 课程与教学形式创新:创建整合多学科知识、民族文化精髓与多样手段一体的教学形式。

二、推进小学英语课堂教学模式的转变

(一) 从用汉语教学转向用英语教学

综合英语教学的贡献是坚持双语教学的基本原理,用全英教学。

(二) 从先认读单词转向先开展活动

综合英语教学是先通过活动引发学生学习需求,再带动课堂教学。

(三) 从词汇教学转向整体性教学

综合英语教学注重语言整体性和全息教学,多方面提供情景让学生整体性感知相关事物和词汇,形成有效习得的过程。

（四）从知识性教学转向培养核心素养与中国价值观教学

综合英语教学是把学知识与语言核心素养、国家价值观结合起来。

（五）从单一教学转向整合性教学

综合英语教学是将英语课变成一个整体化的过程，把"肢解"的知识整合为完整的体系再教给学生。

三、创设五大基本教学原理

（一）创设了开放式的、多元兼容的新英语教学模式

本课题吸取国内外现有的外语教学的有益经验，并根据中国尤其广东特有的外语教学实际，坚持洋为中用、中西合璧，推陈出新，探索一种有利于吸收新的教学经验和开发新的教学形式的开放式外语教学模式，使外语教学模式日益科学化和本土化。

（二）遵循儿童发展规律，寻求最佳教学效果

本课题认为，儿童早期的智力发展主要是语言发展，因此，适当的早期语言开发不仅不会影响母语，而且还会促进母语乃至智力的提升。因此，课题组研制了一套符合早期儿童语言能力开发、融自然学习与外语学习为一体，效果显著的外语教学模式。

（三）遵循语言发展规律，实施发展性全英教学

综合英语教学强调，语言的发展是在良好的环境中习得的结果。因此，本课题遵循如下做法：一是创设综合性英语习得机制，变背记外语单词和语法的教学为通过使用语言来进行教学，使学生在使用中学习，学与用相结合；二是实施全息性英语教学，倡导课堂教学生活化，坚持听、说、读、写、看、做一体化外语语言刺激，减少生活中

不利因素，来自生活胜过生活；三是主张遵循语言发展特点，把外语学习与母语发展相结合，形成儿童新的智能开发手段；四是充分利用儿童原有的母语能力和儿童对事物已有的一定理解能力，在稚化性教学中提供一种既符合儿童兴趣爱好，又能开发其"心理最近发展区"的学习材料，达到加速学习的目的。

（四）遵循外语教学规律，推行综合化英语课程

综合英语强调综合性的语言环境和教学手段是寻求最佳效果的关键。

（1）主张综合运用多种教学方法、教学材料和教学环境。

（2）推行以英语学习为主轴融合多种学科知识与民族文化精髓的综合课程，全面发展学生的语言能力。

（3）使学生在充分参与的过程中融入教学情景，在多样化的教学环境中从多方面感知语言，在使用语言中发展语言。

（4）根据英语教育中课堂交流与实践应用的"落差"，创设课外使用机会，将"学习中"的应用与"生活中"的应用结合起来，使学生获得最佳语言学习效果。

（五）实行听说主先、认读配合的教学模式

综合英语教学实验强调根据儿童的不同发展水平，在坚持听说为主、听说领先的同时，把英语的听、说、读、写、看及"做"进行适当的综合，强化语言的全息性刺激，从不同方面强化语言的习得效果。

四、构建七大教学原则

（一）主题活动性原则

主题活动性原则，即坚持有主题的活动性教学为主要形式，教学通过活动来演绎英语的基本含义，让学生在行和动、做和演中学习。

（二）听说看主先，认读配合互动原则

根据儿童学习语言的规律，综合英语教学实验坚持听说看领先、读写跟上的外语教学实践。

（三）操作性强化原则

操作性强化原则即创设环境，引导学生自主尝试学习，教师把握时机给予积极强化，利用意会、领悟、试误等方式，让学生不断纠正发音，践行语言意义，学习交流会话，发展语言能力。

（四）直接学习、潜在习得原则

综合英语教学实验主张不用语言中介的教学经验，尽可能使儿童直接学习外语，在循序渐进、自然语境的教学过程中，潜移默化获得积极语感，产生顿悟性的语言学习效果。

（五）趣味入手、参与承担原则

综合英语教学强调教学应从儿童兴趣入手，提供大量的趣味性材料，引导学生参与其中。教师应注意利用学生的兴趣，引导学生参与教学过程，在参与和承担角色中体会语言意义，在成功时把外部动机转化为自觉的内部动机，激发学生学习英语的欲望，培养其学习兴趣。

（六）实用性教学原则

为了提高英语使用率，英语学习必须与生活实际相结合。熟悉的东西先学，经常使用的先学，容易理解的先学。这样就能较好地引导学生利用英语来进行学习，较快地进入语言环境，提高学习效率。

（七）高速度、高密度原则

为了创造英语全程陶冶的教学情境，教师必须提供较快节奏、较密集语言灌输的教学过程，以知识的广度达到知识的深度，高速度容

纳大量英言语信息，扩大英语使用率以达到课堂教学中英语的高密度使用，使学生有更广、更多的机会感知英语。

五、形成六大教学环节

（一）进入性活动

进入性活动，是指呈现有关材料，组织原已熟悉的活动，使之与本课内容建立起积极地联系，为开展教学做准备。

（二）主题性活动

主题性活动，是指引导学生参与相关主题活动，在探索知识中学习。其中，先以图片或直观方式学习关键词汇，再进行主题活动系列。

（三）探索性活动

探索性活动，是指在教师引导下，鼓励学生从类似主题出发，独立进行相关活动，按自己的个性化学习方式进一步强化语言学习。

（四）扩展性活动

扩展性活动，即让学生在已学习的基础上，自由地发挥和使用相关言语的活动。其中应引导学生对先前学习内容与当前学习内容进行的合成。

（五）整合性活动

整合性活动，亦称协调或反思性活动，是指教师有意识地重演或组织相关活动，对教学内容进行反思回味，并对学生讲得好的语句和思想情感进行强化。

（六）发展性活动

发展性活动，是指把本课及原先学过的教学内容全部连贯起来，形成综合性语言发展，思维发展，并为下一节课留下思考的引子。

六、提炼五大教学方法

（一）形象直观法

形象直观法是利用形象、直观的教具，实物或多媒体教学设备，给学生展示丰富、生动、具体、直观的物体和动作，并学习相应的语言表达。

（二）趣味游戏法

趣味游戏法是在教学中注重丰富有趣味的教学活动，利用符合儿童要求的趣味性主题游戏活动，让儿童在其中扮演相关角色，体验和习得语言。

（三）试误学习法

试误学习法是利用各种情境来组织相应活动，让学生学习对话交流，尝试学习，通过试讲、纠正、再试讲、再纠正、再到获得准确的发言。研究表明，儿童语言学习是在无数试误中实现的，其基本进程为单词—正确发音—连句子正确发音—不同情境的正确表达。这四个阶段都是儿童通过无数试误过程中实现的。

（四）暗示学习法

暗示学习法是利用各种情境，在开展丰富生动的活动中引进大量的语言对话，使学生在生动有趣、轻松愉快的氛围中学习语言，并产生想对话和说英语的冲动。暗示学习法必须具备三个条件，分别为生动有趣有序的教学情境安排、轻松有感情投入的教学活动、悠扬悦耳的古典音。

（五）自由语言法

自由语言法是在即教学中设置形象的语言环境，引导学生根据自己的认识,自由对话,从而获得最大的心理放松,以便达到最大的语言摄取率和综合合成效果。

七、设置四大评价原则

(一)发展性原则

综合英语教学课题的核心是推进学生的发展,包括英语、汉语及其他语言在内的发展,身心健康发展,各学科学习上的发展,思维发展,跨文化交际能力和学习能力提升。无论是在教学设计还是在评价要求上,坚持发展性原则是课题的首要要求。

(二)整合性原则

综合英语教学课题的另一要素是强调课程和教学的综合性,无论是在教学设计还是具体教学中,都必须体现综合或整合知识的基本特征。一方面,推行知识体系、教学方法和教学环境等都通过综合作用,形成最佳的教学效果。另一方面,使所教的知识具有大容量、高密度的特点,变高难度为新颖有趣,能使学生在大容量高难度的知识中愉快学习,收获更多。

(三)开放性原则

综合英语教学实验要求教学必须具有开放性。这种教学开放性强调教学是在教师指导下进行的不断扩展的开放性学习。教师可以依据教学的需要对知识进行充分的发挥,也可以鼓励学生从自己兴趣出发对知识进行运用,生成更有趣、更生动、更贴近生活的教学过程和课程程序。

(四)使用性原则

综合英语教学实验认为,只有把语言置于使用之中,才可能构成良好的习得情境,使语言的学习变得容易、愉快,使儿童更热心于学习,更愿意把英语应用于生活之中,更有兴趣研习新知识和克服学习中的困难。使用性是整合知识与生活的重要条件，也是早期语言学习中避免死记硬背、脱离实际的重要条件。

八、相关成果

12年的行动实践，物化了一批成果，其中，出版专著《开智培英——创建英语特色名校》；在核心期刊发表文章5篇；在教育部门组织的论文比赛中有13篇文章获奖；科研团队成员共主持国家级课题3项，省级课题2项，区、镇级课题9项。以上著作、文章、论文、课题全面阐述了"中国情怀、世界胸怀"人才培养体系及其教学模式的创新点。因理念的先进性与实践模式的可操作性与创新性，该人才培养体系于2013年获广东省"教育创新成果"二等奖和佛山市"广佛肇行动案例"成果一等奖，2019年荣获广东省"特色学校成果建设"二等奖。

第四节 综合英语教学实践的成效与反思

12年的实践探索，海北小学在广东外语外贸大学英语教育学院"国际综合英语教学"课题组专家团队的帮助和指导下，成功解决了学生"哑巴英语"的难题，着力为培养学生面向21世纪的核心素养奠定坚实的基础，达成了"中国情怀、世界胸怀"人才培养体系构建的教育改革目标。

一、破解"哑巴英语"，提升学生英语语言核心素养

按照实验既定计划，听力方面：三年级能听懂接近正常语速（每分钟150词左右）的常识性语篇、语段；四年级能听懂广播、电视中的初级英语节目；五年级能听懂广播、电视中的初级或部分中级英语节目；六年级能听懂并确定新话题的主要观点和论据，能听懂正常语速的记叙文，了解主要任务、事件。口语方面：三年级学生的口语交际达到目前国标小学英语毕业水平；四年级、五年级、六年级学

生口语交际能力分别达到初一、初二、初三学生水平。阅读方面：三年级能借助提示读懂小故事、个人信件、科普短文；四年级学生能读懂简单的说明文等应用文体，能阅读适于六至七年级学生阅读的英语读物；五年级能读懂适合七至八年级阅读水平的常见题材的阅读材料，能通过意群阅读书面语；六年级能阅读适于八年级学生水平的阅读材料。写作方面：三年级能写出或回复简单的问候卡、邀请卡，能通过图片编写简单的故事；四年级能写便条和简单书信，能写150词左右的创意小短文；五年级能通过使用"头脑风暴"、列表、提问和采访等方式收集、分享信息、观点和语言，能写200词左右的故事、记叙文章；六年级能通过呈现主题和论据的方式写出表现观点逻辑顺序的段落，能写250词左右的文章与操作说明。以上为普通学生应达到的水平，部分优等生可参与并通过大学英语二级测试。

由于学生英语语言的核心素养得到了高质量的培养，海北小学学生多次获区、镇口语比赛特等奖、一等奖，227人次获全国英语电视大赛各种奖项。

二、突破窠臼，推动教师个人专业成长

"综合英语教学实验"这一时代性课题，多年来引领着海北小学校本培训、课程改革以及教师专业成长。"国际合作综合英语教学"课题组每年举办一次综合英语国际学术研讨会，使海北小学的教师开阔了视野，加速了成长。定期与不定期的教材教法培训，促使教师的教学方式、教学理念得到不断的更新。海北小学英语科组21人次的论文和课例在广东省教育现代化教学实验优秀成果中获论文和课例奖，48人次在市级或以上论文评比中获奖，任子仪老师的课堂教学课例被送往教育部作为优质课展示。

三、放眼未来，促进学生综合素养发展

在"中国情怀、世界胸怀"人才培养体系的创新与实践中，综合英语班的学生性格开朗、活泼，个性发展良好，富有创造性和判断力；由于综合英语具有全方位式综合教学的特征，学生的听、说、

看、读、写能力和动手能力、生活能力、基本知识、行为习惯、表现能力等比其他同龄儿童有明显优势，尤其是批判性思维的培养得到优质发展。在与香港大学教授、非洲国家总统秘书长、美国教育部研究员等均亲赴海北小学与学生自由使用英语语言进行辩论的过程中，海北小学的学生不仅有自己独立的观点，而且在用英语表达自己热爱祖国的情怀时，不卑不亢、彬彬有礼地与来宾交换各自的观点与思想情感。

四、成果的辐射

"综合英语教学模式"以"中国情怀、世界胸怀"人才为目标，惠及本校1576名学生与外校6000名左右的学生，在国际、国内产生了显著的影响，惠及超过2000多人次的老师和教育界科研人员语言教学法的时代转变。

（1）2018年7月12日，《中国教育报》头版头条刊登海北小学"综合英语"开智减负——培养向世界讲中国故事的现代人，彰显了该人才培养体系的创新性得到教育界的高度认可与赞赏。

（2）2018年3月，福建省英语学科带头人赴海北小学"综合英语"课堂接受教材教法培训。

（3）2017年，广东省外语外贸大学与佛山科学技术学院的英语研究生分批到海北小学学习英语教学法。

（4）2017年，非洲埃塞俄比亚、危立特里亚、利比亚三国总统府秘书长观摩海北小学"综合英语课堂"并测试学生口语，对学生的表现赞不绝口。

（5）2016年，成功举办佛山市教育科研现场会。

（6）2016年，香港打鼓领英公立学校朱志强校长一行观摩海北小学"综合英语"课堂并给予较高评价。

（7）2016年，受区教研室委托，举办全区英语科组长与骨干教师"英语口语测评展"现场研讨会。

（8）2016年，香港大学教授到海北小学测试学生英语水平并给予高度评价。

（9）2015年，陕西省教育厅邀请方晓敏老师于西安展示"综合英语课堂教学法"。

（10）2015年，我国"台湾教育科学研究所"所长周祝英教授及7名教育专家观摩海北小学综合英语课堂，并给予高度评价。

结　语

在广东外语外贸大学英语教育学院"国际合作综合英语"课题组的指导下，在构建"中国情怀、世界胸怀"人才培养体系创新与实践的12年间，海北小学教师开阔了视野，意识到教学的理念、方法、内容必须与时俱进，要随时关注社会发展的需求，随时关注国际、国内前沿的教育理论知识，不断推陈出新，不断探索更佳的教学方法来适应新的形势。

12年的实践与反思，我们认识到英语教育是以文化人的教育，力求做到教育内容结构化、内容学习情境化、学习评价过程化、评价目标高阶化。因此，我们要转变以语言知识为主要目标的狭隘的英语学习观，改变以知识记忆为主要任务的学习方式，打破语言知识和技能分解式训练的方式，倡导互动学习、深度学习、强化学习和拓展学习，从语言碎片的机械识记走向语言知识和技能的融会贯通及有效运用，从关注语言知识与技能操练走向关注语言素养、人文素养和思维素养的融合发展，从"学会"走向"会学"及"会用"。

作为教师，我们要想方设法使英语课堂成为学生感兴趣的平台，成为学生创造思维的载体，成为发展学生语言能力、跨文化交际能力和学习能力的乐园，这样才能让我们的教书育人活起来，让我们的学生活起来，让我们的教学方法活起来，从而为学生的终身发展奠定坚实的基础，助力他们在不久的将来成为具有"中国情怀、世界胸怀"、全球胜任力强的人才，能够在跨文化交流中坚守中国立场，讲好中国故事，传播中华文化，主动积极地与来自多元文化背景的人们共同构建人类命运共同体。

参考文献

[1] BIALYSTOK E. Metalinguistic dimensions of bilingual language proficiency [M]. In: BIALYSTOK E. Ed. Language processing in bilingual children. Cambridge: Cambridge University Press, 1991.
[2] BYRNE L B. Leaner-based teaching [M]. Oxford: Oxford University Press, 1995.
[3] CHOMSKY N. Naturalism and dualism in the study of language and mind [J]. International journal of philosophical studies, 1994 (2).
[4] FOSNOT C T. Constructivism: Theory, perspectives, and practice [M]. New York: Teachers College Press, 1996.
[5] FREEZ S. Text-based syllabus design [M]. Sydney: National Center for English Teaching and Research, 1998.
[6] GALAMBOS S J, GOLDIN M S. The effects of learning two languages on levels of metalinguistic awareness [J]. Cognition, 1990 (34).
[7] HARMER J. English language learning [M]. 北京: 世界知识出版社, 2003.
[8] HARMER J. The practice of English language teaching [M]. London: Longman, 1991.
[9] HYMES D. On communicative competence [M] //PRIDE J, HOLMES J. Sociolinguistics. Harmmondsworth: Penguin, 1972.
[10] KESSLER C, QUINN M E. Positive effects of bilingualism on science problem-solving abilities [M] //ALATIS J E. Ed. Current issues in bilingual education: Proceedings of the Georgetown round table on languages and linguistics. Washington, DC: Georgetown University Press, 1980.

[11] KRASHEN S D. The input hypothesis: Issues and implications [M]. London: Longman, 1985.

[12] LANDRY R G. A comparison of second language learners and monolinguals on divergent thinking tasks at the elementary school level [J]. Modern language journal, 1974 (58).

[13] RICCIARDELLI L. Creativity and bilingualism [J]. Journal of creative behavior, 1992 (26).

[14] RICHARDS J C. Longman dictionary of language teaching & applied linguistics [M]. Beijing: Foreign Language Teaching and Research Press, 2000.

[15] ROACH P. English phonetics and phonology: A practical course [M]. London: Cambridge Press, 2008.

[16] TORRANCE E, GOWAN J, WU J. Creative function of monolingual and bilingual children in Singapore [J]. Journal of educational psychology, 1970 (61).

[17] 蔡伟. 发展性课堂教学评价的基本特征 [J]. 中国教育学刊, 2003 (3).

[18] 柴辉. 形式主义和功能主义语言学浅析 [J]. 兰州交通大学学报, 2010, 29 (5).

[19] 陈琳. 小学英语写作教学中如何对学生的语言能力进行培养 [J]. 小学生（下旬刊）, 2022 (2).

[20] 陈红梅. 小学课堂有效管理策略研究 [D]. 苏州：苏州大学, 2008.

[21] 陈婷. 基于核心素养培养的小学英语课程标准分析 [D]. 上海：上海师范大学, 2017.

[22] 陈向明. 质的研究方法与社会科学研究 [M]. 北京：教育科学出版社, 2000.

[23] 程晓堂，谢诗语. 小学英语课堂教学中的常见问题分析与建议 [J]. 中小学外语教学（小学篇）, 2019, 42 (3).

[24] 程燕芬. 关注评价策略　提高教学效率：浅析小学英语课堂教

学评价方式的应用［J］.科学咨询（教育科研），2020（12）.

［25］丁姝懿.小学英语写作教学中的语言能力培养初探［J］.教育视界，2020（12）.

［26］杜文军.试论作为一种研究方法的课堂人种志［J］.民族教育研究，2009，20（3）.

［27］杜文军.作为一种方法论的课堂人种志研究［D］.兰州：西北师范大学，2009.

［28］樊彦清，田小芳，马晶，等.小学英语课堂评价话语优化的实践研究［J］.基础外语教育，2022，24（1）.

［29］冯增俊. 英语教学模式概论［M］.广州：广东人民出版社，2006.

［30］冯增俊.教育人类学［M］.南京：江苏教育出版社，2001.

［31］冯增俊，王进军，肖建芳，等. 综合英语教学模式概论［M］.广州：广东人民出版社，2006.

［32］葛丽萍，刘利平.工学结合下职业英语多元化评价体系的构建［J］.教育与职业，2012（17）.

［33］何克抗，林君芬，张文兰. 教学系统设计［M］.2版.北京：高等教育出版社，2016.

［34］何齐宗.教育学原理与艺术［M］.北京：中国社会科学出版社，2008.

［35］黄胜.教育学新编［M］.成都：西南交通大学出版社，2015.

［36］黄滔，陈刚，吴晓凡，等. 自然语言生成多表SQL查询语句技术研究［J］.计算机科学与探索，2020，14（7）.

［37］黄志成.教育公平：全纳教育的基本理念探析［J］.比较教育研究，2010，32（9）.

［38］季丽云.韩国：教育部将推进小学实用性英语教育［J］.人民教育，2019（3）.

［39］克利福德，马尔库斯.写文化：民族志的诗学与政治学［M］.高丙中，吴晓黎，李霞，等，译.北京：商务印书馆，2006.

［40］廖秋忠. 也谈形式主义与功能主义［J］.当代语言学，1991（2）.

[41] 林新事.模仿在英语教学中的地位[J].基础教育研究,2001(1).
[42] 林新事.英文阅读困难与语音技能缺陷的相关性研究[J].齐齐哈尔大学学报(哲学社会科学版),2008(6).
[43] 刘道义.小学英语教学特点与小学英语课面临的挑战[J].教育实践与研究,2001(7).
[44] 刘丽丽.浅析小学英语课堂教学多元化评价策略[J].传奇故事,2022(9).
[45] 刘文华.互联网时代大学英语信息化教学改革探索:评《"互联网+"时代大学英语信息化教学研究》[J].中国科技论文,2022,17(5).
[46] 刘彦尊.人种志方法在比较教育研究中的应用[J].外国教育研究,2006(9).
[47] 罗笑康.家校合作,促进中学生英语自主综合发展:以初中英语教学为例[J].智力,2021(19).
[48] 马林诺夫斯基.西太平洋的航海者[M].梁永佳,译.北京:华夏出版社,2002.
[49] 马尔库斯,费彻尔.作为文化批评的人类学:一个人文学科的实验时代[M].王铭铭,蓝达居,译.北京:生活·读书·新知三联书店,1998.
[50] 美国国家研究理事会.课堂评价与国家科学教育标准[M].熊作勇,何凌云,译.北京:科学普及出版社,2006.
[51] 莫雷.教育心理学[M].北京:教育科学出版社,2007.
[52] 彭章凤.合作学习在小学英语教学中的运用[J].中国校外教育旬刊,2009(8).
[53] 皮亚杰.儿童心理学[M].吴福元,译.北京:商务印书馆,1980.
[54] 桑国元,于开莲.基于人种志视角的课堂观察理论与实践[J].中国教育学刊,2007(5).
[55] 邵晓枫.百年来中国师生关系思想史研究(1900-2008)[M].成都:四川大学出版社,2009.

［56］沈丽萍，王海兵.西方教育人种志发展的四个阶段［J］.比较教育研究，2014（1）.

［57］束定芳，庄智象.现代外语教学：理论、实践与方法［M］.上海：上海外语教育出版社，2008.

［58］苏霍姆林斯基.青少年心灵美的培养［M］.肖辉，译.长沙：湖南教育出版社，1983.

［59］陶李刚，高耀明.教育人种志研究的特征及其设计原则［J］.外国中小学教育，2004（8）.

［60］王鉴.课堂志：回归教学生活的研究［J］.教育研究，2004（1）.

［61］王蔷.核心素养背景下英语阅读教学：问题、原则、目标与路径［J］.英语学习，2017（2）.

［62］王蔷，敖娜仁图雅.中小学英语绘本教学的途径与方法［J］.课程·教材·教法，2017，37（4）.

［63］王蔷，周密，蔡铭珂.基于大观念的高中英语单元整体教学设计［J］.中小学外语教学（中学篇），2021，44（1）.

［64］王文科.教育研究法［M］.台北：五南图书出版公司，1990.

［65］王玉.小学英语绘本阅读教学方法［J］.教师博览，2021（15）.

［66］魏其艳，陈智，张朋越.高校公共基础课分层教学评价体系的研究：以大学英语为例［J］.教育教学论坛，2017（28）.

［67］吴海洋.英语对话教学理论与实践研究［D］.杭州：杭州师范大学，2006.

［68］武新英.英语课堂评价的功能与方法［J］.教育实践与研究：小学版（A），2009（3）.

［69］徐岩.论学生合作意识的培养［D］.大连：辽宁师范大学，2002.

［70］闫景荣.依托主题整合多模态语篇提高小学生英语语言能力的策略研究［J］.新课程评论，2021（4）.

［71］杨岷.通过家校合作加强家庭文化资本以促进农村初中生英语学习的行动研究［D］.成都：四川师范大学，2021.

［72］杨维秀.基于核心素养的小学英语课堂教学评价策略［J］.教育

艺术，2020（6）.
[73] 赞可夫.教学与发展［M］.杜殿坤，译.北京：人民教育出版社，2008.
[74] 张博.小学英语教师课堂即时评价效果调查研究［J］.教学与管理：理论版，2016（11）.
[75] 张传隧.课程与教学论［M］.北京：人民教育出版社，2008.
[76] 张培.语言教学研究中的人种志：研究手段与研究原则［J］.中国外语，2012，9（2）.
[77] 张永祥.教育研究中人种志、叙事研究和行动研究之比较［J］.上海教育科研，2008（5）.
[78] 张正东.论中国英语教育的发展思路［J］.教育研究，2007（7）.
[79] 赵连杰，王蔷.基于课例改进促进中学生英语学科能力发展的实验研究［J］.基础外语教育，2016，18（5）.
[80] 中华人民共和国教育部.义务教育英语课程标准：2022年版［M］.北京：北京师范大学出版社，2022.
[81] 中共中央国务院印发.深化新时代教育评价改革总体方案［N］.光明日报，2020-10-14（1）.

附录 佛山市南海区大沥镇海北小学英语教师论文节选

基于 Swain 语言输出假说的小学英语有效教学

南海区大沥镇海北小学 方晓敏

一、Swain 的语言输出假说的概念阐释

20 世纪 80 年代，美国语言教育学家克拉申提出的输入假设得到二语教学者的普遍认可。克拉申（1985）提出学习者能接受的语言输入必须包含如下几方面：①可理解的输入。②包含着已知的语言成分（i）。③略高于已知语言水平的成分（i+1）。于是，广大教师高度重视丰富的语言输入。在过去几年的低年级教学中，笔者也是通过视频、图片、多样的教学设计大量地进行语言输入，但发现学生的语言输出有时并没有想象中那样丰富。大部分一线教师不知不觉步入误区，过分强调新授语言知识的输入方法以及信息量，而忽视了课堂中语言学习者是否具有丰富有效的语言输出能力。由此，借鉴 Swain 的语言输出假设指导英语教学迫在眉睫。

二语习得教授 Merrill Swain 在调研加拿大的法语沉浸式教学时发现，课堂上教师输入量大，而学生听多讲少，许多英语为其母语的学生接受多年法语为教学语言的教学后，虽然法语的理解水平有了十分大的提高，但他们的口头和书面表达仍停留在中介语的水平上。由相关学习心理学研究表明，句子有两类表征，即逐字逐句表征（表层形式）和命题表征（意义）。人们在听完句子后保存在记忆中的主要是意义而不是表层形式，即语言形式。

Swain 提出了输出的注意、检测假设以及元语言三大功能。注意功能可提高学生对语言形式的注意程度。Swain 提出："学习者在进行有声或无声表达时，他们会注意到自己想表达的和自己能够表达的

所存在的差距，这使得他们意识到自己不知道的语言知识。"检测假设功能是指外语学习过程中，学习者通过不断对目的语进行各种假设的过程。学习者通过有效的输出，不断通过表达语义、句式修正自身的语言，从而使表达更易让人接受、理解。元语言功能也称反省功能，该功能能引导学生对语言形式进行反思。

由此可见，输出假说在语言学习中具有举足轻重的作用。当然，丰富的输出也离不开大信息量输入。多数教师已经意识到这点，在此不做细致论述。那么，在小学英语课堂中，如何恰当地将输出理论应用于教学中呢？

二、语言输出假说对小学英语课堂的启示

（一）教学设计应贴近学生原有图式、贴近生活的教学活动，搭建好语言输出"脚手架"，引导学生进行有效的语言输出

语言获得的关键时期约在一岁半至青春期，其间大脑特别擅长获得语言技能。小学阶段正处于语言学习的关键期，此期间的语言学习极其重要。然而，从事一线教学的教师不难发现，小学阶段的教学在某些程度上，也承担着应考的压力。虽然部分教师已经摒弃传统"填鸭式"的教学，但是教学活动设计上还是没能做到与时俱进。机械操练、背书、陷入题海、埋头于作业中的现象仍不难发现。而这样的教学只会导致低效、乏味的学习体验。学生极有可能在几年学习后，口语表达依旧不够流畅，甚至不少表达方式处于中介语的水平。

1. 引导学生用完整句子进行英语表达

Swain 将输出定义为说（speaking）、写（writing）、合作对话（collaborative dialogue）、个人独语（private speech）等方面。在个人独语方面，刚学习语言的学生们，一开始对老师的指令反应不是特别迅速，甚至有时会发现教师输入较多，而学生们却迟迟难以输出。此时，孩子们处于学习语言的沉默期，很多时候会出现学生经常用一两个单词回答问题的情况。于是，笔者有意识地示范整句回答，并且对能尝试整句回答的学生特地表扬。学生整句回答完毕后，笔者会用真

诚赞赏的眼光看着学生,并请全班同学为他鼓掌,如"Big hands for him/her.",全班同学一起鼓掌,整齐竖起大拇指对着答对的同学说"Good job!",孩子们的语言表达习惯再次得到强化。一个学期之后,发现孩子们已经习惯地用整句回答问题。

  随着学生语言量地不断积累,此时,他们经常会发现一两句话难以表达真正的想法,于是有更迫切的需求,几句几句地输出。一年级时,笔者经常通过游戏、歌曲等让学生们轻松地学习语言。而随着学生步入更高年级,就要求教师逐步培养学生段落式地输出。于是,笔者每节课都会有意识地设计语段表达机会。例如,学习 3A Unit 1 Feelings 时,第一个课时介绍主人公周末要去爬白云山,觉得十分开心。在相应的教学设计中,最后一个环节则是运用如下句型谈谈周末去做什么:Hello! My name is … Weekend is coming. I am going to … I feel … 学生基于这些基本句型,即语言输出的"脚手架",在小组内先逐个分享自己的计划,再由教师随机邀请同学们说说自己的想法。如果每节课都能坚持 5 分钟这样围绕学习话题进行演说的教学活动,日积月累,学生们将有质的飞跃。

  2. 设置有趣生活化的教学活动,从多方面激发学生的语言输出欲望

  学生能否顺利输出,一方面跟语言输入的信息量息息相关,另一方面与学生自身内化程度,以及教师能否成功点燃学生的表达热情密不可分。如笔者在实践教学中,探索出笔者所教的学生特别喜欢常规英语活动——争当"提问小老师",即每节课在简单的日常 greeting 之后,给全班学生约十分钟的"小老师"游戏时间。老师先邀请一位英语水平不错的学生进行英语对话,老师问"Hello! Monica, where do you dream to go?",学生答"I dream to go to Hong Kong."。教师继续追问为什么,Monica 则有可能答"I can go shopping there."。回答后,Monica 走上讲台,继续提出另一个问题,邀请其他小组的成员回答。邀请者回答正确后,Monica 会很有礼貌地说" … , Please!",回答者则成为下一个提问小老师。

  同学们对每节课这样的活动总是乐此不疲,因为当他们运用之前学过的句型进行有意义地提问时，听到比较好的问题时笔者会加倍加分；同时学生们体验到成功运用所学语言的成就感，他们总会想尽办法提出与众不同的问题。二年级的学生，他们会提到诸如"When is your birthday? Where is your hometown?"的问题，学生在交际中，把之前学过的句型如滚雪球般滚动式运用，这也有效地解决了之前发觉课堂是有做到大量输入，但往往学生学完则迅速忘记的问题。

前面曾经提过，语言输出包括元语言及反省功能。在课堂中与学生互动时，不难发现学生难免会表达出中介语的表达形式。此时，教师只需重复一次学生回答的正确表达，学生便能意识到自己表达的不当之处，多次运用，终会将正确表达内化为自己的语言。除了学生自身有意识反省语言输出质量，还可以呼唤同伴帮忙，激发更多同学的表达欲望。如课堂中，笔者经常设置同伴互评机制。当学生在台上表演或站起身回答问题时，总会提醒其他同学认真倾听，接着会邀请他们对同伴进行评价。笔者会这样问："What do you think of … 's answer?"从一年级开始，笔者就引导学生从回答的清晰度、流畅度、相关度等进行评价。于是，学生慢慢学会回答："I think … did a good job. He/She speaks loudly and clearly. He/She can get … stars."。

（二）合理开展小组合作学习，为语言输出提供适当平台

笔者在教学一年级一个月后，基本建立了小组学习模式，并发觉此种模式对外语语言输出起到促进作用。笔者将小组周评比、月评比等外在评价方式服务于课堂教学活动，主要原因在于低年级的学生成就动机中大部分仍属于附属内驱力，即个体为了获得赞许而表现出来的一种需要。

在小组中，学生表达的压力相对比在全班面前的压力要小。多项研究也指出，在相对轻松的氛围中，语言学习效果更佳。在日常课堂中，笔者有意识地培养小组长起好带头作用。笔者所教的两个班级刚好一个是传统的秧苗式桌子摆放方式，一个是圆桌式的摆放方式。对秧苗式的桌子，笔者采取的方式是当我下达小组活动的口令时，各组学生跑向原先规定好的小组站位角落，即分散于课室各个角落。这样

移动式的站位，使学生心理有了轻松的感觉，不再那么压抑，至于本来是圆桌式的就不需费这么大的周章。

小组合作完成的任务通常都是信息差较大的任务，如调查母亲节快到了，想送什么礼物给妈妈；调查喜爱的体育运动等。小组活动与教学内容息息相关，但是需要注意的是，有些教师只是为了追求表面的虚假繁华，停留于形式阶段。事实上，该课堂活动并不需要开展小组活动，学生自己也可以回答。

由于低年级学生的注意力比较短暂，喜欢追求新鲜事物，这就要求教师在日常教学中必须多动脑筋，善用多种语言输出形式。笔者所在的学校是英语实验基地，一年级伊始，学生每周的英语课时量就有7节课。一年级学生已经能"四会"字母，并能掌握一些常用的基本词汇。二年级学生尝试着输出的另一种形式是英语写作。许多人一听说二年级就进行英语写作便觉得不可思议。其实低年级也是可以开展写作的，诸如可设计让学生以绘画的方式，将学过的简单词汇穿插进去；又如介绍朋友的作文时，可画出朋友的样子，在旁边标注"This is my friend …"。

学校也专门在门口附近搭建了一个小话剧舞台。放学后，教师可以组织学生上台表演课本剧等。会话表演，不失为低年段英语输出的一个较好的方式。日常教学中，学完一篇会话后，笔者会在 PPT 上呈现一些会话基本句型。小组内由组长带领分角色表演课本剧，也可以根据 PPT 上的句式提醒，组内重组对话。如果是小组自主创新重组的对话，自然加分会更多。另外，小组合作方式也能有效地缩小优差生距离，提升学生课堂参与度。因而，通过小组合作方式不失为语言输出的较佳方式。

三、语言输出假说指导下的教师角色转变

颠覆传统"填鸭式"的语言学习方式，顺应时代发展的需求。新时代不仅需要书面能力强的人才，更需要实际外语交际运用灵活的人才。因而，对广大一线教师提出了更高的要求。教师必须高度重视自身专业发展，不断保持外语水平的提升，如保持阅读外文网站新闻

的习惯，天天收听英文广播。不可否认，在非英语的国度中，保持专业水准，确实需要毅力。但当这门语言真正成为切身可用的工具时，英语水平的提升便不再成为难题。毕竟，学生能否有效地进行语言输出，与教师课堂教学中语言输入的信息量、准确度息息相关。倘若教师本来的诸多表述都处于中介语状态，那么，学生学习到的也是很不地道的外语。

教师还需成为学生们很好的聊天伙伴。这里并不指毫无主题的谈天论地，而是基于所学主题，通过自然的师生话语构建，不知不觉地习得语言。诸如新学期开学当天，笔者和学生们用英语聊当天的日期，以及过去的暑假做了什么事、感觉怎样；又谈及接下来三天的小长假，学生们想去做什么。这种前语篇的铺垫，不知不觉地将新授的词汇 excited，delighted 等词渗透进去。

输出假说需要教师成长为研究型教师，即不断在课堂中观察、反思，探索适合特定年龄学生的语言输出教学活动。

四、结语

语言学习的过程就是丰富可理解的语言输入与有效语言输出的过程。由 Swain 的输出理论，启发我们广大一线小学英语教师，抓住小学生处于语言学习的"关键期"时段，搭建好适合他们的语言学习"脚手架"，运用形式多样的教学活动培养学生学习的内在动力，激发他们的表达欲望，使学生逐步脱离中介语，形成高效的语言输出。

参考文献

[1] KRASHEN S. The input hypothesis: Issues and applications [M]. London: Longman, 1985.

[2] SCHAFFER H R. Introducing child psychology [M]. 王莉, 译. 北京: 电子工业出版社, 2010.

[3] 冯忠良. 教育心理学 [M]. 北京: 人民教育出版社, 2008.

［4］杨鲁新.Output hypothesis：Its history and its future［J］.外语教学与研究，2008（1）.

［5］朱纯.教学心理学［M］.上海：上海外语教育出版社，1994.

自然拼读法在小学英语低年级的渗透策略的研究

南海区大沥镇海北小学　梁晓玲

一、引言

进入 21 世纪，我国孩子开始学习英语的年龄不断提前，海量的英语学习音频、视频资源触手可及，一直作为英语国家语文教学启蒙必修课的自然拼读也开始走入了我们的视线。自然拼读是孩子英语学习的必经之路，是英语学习从"听说"到"读写"的桥梁。学习自然拼读，能让孩子的英语学习取得事半功倍的效果。

二、自然拼读法的内涵

自然拼读具有三大要素：字母或字母组合的形（grapheme），字母或字母组合的音（phoneme）以及拼读（blending）。自然拼读核心的内容就是学习字母或字母组合的音形对应规则。掌握了自然拼读，可以帮助孩子实现"见词能读""听音能写"。在孩子经过反复练习，能瞬间识别单词时，就从连音成词逐渐过渡到连词成句，再到连句成篇，也就掌握了独立阅读的能力。

三、自然拼读法在小学英语低年级的渗透策略的研究

（一）研究目的

笔者从 2015 年开始参与综合英语实验项目，在综合英语教学实践中见证了综合英语教学给师生带来的创造性的收获与成长，同时也发现了一些急需进行研究和解决的问题。因此，笔者开展了自然拼读

法在小学英语低年级的渗透策略的研究，希望通过研究、探索并总结，让学生在一种轻松的氛围中，提高单词识别能力，让孩子在反复实践的过程中，具备独立阅读的能力，最终实现流利阅读，形成独立自主的学习能力。从而更有效地帮助学生理解和掌握综合英语的知识，提高学生学习英语的兴趣，最终提高综合英语课堂教学的效率。

（二）研究阶段

笔者将本课题研究分成了三个阶段。

第一阶段：准备阶段（2017年10月—2018年1月）

（1）确定课题研究内容，查阅相关文献资料，了解关于小学英语自然拼读的研究，做好理论准备。

（2）结合综合英语课文教学，开始对学生进行磨耳朵听辨音的训练。

第二阶段：实施阶段（2018年1月—2018年8月）

（1）学习字母名。

（2）学习字母或字母组合对应的音素。

（3）学会从左到右将单词中的音素组合在一起，拼读出整个单词。

（4）反复实践，在不同的情境中拼读大量生词。

第三阶段：总结阶段（2018年8月—2019年10月）

（1）展示课题研究成果，与同科组老师进行探讨交流，听取同行宝贵的意见。

（2）整理教学日志、反思，分析相关资料生成《自然拼读法在小学英语低年级的渗透策略的研究》的论文。

（3）整理收集课题相关课件、具有代表性的教学设计。

（4）撰写课题研究报告。

（三）实施过程

1. 磨耳朵听辨音

语言学习的四大技能——听、说、读、写中，听是第一位的。就像我们幼儿期学习母语一样，孩子学习英语也要经过输入—储备—激活—输出过程。因此，英语启蒙也是从"听"开始，我们要"磨尖"孩子听英语的耳朵。

在二语习得理论中，有"关键期"一说。学者们认为，4～12岁是以最接近母语习得的方式学习外语的黄金期。在这个时期，给孩子输入纯正地道的英语，处在语言敏感期的孩子更容易获得纯正、漂亮的口音。

一年级学生正处于外语学习的"关键期"，同时也处于外语学习的沉默期。综合英语的学习理念是遵循孩子的身心发展和认知发展规律的，这一阶段的学习主要是以听为主。通过听，熟悉语音语调和韵律节奏，增强语感。在教学过程中，教师有意识地通过肢体语言、图片、实物、视频等创设情境，帮助孩子感受、理解语义，获得大量的"可理解性输入"，通过音、义结合积累英语听说词汇。这种听，是真实情景中的语言沟通，是语句中的整体理解，是一种轻松、愉悦的学习状态。一开始，孩子们有时候会用中文提问，这个时候，老师要冷处理，让孩子们根据图片、动作、情境自己去推断，建立音义联系，这有利于英语思维的养成。孩子们在真实的情境中不断积累、刺激、模仿，能自然而然、不知不觉地获得语言。久而久之，孩子就有了表达自己的欲望。

在学习综合英语主题单元的同时，笔者有意识地通过听儿歌、看动画的方式培养孩子的音素意识。选取的歌谣是符合 3R 原则的，即节奏（rhythm）、韵律（repetition）、重复（repetition）。这种英语儿歌都朗朗上口，易学易记，能让孩子熟悉英语的发音方式和韵律节奏。给孩子播放儿歌视频时，孩子们一边跟着视频唱歌，一边做动作，在轻松、愉悦的学习状态下既积累了听说词汇，又培养了英语语感。

笔者也会在阅读课的时候，给孩子看简单的英语动画片。这种动画片对话简短，故事情节比较有趣，也不太复杂，孩子们借助画面就能理解语言的意思，如 Pepper Pig 系列和 Peter Rabbit 系列。

2. 学习字母名

经过一定时间的积累后，在一年级上学期中后期开始学习 26 个英文字母及相关词汇。英语的学习需要大量的听力输入。在学习英语拼读之前，大量的听和大小写字母的辨认，都是学习拼读必要的预备工作。针对一些孩子容易混淆的字母，教师需要提供更多的辨识练习。孩子能快速识别和区分 26 个字母，包括大写和小写形式，不管是在按字母顺序排列的字母表中，还是在不按顺序排列的多个字母中，听到字母就能指出字母，指着字母就能说出字母，还要正确书写 26 个字母的大写和小写形式。

唱字母歌 Letter Sound Song 是一种孩子们非常喜欢的轻松、生动的学习方式。孩子们一边听歌，一边看配套视频，一边跟着哼唱，几遍过后就能自信、大声地唱出来。字母歌把字母名、字母形、字母音与代表单词的发音和图片、动画等结合起来，让孩子们快乐地自然习得。

另外，少儿趣配音 App 有很多字母的 chant 配音练习。这些字母 chant 把字母名、字母形、字母音与代表单词的发音和图片、动画结合起来。笔者通过给学生布置字母 chant 的配音作业，让孩子快乐地自然习得。

3. 学习字母或字母组合对应的音素

（1）学习辅音。通过辅音的相关词汇，学习 21 个辅音的基本发音。利用歌谣让孩子完成拼读的基本训练。在此阶段，孩子仍然在积累英语的语音库，不要求孩子拼读英语单词，只要让孩子看字母，读出字母所代表的音素即可。

同样，在课堂学习完后，笔者通过少儿趣配音 App 布置相应辅音字母的配音作业，让孩子快乐地复习巩固。

（2）学习短元音。学生利用相关单词和歌谣学习 5 个元音 a、e、i、o、u 的基本发音。

4. 学会从左到右将单词中的音素组合在一起，拼读出整个单词

从英文字母认读开始，孩子已经慢慢地学会字母音，通过 21 个辅音字母的字母音和 5 个元音字母的短元音学习，孩子已经掌握了一

定的发音规则,这个时候,尝试让他们自行拼读"辅音+元音+辅音(CVC)"的单词。CVC模式是简单、基本,但又典型、重要的英语单词构成形式。

5. 反复实践,在不同的情境中拼读大量生词

(1)通过大量的绘本阅读进行自然拼读的操练。笔者会布置绘本阅读作业,让孩子操练。

(2)在平常综合英语的授课过程中,笔者会让学生根据已经学过的发音规则,自主拼读生词。

(3)在少儿趣配音 App 上布置配音练习,这些配音的片段通常是动画片中的一些小片段,孩子们在练习几遍后,就可以进行角色的配音扮演,模仿里面人物的语气,熟悉常用的表达法。

(四)研究方式和研究成果

1. 研究方法

(1)理论研究法。一方面,笔者阅读了关于自然拼读的书籍《英语,爱"拼"才会赢》《Phonics kids 幼儿自然拼读初阶系列 1—3》;另一方面,笔者查阅了国际合作综合英语实验项目的书籍《综合英语教学原理》《综合英语教学模式概论》《综合英语教学论》。同时,也在中国知网上查阅了大量关于自然拼读教学的研究论文和报告。从这几方面获得在小学英语自然拼读方面专业的研究信息,拟定本次课题研究阶段和具体的教学方法。

(2)行动研究法。笔者居于一线小学英语教师行列中,坚持研究教材,抓住教学的重难点,坚持每日英语全息式、情境式、大容量输入的教学方法,观摩其他教师的英语教学课,反复观看自己的教学录像,观察学生的上课反应,通过反思和探索,不断改进自己的教学方法,切实提高学生的英语语言学习的综合水平。

(3)经验总结法。在本课题研究中,笔者不断进行教学反思,整理这一年所做的研究步骤和计划,在反思中探索出适合一年级学生的自然拼读法的渗透策略。

2. 研究成果

通过研究，笔者发现了综合法，又叫直接自然拼读法，是目前公认的最直接、最有效的自然拼读学习法。这种方法适用于笔者所执教的两个班。通过本次研究，笔者任教的一年级两个班的学生能识别26个字母的字母名、字母形、字母音，能说出26个字母音的代表单词，基本掌握了21个辅音和5个元音字母的短元音，能够拼读CVC单词，并能进行简单的绘本阅读。孩子们普遍能积极地参与到综合英语课堂的学习中，能利用空闲时间，自主完成各项口语训练任务。

四、思考以及愿景

通过本课题研究，笔者了解了英语是表音文字，英语教学应该回归最自然、最直接的启蒙方法，要沿着以"自然拼读"为核心，科学、有序、系统地前行。这是与儿童的身心发展及学习规律相一致的，能让孩子感受习得一门语言的自然与快乐，能让孩子的英语学习取得事半功倍的效果。

笔者所做的调查研究由于教学经验有限和知识能力有限，仅仅在笔者教学的班级进行了实验研究。研究结果适用于部分与本校的英语学习情况相似的学生，但是，笔者希望通过这项研究能给广大一线的小学英语教师带来思考：在今后的教学中，要让学生在一种轻松的氛围中提高单词识别能力，伴随着在阅读中进行的大量拼读实践，孩子的英语学习会逐渐形成良性循环，慢慢地具备独立阅读的能力，最终实现流利阅读，形成独立自主的学习能力。

参考文献

[1] 冯增俊，王进军，肖建芳，等. 综合英语教学模式概论[M]. 广州：广东人民出版社，2006.

[2] 林素娥. Phonics kids 幼儿自然拼读初阶系列 1-3[M]. 贵州：贵州人民出版社，2012.

[3] 刘宝胤. 英语，爱"拼"才会赢[M]. 北京：外语教学与研究

出版社,2015.
[4] 王进军. 综合英语教学原理 [M]. 广州：中山大学出版社,2011.
[5] 袁春艳. 综合英语教学论 [M]. 广州：中山大学出版社,2005.

"过程式写作"在小学综合英语写作中的研究分析

南海区大沥镇海北小学 伍国仪

《义务教育英语课程标准（2012版）》基本理念中提到教师应"强调学习过程，重视语言学习的实践性和应用性"，也提到"学生不仅要理解目标语言，还要学会使用目标语言"。综合英语教学也强调"将英语的听、说、读、写能力进行适当的综合，全面提高学生的英语运用能力"。（曾兰清，2006）可见，"写作"对全面提高学生英语思维能力起着必不可少的作用，因此须把"写作"训练贯穿到整个教学过程中。

一、引言

小学儿童的思维基本特点是从以具体形象的思维为主要形式逐步过渡到以抽象逻辑思维为主要形式。综合英语小学五年级的学生相对中低年级而言，其抽象逻辑思维能力有所发展，但是，这种抽象逻辑思维在很大程度上仍然是直接与感性经验相联系的，仍然具有很大成分的具体形象性。因此，高年级的写作教学中可以增加思辨和推理方面的内容，但也不能完全脱离形象性材料的辅助。（冯增俊，2006）

面对综合英语的写作教学目标：五、六年级能逐步过渡到写作各种简单的记叙文、应用文，以及故事续写结尾、写辩证总结，等等。（冯增俊，2006）小学五年级综合英语写作教学的重心应从"以产品为中心"转移到"以过程为中心"，重视激发学生兴趣，注意对学生进行写作过程的引导与梳理，使学生明确写作是表达个人思想情感的手段，从注重句法、语法分数到写出有思想的精彩篇章的意识转变。

目前，对英语写作教学的研究表明在写作教学中普遍存在着一些问题。华东师范大学的项丽玛（2006）提出在"公开课、优质课给我们教师带来一些很新的教学方法，但是到平时的课堂上就打回原形。传统的教学方法在我国目前的教学中仍然占据绝对的优势，很多教师的思维方式很难打破以前固有的一种惯势"。在教师方面，教师在实际教学中往往过于注重学生的写作结果，花费大量时间批改文章的语法、拼写甚至是符号错误，而缺乏对学生进行写作过程的引导与梳理。由于学生写作的语法错误太多，教师教学只能侧重于字词句的训练，而缺乏对学生进行布局谋篇、段落结构的训练。此外，面对一部分后进生的无话可写，教师也常常感到无处下手，教师面对学生犯语法错误时不知该如何纠正才能不打击学生的信心。

在学生方面，学生能就某一主题用英语口头流利表达，但是一到写作却出现各种各样的错误。学生词汇量丰富却难以使用正确的句法在写作中表达自己的观点。文章千篇一律，句型单一，很多只是凑字数而缺乏有意义的行文表达。学生关注的只是写作分数，而非文章内容本身，更别说从行文表达中体现作者的思辨能力。

在深入一线教学、观课的教育界人士不难发现，现在的英语课堂中学生的思维品质亟须开发，但是在课堂中这种品质并没有得到全方位的激发，也由于一线教师面临的课时少、考试压力较大，教师们更倾向于主导型课堂，相对来说，促使学生的批判性思维发展和对英语写作过程的指导就显得寸步难行。本文探索在以 CLIL（Content and Language Integrated Learning）理论（肖建芳，2013）（直译成"内容与语言联系的学习"，是指将一门或多门外语作为非语言学科的教学语言，在这一过程中，语言和学科将共同发挥作用）为教学原理的"小学综合英语"课堂中"过程式写作法"在写作教学中的运用，以求推进小学英语写作教学模式创新。

二、过程式写作法内涵界定

Grave（1978）提出过程式写作法（The Process Approach to Writing）。这种写作模式以交际理论为基础，强调关注学生的写作过程，通过有效的写作学习策略的运用提高学生的写作技能。具体包括写前准备阶段（prewriting）、写作阶段（composing/drafting）、修改阶段

(revising)以及反馈编辑阶段(editing)。整个写作过程是"非线型",也就是说各个步骤是"循环往复"。在这种练习过程中学生不是"学习",而是"获取"写作技巧,而且这种获取还是一个无意识的潜移默化过程。(李森,2000)

与之相反的是传统教学模式——成果教学法。这种教学模式重视语言知识,特别是词汇、句法和衔接手段的恰当使用。(Picas,1982)这种教学方法过分注重学生的写作结果,忽视对学生写作过程的指导。教师只关心学生语言知识的使用情况,而非对文章主题、篇章结构以及背景知识的填充和建构。

根据综合英语写作评价需考虑的指标——写作态度、写作创意和自我发现错误(冯增俊,2006),笔者认为,在写作教学方面应该要注重在写作过程中对学生思维品质、逻辑篇章的培养。一开始面对学生犯的语言错误,教师可提供词汇并指出错误。写作完成以后,教师可让相等水平的学生交换阅读,互相修改句子。进而可对学生习作的结构、语句、构思、创意方面进行评价,但不能过于苛刻,让学生在评价中获得写作的成就感。通过一定的语言积累以后,再引导学生去发现语法的规律,继而审视学生自身的作品,进行自我发现错误与修改,教师也可给予适当的评价。写作教学中应避免出现学生机械式、同模板的流水型写作。学生通过教师的有意识引导,在交际性策略中能逐步养成对不同主题有自我的逻辑思维能力,产生语言思维的火花。

三、研究方法

(一)行动研究法

笔者深入一线教学中,对"过程式写作法"在小学综合英语课堂的应用进行研究,研究对象为小学高段使用《小学综合英语》教材的学生。通过制订计划,反复观察学生,观看教学录像,阅读研究语料,不断进行反思调整。

（二）观察法

根据过程式写作法的要求，笔者与学生一起深入研究写作的过程。在常规课堂中，观察学生在写作过程中遇到的重难点，帮助学生疏导难题，并且录下课例，拍下照片，与学生一起总结归纳过程中的要点难题。

（三）文献研究法

在过程式写作法中，笔者尝试引入"图式理论"和"思维导图"等方式帮助学生进一步提高思维能力，因此要对教育学、心理学、生理学、语言学以及社会学等文献进行研究和思考。

（四）个案研究

笔者尝试锁定不同水平的学生作为个案研究，在研究过程中记录研究对象在英语写作能力的发展水平。

（五）问卷调查

根据课题研究内容以及实施阶段，笔者确定研究对象和研究问题。研究对象为笔者小学五年级使用《小学综合英语》教材的两班学生共 80 人。实验时间为 2016 年 9 月至 2017 年 7 月。

四、寻找"过程式写作法"在写作教学中的生长点

（一）写前准备阶段

1. 阅读促进写作

写前准备阶段（prewriting）也叫酝酿阶段，包括浏览书报、集思广益、自由联想、归纳要点、信息排序、快速写作和收集资料等等。（阮惟萱，2008）

读是接受性技能，写是产出性技能。阅读以接受整体信息为目

的，而写作则是以整体构思、分层表达为目的的。（项丽玛，2006）阅读和写作之间是相辅相成、互为补充的。当学生进行大量阅读训练后，不仅从各种阅读材料中积累扩充词汇量，还能从中提高理解语篇的能力，了解各种文化背景，为写作奠定良好的基础，将自身书面表达能力从只着重句法提升到理解通篇文章的水平。

利用读书笔记，培养良好的阅读习惯。在平时教学中，由于综合英语的学习为学生带来爆炸式的语言输入，学生能从中了解到各种文化背景，阅读到各种主题材料，在此时教师应该帮助学生养成良好的阅读习惯，使用"读书笔记"，总结各种好词好句，为写作积累好素材。

教师可以帮助学生设立一个读书笔记本，让学生养成摘抄好词好句的习惯，阅读材料可以是课本或者课外书刊。在写读书笔记时要求学生不仅仅要摘抄好词好句，还要懂得这些单词和句子好在哪里。其次也要写明文章的题目是什么、主要人物是谁，以及就文章某个观点进行提问。教师也需在其中点评以引起学生的重视。

学生摘抄的好段：*Every day after I get home, I will visit them and they will shout at me. I get some millet and feed them. After a short while, the millet will be eaten up.*

摘抄原因：这一段话详细地介绍了作者喜欢的小鸡，表现了对小鸡的无比喜爱。

其实这一段话当中包含了动词过去式，以及一些在小学阶段不太常见的词汇，如 millet, shout at 等等。但是从学生的摘抄原因来看，学生是能够大概理解这一段落，也较能准确表达自己为什么要摘抄的原因。

在写前准备阶段，可以先让学生阅读相同主题的阅读材料，帮助其拓展背景知识。在日积月累的坚持下，学生的知识面得以扩展，也能接触到大量的词汇，这不仅有助于其扩充词汇量，也能帮助其提高理解语篇能力，为学生自身语言输出带来一定的帮助。

2. 写作与图式理论的关系

图式理论是一种认知结构，当学生建立完善的有关写作知识的具有等级层次的图式,并能用各种方法激活相关图式,有助其信息的连锁反应。随着图式理论在教学中的运用,图式一般被分为三类:语言图式、内容图式和形式图式。语言图式是学生已有的语言知识及语言运动能力在头脑中的存在方式。内容图式具体表现为各种主题的内容知识和相关的背景知识。形式图式则是关于篇章结构的知识(即语篇知识)。(项丽玛,2006)

但是,如何在写作"过程"中让学生熟练迅速地调动图式,特别是与主题相关的内容图式,帮助学生解决写作难题呢?笔者的做法是在常规教学中运用思维导图渗透文章的篇章结构,教师在课堂上先利用一个普通框架帮助学生构建形式图式,引导学生建立关于这个主题的总体框架,再在框架中填充他们自己认为所需要的东西。

除了在课堂上引导学生建立自己的形式图式,课后的时间也非常重要。笔者设计课后练习纸时特别注意使用思维导图的形式帮助学生总结全文,建构主题的中心体系。当学生不断接收这些思维导图的时候,这些围绕同一主题而扩散思维的导图将变成各种图式积累在学生的脑海里。积累的图式越多,学生用来组织文章的主题知识、背景知识就越多,新的图式生成和提取的速度就会更快,写作过程就会越自动化。

(二)写作阶段

写作阶段(composing/drafting)包括总起提纲、发展思路、决定核心句和小组起稿,此时学生的语言图式和内容图式已经积累到一定程度,就能总起提纲,并能根据自己的思路创设自己所需的提纲,也可以借助思维导图的模式来设计提纲。最终设计出来的提纲则能帮助学生构建起这个主题的形式图式,帮助他们更好地理解语篇,进而更好地行文表达。

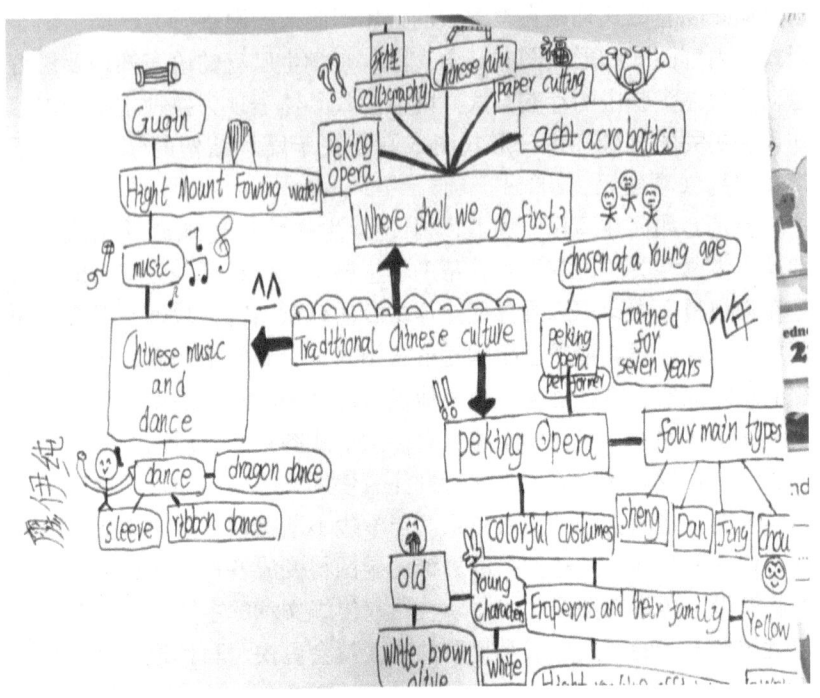

图 1　思维导图

图 1 是一位学生围绕"Traditional Chinese Culture"为题而设计的一个思维导图。我们也可从中看到这位学生的语言图式和内容图式非常丰富,因为她能就大主题"Traditional Chinese Culture"分散 3 个支点,分别是"Where shall we go first?""Peking Opera""Chinese music and dance"。在支点下再分散小支点,如在"Where shall we go first?"下再分散 5 个小支点,分别是"Peking Opera""calligraphy""Chinese Kufu""paper cutting""acrobatics"。这个以点带面的思维模式,不但能帮助她更好地把握文章的核心,也能拓展形式图式。

早在 1975 年 Collins 和 Lofus 就提出,一个单词及其意义在头脑中表现为一个概念节,该概念节和其他概念节相连。一个概念节的激活可以通过自动扩散激活相连概念节，越近的节点就越能得到强化。在这种思维模式的指导下，学生能积累的不是单一的单词——"Traditional Chinese Culture"，而是以后凡是讲到这个主题，她想到的可能是关于中国古典文化的京剧、中国音乐或者是一些中国特色景点，这些是以网状在她脑海中建立起来的，而非单一的几个单词。

除此以外，她还在"acrobatics""sleeve"等旁边做上标记，这是教师所没有表达出来的。在这个思维导图的创作过程中，我们可以看到学生的创意，感受到与他们思维碰撞出的火花。

当设计完自己的提纲后，教师将会邀请学生上台讲解自己以思维导图的形式列出的提纲，其他同学则对其提出修改意见。

除了利用思维导图的模式引导学生列提纲，还可以使用画画的模式，如当以"Architecture"为题目介绍世界各个著名建筑物时，笔者先让学生画出他们心目中最喜爱的建筑物并简单介绍其内部结构，学生陈芷曦介绍她最喜爱的"igloo"，说了"It's very big.", "The blocks are ice. It's very cold. But the animal fur can keep warm.", "There is a bed in front of the tunnel."等句子，来说明"igloo"的情况。她能考虑到冰屋是很冷的，但是人们会用动物的皮毛来取暖。这些背景知识已经在她的意识中形成内容图式，支撑她进入下一环节。接着引导学生将世界几个著名景点的建筑时间、地点、外形、人们的评价进行简单的描述。在起稿的时候，学生就能运用这些背景知识（内容图式），配上自己的语言图式，来围绕题目行文作答。

即使学生能把前两步完成得很好，但是他们在第一稿时并不能一字不错地把作文写出来，还是会有句法、单词错误，这就需要教师的正确引导，修改句法和篇章布局的问题。以下是陈芷曦第一稿所写的文章。

Architecture

There are different kinds of architecture around the world. For example, you can see the Zojoji Temple, Big Ben, and the Golden Gate Bridge and so on.

Castles were very important in England long ago. Kings lived in them. Castles protected kings from their enemies. They were often built on top of hill and there were high stone walls around them. Outside the walls, there was a moat around the castle. The only way to cross the moat was to go over a bridge. The bridge could be put up or down. When the bridge was up, it was very difficult to get into the castle. And then you will be safe inside the castle.

Big Ben is the nickname for the great bell of the clock in London. It often stands for both the clock and the clock tower. The tower is officially called the Elizabeth Tower. It holds the largest four-faced chiming clock in the world and is the third-tallest free-standing clock tower. It is often used not only as the symbol of London, but all of England as well.

The architecture of the world is how magnificent brilliant, let me praise.

此篇文章共195词,文章能紧扣主题描述自己喜欢的两个建筑物,也能从历史和建筑结构等背景知识方面进行介绍。文章出现语法错误仅1处,即结尾"The architecture of the world is how magnificent brilliant, let me praise."感叹句。此时,可以提醒学生改成"What magnificent brilliant architecture they are!"。另外,第一段出现"Zojoji Temple, Big Ben, and the Golden Gate Bridge and so on.",但下文并没有提及Zojoji Temple和the Golden Gate Bridge,教师可以提醒此处应将下文要介绍的建筑物写在这里,把不需要介绍的删去,帮助学生构建更清晰的文章结构。

当我们设计好提纲,教师应尽量安排学生当堂写作。也许有些教师可能会因为课时紧张而放弃,但让学生当堂写作,既能规范学生的写作习惯,也能做到当场反馈,学生对自己所犯的错误会更加深刻。

(三) 修改阶段

修改阶段(revising)包括听同学反馈、小组之间互相讨论修改,以及接收教师的反馈。在前两个阶段,学生们能对主题大致列出提纲并讲解自己创作的作品。在此阶段，教师可鼓励学生使用丰富的句式，激活学生已有的图式，注意文章的篇章布局，鼓励学生创建新的图式，帮助学生完善零散的写作知识，形成比较完整的语言图式和内容图式。比如提醒学生在篇章布局时应注意编排，应采用什么样的顺序，是时间顺序还是空间顺序，是使用总分总结构还是总分结构。为学生提供衔接词，如 first、second、third、beside 等等，或者提醒他们注意介词的用法。

（四）反馈编辑阶段

好的作文离不开总结，将学生的佳作结集成册相信是每个教师的骄傲。在完成前三个阶段的写作后，笔者会要求学生修改好问题后再重新完整的写下自己的习作，然后整理成册。在整理的过程中，笔者会在每篇佳作上做出评价，点评好的句子以及构思。在版面编辑方面，随着学生知识水平的提高，笔者也做了相对性的调整。

1. 从语言图式到形式图式的转变

一开始笔者在总结学生的佳作时候，会比较倾向常用词汇、短语、句型，倾向于学生的语言图式的输入，但是这样就容易陷入苛求学生语言知识的死循环中。后来编排时，加上对每一个单元的写作建议、小总结，呈现的习作也是通篇呈现而非孤立的词汇和单词，如在以急救为主题的单元，笔者写道：

建议：本单元主要介绍日常急救常识，你可以用英语表述地震等自然灾害发生时的基本急救措施。

本单元作文比较难描述，但是课文中有许多急救小常识，大家可以用书本中的作为例子来在文中呈现。

又如以环保为主题的单元，写道：

建议：本单元主要讲解环保问题。引导学生们从食物浪费、能源浪费和气候变化方面注意对地球的保护。

本单元要求能够用英语描述各种环境污染的问题，并且给出一些环保的好建议。大家可以从日常生活中找出环保小例子哦。

在以中国传统文化为题的单元中：

建议：本单元主要引导学生们重视中国传统文化的传承，懂得利用英语向世界介绍中国文化，同学们要对课文中的中国传统文化的形式加以重视。

本单元作文不难描述，单元课文里面有各种中国传统文化的形式，如京剧、中国传统音乐《高山流水》和中国传统舞蹈，同学们只需熟悉内容，并加以自己的理解，那么很容易就能写作了。

笔者在编排的时候，考虑到单元作文的整体性，会在该单元的题目下写上自己的建议和对单元的总结，帮助学生理解。

2. 以思维导图促进形式图式，培养语篇能力

学生能在写作中运用自身已有的语言图式，在写作中运用自己的内容图式，只要自身有丰富的图式，学生写作灵感就能源源不断，但是仅仅运用自身图式是不够的，学生还需要产生新的图式，在写作时候也能巩固新的图式，以达到更高水平。笔者在编排时也引入了思维导图，帮助学生在写作总结阶段，巩固自身的形式图式，提高对语篇的理解能力。

3. 点评美文，美不胜收

由于学生的知识水平有限，所以即使是已经修改过的文章也不能避免瑕疵，但是，笔者能从中感到学生的进步，以续写故事结尾为例。

教师给出的故事开头是：

Long long ago, the grasshopper and the ants lived in the forest. The grasshopper was a lively, happy insect, who didn't have a care in the world. In summer, the weather was so good. There was so much food everywhere. The grasshopper spent the long summer days relaxing in the sunshine but didn't store any food. On the opposite, the ants were very hardworking. They struggled to carry some grain on their back day and night. Because they knew that it was very difficult to find any food in winter. The grasshopper was as lazy as can be.

正文：①What happened to the grasshopper in winter?

②What happened to the ants in winter?

③In winter, the grasshopper …; The ants …

结尾: No sowing in spring, no growing in summer, no harvesting in autumn and no eating in winter.

学生钟子杰在续写这个故事的时候使用了对话式结构:

The grasshopper said, "Help me, please. I am so hungry, please give me some foods." The ants said, "You are very lazy. There were many foods in summer and autumn, but you spend all the time to relax. That is why you are so poor now. I can help you this time but please remember that no sowing in spring, no growing in summer, no harvesting in autumn and no eating in winter. You should be hard-working." The grasshopper was very impressive and said, "Thank you. I will remember it."

结局一: grasshopper 死了。

The second year, the grasshopper didn't change his mind. He spent the long summer days relaxing in the sunshine. When the winter is coming, the grasshopper thought that the ants were stupid and warm-hearted. So he went to find the ants again. He said, "I am so hungry, please give me some foods." But this time, the ants refused directly. The ants said, "You are so lazy. We struggled to carry some grain on the back day and night but you only played and relaxed at that time. And also too, we have already helped you last winter."

Finally, the grasshopper was died for the starvation.

结局 2: grasshopper 变勤奋了。

Next summer, the grasshopper was not lazy. He was very hard-working. He tried to find many foods and stored them. Also, he returned back all the food he borrowed last summer to the ants. They became good friends. Now all end well for the grasshopper and the ants. Let that to be a lesson for us. No pains, no gains.

学生郑懿榕则采取叙事式结构:

When the winter came, the grasshopper was so hungry because he did not store any foods in summer. It was very difficult to find any food in winter.

In this time, he thought about the ants. The ants looked so stupid because they spent all the summer day to store the foods but not relaxed. So he decided to find the ants and asked them to give him some foods. He cheated the ants that he had to take care of his baby but now he did not have any foods. The ants were so warm-hearted and gave him too many foods. The grasshopper was so happy to own too many foods.

However, one smart ant followed the grasshopper and found that he did not have any babies. The ant told the news to the king of ants. The king was so angry and decided to never give any foods to the grasshopper.

Next winter, the grasshopper wanted to cheat the ants again, but the ants moved to other place because they did not want to see the grasshopper again.

The grasshopper could not find any food during the winter so he died at last.

尽管学生还是受自身阶段的知识水平所限制，但是他们的逻辑思维能力，以及在英语语言、语篇布局上面已经初现光芒。一个人的知识水平是限制不了他的思维水平。学生能在"过程式"写作教学方法中，明白对英语语言知识的运用，并且能用英语的思维来创作，实在让人欣喜不已。

五、结语

写作教学是英语教学中的重点、难点，也是培养学生英语思维的重要渠道，但是根据实际教学情况，教师往往注重的是学生习作中的语法、词汇错漏，而忽视了对学生思维方面的培养，导致学生在写作时使用中文的思维，先在脑海中用中文构思，遣词造句，再转化成英文句子。这样的写作方式，学生只能充当"翻译机器"的角色，因此面对英语写作的难题，写作教学的重心应从"以产品为中心"转移到"以过程为中心"，重视激发学生的兴趣，使学生明确写作是表达个人思想情感的手段，从注重句法、语法分数到写出有思想的精彩篇章的意识转变。教师应使用多种形式帮助学生激活原有图式，使用如思维导图画画等直观的形式积累语言知识，扩大知识量；还要帮助学生形成更多新的图式，扩大图式的容量，让学生在写作时"有话可说""有路可想"；最后还要巩固图式，从单纯地讲语法、背单词过渡到理解语篇语句，增加对语篇结构、体裁、主题和背景知识的了解，养成自己的独立思维能力，从而在下一次创作中得到更大的进步。

综上，教学是一门艺术。经过长期的坚持实施、反馈、定期总结，让"过程式写作法"渗透在学生日常写作行为上，帮助学生在各种写作形式，如改写、命题作文中表达出自己独特见解以及体现一定的思辨能力，从而"以写促读""以写促思"，不做无意义凑字数的行为，从而提高自身的英语核心素养。作为教师，也应该重视帮助学生在英语写作过程中养成批判性思维和激发学生创作的火花。

参考文献

［1］COLLINS A M，LOFTUS E. A spreading activation theory of semantic process psycholinguistic research：Implications and applications ［M］. Hillside NJ：Lawrence Erlbaum，1975.
［2］GRAVES D H. Balance the basics：Let them write ［M］. Ford Foundation：New York，1978.
［3］PICAS A. Teaching English writing ［M］. London：Macmillan，1982.
［4］李森. 改进英语写作教学的重要举措：过程教学法 ［J］. 外语界，2000（1）.
［5］项丽玛. 图式理论与中学英语写作教学 ［D］. 上海：华东师范大学，2006.
［6］阮惟萱. 我的一节过程式英语写作课 ［J］. 中国教师，2008（s1）.
［7］中华人民共和国教育部. 义务教育英语课程标准（2011年版）［M］. 北京：北京师范大学出版社，2012.

[8] 综合英语课题组. 小学综合英语学生用书［M］. 广州：广东教育出版社，2013.
[9] 曾兰清. 综合英语教学培养学生英语写作能力初探［M］//冯增俊. 综合英语教学模式概论，2006.

如何让英语课前几分钟变得高效

南海区大沥镇海北小学 朱观娣

在从事小学英语教学工作的过程中，英语教师们不难发现，每一节英语课总少不了 Warm up。Warm up 作为一节英语课的开头，其优劣在一定程度上决定一节课的好坏。然而，在实际的课堂教学中，课前这几分钟经常被一带而过，也就为了完成有这样一个教学步骤而已。"好的开始是成功的一半"，教师有必要做好这一步。让学生在课前几分钟把注意力及积极性投入课堂，让学生迅速进入学习的状态。对于学习者来说，只有他感兴趣的东西才会使他产生学习的欲望和动力。学习兴趣与学习动机是学生们学习的动力源泉。课前几分钟除了可以吸引学生的注意力、调节课堂气氛，还能对旧知识起复习巩固的作用。其实，如果充分利用好这容易被忽视的几分钟，往往能起到事半功倍的效果。对于如何安排这课前的几分钟，我们可以从以下几个方面试试看。

一、以竞赛形式开展，同学间相互提问

小学生都有好胜、爱表现自己的特点，无论在体育课上跑步的比赛还是简单的"剪刀、石头、布"游戏，都能让学生为之兴奋，竞赛活动是引起学生兴趣的重要途径。笔者在开展国际合作综合英语课题实验（简称"综合英语"）教学中经常以小组竞赛或男女竞赛进行教学活动。综合英语实验班的学生口语水平较高，能自如运用日常生活相关的句子进行交流，因此，笔者经常设置一个主题，如 city and countryside，让学生围绕主题开始谈论，以个人或小组的形式发表自己的看法或见识，以新颖、谈论内容多、口语流利为评价标准展开竞赛。学生都表现得积极活跃，争先恐后地发表自己的看法。这样做既激发了学生的兴趣，又锻炼了学生的口语表达能力，一举多得。

二、猜谜游戏

小学生的好奇心是非常强的。教师工作也应该抓住这一点开展教学。其中，猜谜就很符合学生的心理特点。综合英语实验班的学生大都能用自己的语言描述事物，因此，笔者在课堂上也以游戏形式进行猜谜，在上"vehicle on land"这一课时，笔者经常以这样的开头给学生出谜语："It's a kind of vehicles. It have four wheels …"。每当我说到此时，学生总迫不及待地说出各种答案。课堂上呈现出学生踊跃思考的景象，一堂轻松愉快的课也适时进行下去。

三、小组合作表演课本剧或情景剧

课前几分钟让学生进行表演也是符合小学生表现欲强的心理特点。综合英语实验的宗旨是主题教学，在平时课堂教学中紧扣主题教学，因此，实验班的学生都能进行小组合作表演。在课前几分钟笔者安排学生以小组轮流值日的形式进行课前表演，并建立表演评比制度，促进学生有更大的动力进行表演。有的学生逼真或滑稽的表演常常引起其他学生的大笑。在表演"friends and friendship"一课时，班上一位胖胖可爱的学生扮演大象的表演就引起学生的大笑，一下子把学生的注意力吸引到了学生自己的表演上，也就把学生的注意力集中到课堂上来了。另外，学生的表演都有复习的功效，这是事半功倍的又一做法。

四、师生间互相提问

在小学阶段，学生会崇拜老师，非常听老师的话，对老师又敬又爱。因此，小学阶段的学生也急切想了解自己爱戴的老师。在英语课堂中，一开头有的教师总是不厌其烦地说"How are you? What's the weather like today?"，乏味无趣。长久下来，学生的回答就像应付老师的"one two three —— A B C"，只是条件反射，并没有经过思考，思维僵化。在英语课堂的前几分钟，笔者也经常设置师生互相提问题这一环节。这样做能让学生感觉到除了能与老师进行学业上的交流之外，还能感受到老师的平易近人，拉近了学生与老师的距离。在课堂上，学生会给我提出这样的问题：My father is a boss, he is strict. What's your father? Is he strict? I like pink skirt, and you? Why? 诸如此类，交谈时如朋友般聊天。

英语课堂的教学环节可以变化，教师不单要针对学生的特点还要想方设法集中学生的注意力，在短短的课前几分钟起到一个好的开头，培养学生的兴趣，启迪心智，重塑自信。有了好的开头，一节成功高效的课堂也就呼之欲出。

参考文献

[1] 冯增俊.综合英语教学模式概论［M］.广州：广东人民出版社，2006.

[2] 罗丹.小学综合英语教师手册［M］.广州：中山大学出版社，2002.

[3] 王蔷.小学英语教学法教程［M］.北京：高等教育出版社，2003.

基于核心素养理念的小学英语课堂有效师生互动探究

南海区大沥镇海北小学　方晓敏

一、引言

大数据时代，社会对人才综合素养要求逐步提升。随着新课程改革的不断深化，传统的师生互动方式已经难以满足培养新时代学生的学习能力、语言能力、思维品质、文化品格的需求。师生互动主要指教师与学生之间相互活动和影响。科学合理的师生互动能够促进教师与学生课堂上的积极交流，激发学生表达的兴趣热情，让学生充分享受应用英语有效交际的成就感。

有效的课堂意味着从控制论走向互动论，从技术性实践走向反思性实践。师生对话是在互动中传递知识、碰撞思维的师生活动场所。师生互动从根本上超越了传统中的教学"主导文化"，走向"关系文化"以及相应的"对话文化"。

然而在一线教学中，不少教师的思想观念依旧未跟上时代要求。课堂中出现师生互动浅尝辄止、缺乏追问的现象，以及师生互动形式化、表演化、僵硬化等问题，使学生的发散思维、学习能力、语用机会未达到理想效果。

探索符合小学生认知特点、积极有效的师生互动，促进学生英语综合素养的提升的师生互动路径迫在眉睫。

二、有效师生互动内涵界定

吴康宁认为，师生互动从本质上讲，是一个包括发生在多种情境中的，具有多种形式、多种内容的互动体系。狭义的师生互动是指在教育教学情境下教师个体与学生个体或群体之间在课堂活动中的相互作用和影响。

笔者认为,有效的师生互动应具有信息差、交际性、富含人文关怀、自然而然有序产生的话轮,而非流于形式,为了机械掌握语言知识点而反复进行的话语交流。课堂中的有效师生互动应是学生尽量获得较为均等的关注互动度,互动形式多样,互动深入,在师生和谐的互动中自然而然习得语言、锻炼思维能力、培养学习能力、渗透文化意识的过程。

三、以有效师生互动为学生英语核心素养形成提供生长点

在信息爆炸的时代,学生获取信息的途径多样化,原有图式日渐丰富。传统单一较为机械的问答方式已经难以满足学生的求知需求,更难以培养出适应时代发展需求的高综合素养人才。因而通过多元化方式来提高师生互动的效度与质量显得尤为重要。

(一)善用支架,创设语用契机

目前,中国外语教学仍以小班教学为主,班级学生个体差异较大。如何让学生在课堂中消除紧张感,在师生互动中充分体验话语交流的成就感,值得探索。过去的课题实验中,我们坚持为学生搭建符合认知水平的支架。根据最近发展区理论,让学生在"I+1"理念中不断获得有效运用语言的机会,如下面教学案例所示。

S老师很善于运用生活中的例子来引导学生,慢慢地让学生进入到她的课堂中去。S老师的英文名字是Rose,而故事中的女主角也叫Rose。课堂伊始,S老师放了一张自己的图片在PPT上,让学生根据图片问问题。很多学生对老师的生活都是充满着好奇的。学生们纷纷提出"Who is she? How old is she? What's she like? What's her hobby? What is she doing? What does she do?"等问题深入了解老师。通过自己是Rose来引出她今天要介绍的一个朋友也是Rose。T: You know me very well. I will introduce my friend Rose to you today. So we will have two "Roses" today. Are you curious of another Rose? Let's have a look. S

老师放出了另外一张 Rose 的照片。有了前面的基础，学生们都能通过快速的一问一答了解另一位 Rose。课文中的 Rose 是一个舞者，是个怎么样的舞者呢，S 老师巧妙地利用课文题目"What a dancer"，让学生对舞者有一个评价后，慢慢地带着这个评价去了解整个故事的过程，最后得知 Rose 是一个什么样的舞者。

在这个案例中，教师基于学生已有的认知水平，由熟知的教师本身 Rose，过渡到课文中也同样叫 Rose 的主人公。将以往的师生互动提问内容迁移至新的学习内容中，并引导学生思维上做出评价。此环节中，教师通过图文激活学生已有认知，进而在师生有效交际中交流评价文中舞者是位怎样的人。

当然，支架必须依据不同课型、不同年级有所选择。低年级学生中，师生互动的支架较依赖形象的肢体语言、形象生动的场景展示，创设进一步师生交际的机会。中高年级则可以通过与学生实际相联系的问题导入，不断追问，生成新知，即基于学生已有的认知水平进行师生互动。

（二）巧用活动，活化互动

综合英语教学设计中，围绕主题设置一系列环环相扣的教学活动。学生的语言能力很大程度是在参与教学活动中不断得到培养锻炼的。同时，在活动中不断发散、聚焦思维，培养创新性思维、批判性思维。

笔者在一线的课堂观摩中，发现不少教师的教学活动仅停留于机械活动，真正交际性活动相对较少。于是，师生之间的对话相对僵化。甚至在公开课中，不难听到封闭式的问题居多。许多回答也是教师预设生成，而非学生在活动体验中真正领悟并借活动契机综合运用的语言。有效的师生互动是基于灵活巧妙的活动设计。如下案例所示。

五年级综合英语教材第二单元为 Lights，上课时 C 老师先对 light 这个词的概念进行解释，玩了一个 riddle 游戏后，一步步引导学生进入英语的物理课堂。从最简单的生活中随处可见的光，到一些学生所不知道的人造光。可能很多学生会不知道光分为可见光和不可见光。听完一段光的介绍后，C老师跟学生进行了一个深入的探讨。

T：Can you see the light?

Tom：We can see the light everywhere. I can see the sunlight in the sky.

King：I can see the light on the computer in our classroom.

Maggie：I can see the traffic light.

T：All of you did a good job. We can see the light. But what color is the light?

Ss：There are many colors of the light. Red, yellow, orange and so on.

T：Look at this picture, the man is enjoying the sunshine on the beach. But what happened to his skin?

Lucy：His skin is getting tanned.

T：Why?

Mary：Because the sunshine is strong.

T：Yes, but there is also the ultraviolet ray on the sky. The ultraviolet ray is the invisible light.

太阳底下的紫外线，我们虽然看不到，但也随时能对我们造成影响，这个时候的学生通过比较逐步理解不可见光的概念。

上述案例中，学生在教师基于实际生活的问答中层层发现光的不同种类。通过展示沙滩游客皮肤逐渐被晒黑引入科学知识，晒黑是由于不可见光紫外线等的存在。由此在生动的情境中，教师不断追问，启发学生的动态思维。

又如，笔者在执教"Robin and the ants"的故事中，借助课文中的图片，让学生先不阅读课文内容，而是根据所观察的图片，小组进行接龙编故事。其中，一个小组编出的故事如下："One day, Robin took a walk in the park. He heard someone shouting 'Help, help!' Then he found an ant hurt the leg and couldn't walk. Robin helped the ant back home. The other day, when Robin flied a kite in the sky, suddenly, the kite fell on the top of the tree. But Robin couldn't get it. This time, the ant appeared and said that he and his friends could climb up the trees to help Robin. Finally, they made it." 在此环节中，教师及全班同学听完故事后，针对故事的可行性、讲故事者的评价等做出了许多听后探讨活动。学生们在不断地思维碰撞中，不知不觉习得语言。甚至有的学生质疑蚂蚁是否有力气拿到风筝等。在此活动中，先不阅读文本，只依据图片进行猜测，编故事，最后再对比课本的故事看下哪方的故事生动、吸引人。正是这样灵活的教学活动，不知不觉地促进学生创新思维和批判性思维的开发。

（三）活用评价，增加受众

有效的师生互动与科学合理的评价方式方法息息相关。在做课题期间，发现有时教师仅关注举手的同学；抑或有些环节设置仅有优生能答出，不少学生成为课堂中的旁观者。良好的师生互动绝不仅存于教师与学生一对一的问答，或者教师对着全班同学的问答。在课堂中，积极开展小组讨论，教师参与学生讨论，并时不时给予实际反馈尤为重要。

在小学阶段的课堂中，学生们对各种评价更为敏感。良性的师生互动离不开行之有效的评价。它就像润滑剂，让课堂顺畅进行。评价可以是班级学生对展示小组的星级评价，也可以是个人评价，抑或教师的眼神、口头当即反馈都可以成为评价的方式方法之一。在五年级的教学中，开展积分制的小组评价方法，课堂中的问答情况、小组活动开展情况、是否提出批判性思考都成为加分的考量因素之一。由此，课堂师生互动逐步扩大范围至教师与小组的互动、学生与学生之间的互动。这样的课堂显得尤为高效。同时，这种方式方法也可以打破传统填鸭式一对一的问答方式，学生参与面逐步增大。在评价过程中，教师应适当给学生思考的空间。教学中的留白艺术也成为影响师生互动的重要因素之一。

四、优化有效师生互动的途径

(一) 角色转变,增加情感互动

英语学科具有工具性和人文性。同样在师生互动中,学生需要有温度的情感互动。情感互动的过程是教师与学生之间的双向的、积极的情感交流过程。

在一线教学中,知识传授型的教师仍占很大比例。这类型教师备课上课围绕着学生语言能力培养,而忽视了思维品质、文化品格的培养。于是,教师在授课时,总急于针对学生回答的语言正确与否给予评价,而忽视了语言背后所承载的信息量与学生在交际时的情感需求。

笔者在一次外出听五年级 PEP 课堂中,发现教师在学生回答问题后总是用"You are right or sorry, think for a while"对回答的表达方式作出判断,而忽视了解读学生表达的目的,通过追问、真实话轮交流给予学生情感上的联结。

相比之下,当观察本校优秀的英语 S 教师授课后,对比较为明显。S 教师不仅关注学生语言表达的正确与否,还注意引导学生做出合理判断,培养学生的批判性思维,尊重学生的想法的同时再予以引导。如执教 IE 故事 Cinderella 时,S 老师提出几个问题,如为什么 12 点过后水晶鞋没有还原等,让学生充分讨论表达,并且为学生自信大胆的想法予以正面鼓励。由此,学生充分体验运用语言的成就感。教师在此角色中,也顺利转变为良好的倾听者、睿智的引导者。

(二) 增加实质深层互动,杜绝形式化互动

在小学英语教学中,有些教师担心学生语言输出量不够丰富,于是总是预设好非 A 即 B 的支架让学生回答。长期下来,学生的语用输出则会僵化,极大地影响学生的思维能力的培养。而另一种情况则是有些教师为了放飞学生思维,过度放纵学生发表意见,由此影响课堂进度以及整体逻辑联系性。

有效的师生互动应基于实质深层的互动,基于CLIL理念,互动不止为学习语言结构、语法知识,更多的是利用师生互动、解码、编码,构建新知,寻求学生核心素养的生长点。

(三)借助信息化平台设备,促进师生互动有效开展

当今时代的小学生,接触大量的信息媒体,课堂中同样也可以借助高科技信息设备,提升师生互动的效率与质量。如笔者在课题实践中,常利用PPT展示主题性教学情境图,让学生看图思考,培养读图能力,继而自主提出疑问,进行深入话题交流。

同时,还可借助思维导图软件绘制课程思维导图,帮助学生厘清学习内容脉络,从而加深印象,输出条理清晰的互动内容。

五、结语

师生互动是课堂教学中师生的主要活动之一。师生互动是否积极有效直接影响着课堂教学的成功与否。每一位一线教师应牢记,语言除了工具性同时还承载着人文性。核心素养下的师生互动应关注深层实质的语言交流,在一次次追问、循序渐进的有温度交流中,不知不觉习得语言本身,同时理解语言承载的育人价值。

同时,一线英语老师也应树立塑造自身为复合型人才的意识。教师肩上承担着培养学生的语言能力、学习能力、思维品质、文化品格的责任。因此,教师必须不断反思、合理整合资源、活化师生互动,争取打造更高效的英语课堂!

参考文献

[1] ROWE M B. Pausing phenomena influenced on the quality of instruction. [J]. Journal of psycholinguistics research, 2003 (3).

[2] 黄国英. 论课堂教学中师生情感互动价值 [J]. 教育探索与实践, 2006 (2).

[3] 吴康宁. 教育社会学 [M]. 北京:人民教育出版社, 1988.

[4] 张华.对话教学：含义与价值［J］.全球教育战网，2008（6）.
[5] 钟启泉."课堂互动"研究：意蕴与内涵［J］.教育研究，2010（10）.
[6] 佐斌.师生互动论：课堂师生互动的心理学研究［M］.武汉：华中师范大学出版社，2002.

如何提高小学英语教学水平

南海区大沥镇海北小学　朱观娣

随着竞争日益激烈的科学技术、全球化的社会生活信息和经济活动，使得外语，特别是英语，日益成为我国对外开放和与各国交往的工具。当代社会的发展迫切需要我国公民具备使用外语的基本技能。从2001年起，我国教育部决定从小学三年级开始推进英语课程。面对英语课程要求的提高，作为小学英语教师，应如何提高教学质量水平？如何从各方面引起小学生学习英语的兴趣？

经历过高考或大学英语四级考试的学生都有这样的经验：面对考试不但要有准备充分的应考知识，还要有巧妙灵活的应试技巧，做到有的放矢。要做到有效提高小学英语教学水平，也是同样的道理。研究了解小学生的身心特点而展开教学就是我们的"应试技巧"。首先，小学生（6～12岁）具有好奇、好活动、爱表现、善模仿等特点。他们喜欢新鲜事物，对陌生语言充满好奇。他们喜欢引起别人的注意，重视老师的表扬，不怕犯错，很少有羞怯感。他们的身体各部分器官还在发育，发音器官较成人灵活，因此，他们模仿外语的语音语调远比成人容易。他们的记忆力好，形象思维好，但缺乏理性思维，逻辑思维能力也不强。他们爱玩、爱唱、爱游戏、爱活动，这些都是他们长身体、长智力的需求。他们坐不住、坐不久。这些使他们学习外语具有许多成人甚至中学生所不具备的优越性，如模仿力、记忆力、可塑性强等。教育部提出小学阶段英语课程的目的是：激发学生学习英语的兴趣、培养他们学习英语的积极态度，使他们建立初步学习英语的自信心，培养学生一定的语感和良好的语音、语感基础，使他们形成初步运用英语进行简单日常交流的能力，为进一步学习打下基础。因此，浓厚的学习兴趣，是学好英语的关键。由前面所提到的小学生心理特征可知，他们对学习的动机比较模糊，他们学习英语的动力主要是兴趣。所以，如何提高他们的学习兴趣也就是我们英语教学的基本要素之一了。其实，小学生对学习英语的兴趣主要不是来源英语语言本身，更多的则是来自英语教学活动的形式。所以，我们英语教师就要在教学活动形式上下一番功夫了。对于英语教学活动的形式，有很多教师误解为：经常利用游戏，或是让学生说说演演、唱唱跳跳，课堂上尽量充满学生的笑声与掌声的形式就是有效的。回想在大学学习期间的试教课上，笔者与同学无一不犯以上错误，课前，笔者与同学不遗余力地精心设计组织各种游戏来吸引学生的兴趣，可谓形式花哨。带着这种理论去实习，时间一久，问题出现了：学生热衷的似乎只是游戏，课堂上他们走来走去，甚是热闹，但课后他们却是一知半解，到下节课复习提问时，一问三不知，他们只会捧着课本迷惑地望着你。因此，英语教学中的游戏，不能只停留在课堂表面的"活""乐""玩"中，游戏应成为小学生学习英语语言知识的手段，应发挥其辅助教学的功能，达到寓教于乐的效果。通过实习，笔者总结了一些如何有效地展开英语教学中游戏环节的规律：一是游戏是面向一个班级，所以难度要适中，这样可以激发全体学生有参加的兴趣。二是做好游戏的组织工作。游戏之前要安顿好学生的课堂纪律，营造好活动气氛，再讲清游戏规则。小学生天性爱游戏，争强好胜，有的做起来容易忘乎所以。另外，在小学英语的课堂教学上，要提倡采用多种媒体的现代化教学手段。多种媒体的教学生动、形象、活泼、感染力强，相对简单的说唱更容易激发学生的兴趣，更能强化学生的记忆。因为小学生抽象思维的能力还很弱，如果灌输大量的语言知识是收不到教学效果的，所以运用多种媒体时注意图画、图表、投影、录音、录像、CD、VCD、DVD等多媒体的结合。英语教师可以根据课文设计栩栩如生的情景，如打电话、购物、生日聚会、野餐、旅游、问路、看病等，让学生进入角色，使他们身临其境，这样可以使他们的兴趣倍增、信心加强，动机和情意受到很大的激励。因为小学生模仿力强，可塑性强，给予学生这些学习条件，可以使学生置身于以英语为母语的环境中，可以为学生提供规范的语音、语调环境，提高真实自然的语言使用示范。当然，单靠游戏环节来引起学生的兴趣是远远不够的。语言学习是相通的，我们可以把学习母语的经历与方法用在英语的学习上。小学生容易对韵律诗歌、寓言故事、会话表演充满兴趣，喜欢朗读诗歌，喜欢表演模仿故事里的人物，喜欢童谣。所以，英语教师可以在设计课堂形式的时候，用以上所说的教学内容来吸引学生。英文儿歌简单易学，可以提升学生语言学习的自信，同时加强学生捕捉英语语感的能力。当然，少不了教师丰富的面部表情和肢体语言的示范，如教师在朗读故事时用不同的声音扮演不同的角色，这样不但让他们体会到没有压力的学习兴趣，还可以让他们感受英语语言的美，并提高学生的审美素质。

  小孩子是活泼多变的，所以引起他们学习英语兴趣的方法不是一成不变的。笔者曾看过一本书《我5岁，我的英文比你行》，讲述的是一位妈妈与孩子成功学习英语的经历。书上说到，妈妈利用与孩子坐公车、逛街、坐地铁的时候认广告牌上的英语。我们都知道广告牌的设计都是色彩鲜明的，这点就能把小孩子的注意力吸引了。聪明的妈妈就利用这点使小孩子把26个单词和简单的常用单词熟记，有了这点起步，书中小主人公学习英语的兴趣便一发不可收拾，5岁便会写简单的英语对话了，词汇量竟达3000多个。记得他在书中说："那几个字母很好用，拿3个字母来用，car就是车子，随便换个t上去c-a-t就是小猫，真方便！"由此可见，小主人公对英语的学习兴趣已升华为热情和爱好了。不管是书上妈妈的英语教学方法还是小主人公的学习经历都是值得我们借鉴和学习。

  除了要想方设法引起学生对英语的兴趣之外，教师还要创造一个良好的学习气氛、语言环境。我们都知道，教学活动是双边的、师生互动的，教师作为主导人物，其思想、教学态度、性格、志趣和情感等对学生的影响都是很大的，所以，教师的态度、语言要良好才能提高学生学习英语的积极性。另外，英语教师还要注重培养学生在英语考虑的一些基本技能。三、四年级的课程主要是以口语活动为主，五、六年级则是以口试、笔试结合的方式。口试检查学生实际运用语言的能力，笔试检查听和读的技能。所以，老师也要相应地根据自己的学生情况展开相应的技能训练。

如何提高英语的教学水平，方法多种多样。有的教师认为课堂的气氛和学生的情绪是最重要的，还有的教师认为使用的教具对学生学习英语的兴趣也起重要的作用，也有的教师用奖励制度来吸引学生的兴趣，等等。无论用哪种方法，都要注意有效地引起学生学习英语的兴趣，使学生对学习英语的兴趣持续下去，并升华为热情和爱好，从而使学生了解其他国家和民族的优秀文化传统，提高他们的思想品德、文化和心理素质，开阔他们的视野，扩展他们的知识，达到素质教育的目的。